FIRST ECONOMICS
最初の経済学

第四版

Yamada Setsuo　山田節夫
Yamanaka Takashi　山中　尚
Okura Masanori　大倉正典
Asakura Takeo　朝倉健男

同文舘出版

第四版まえがき

　本書第三版を上梓してしてから早くも4年が経過し，この度，さらに新しい内容のテキストを世に送り出すことができた。

　第四版の改版で変更した主な点は，前著まで担当の吉岡が退き，新たに若手研究者である朝倉を執筆陣に加えたこと，並びに，ミクロ経済学の第Ⅰ部を大幅に書き換え，第Ⅱ部では各種の数値を最新のデータへ改めたことである。また，近年の経済学の進歩・発展は著しく，近年の経済学は「ゲーム理論」や「情報の経済学」などの分野でめざましい発展を示しているが，本書の「最初の経済学」というタイトルに込められた意図から，オーソドックスな内容の解説と基礎固めに集中した。

　さて，本書の構成は，序章から始まり，第Ⅰ部ミクロ経済学編，第Ⅱ部マクロ経済編，第Ⅲ部応用と政策が続く。そのうちまず序章は，山田が新たに担当して書き下ろしたものである。第三版までの序章では経済学の歴史的変遷を重視していたが，今回の改訂では，経済学の基本課題や，経済分析に関わる重要な視点や方法論を整理するなど，大幅に書き直した。経済学を学び始めるにあたり，まず序章で提示されている諸概念を確りと修得して欲しい。

　第Ⅰ部ミクロ経済学編のうち第1章：消費者行動の理論は，山中が担当し，消費者行動の入門的内容の説明を行っている。続く第2章：生産者行動の理論と第3章：不完全競争は，朝倉が担当し，市場の供給サイドを担う企業行動と，完全競争・不完全競争など市場構造について平易な解説を行った。

　第Ⅱ部マクロ経済学編の各章は，基本的に第三版までの内容をほぼ踏襲したうえで，次のような変更を行っている。まず，第4章：マクロ経済と総生産では，国民経済計算（SNA）のデータを更新した。第6章：経済成長では，新古典派の成長理論の説明に加えケインズ経済学の成長理論で提示される保証成長率概念の解説を行った。

　第Ⅲ部応用と政策の第7章：金融システムでは，マネーストックのデータと日銀のバランスシートのデータを，第8章：財政金融政策では，わが国の財政に関

するデータ（歳入・歳出など）を，第9章：労働市場とインフレーションでは，労働市場のデータ（失業率など）を，それぞれ更新した。第10章：国際経済では，変更された新しいIMFの国際収支表概念を分かり易く解説した。

　経済現象を理論的に掘り下げていくには，地道な知的トレーニングが求められる。どんな学問でも，それを修得するのに必要なのは日々の積み重ねであり，文字通り「継続は力なり」である。経済学は積み上げの学問であり，学んでいく順番が定まっているものである。社会科学の中心にある経済学を学ぶ者は，現実の経済問題から遊離することは許されない。読者諸氏は，本書を読みながら，現実の経済を読み解くためのセンスと手法を学び取って欲しい。

　また，第三版と同様に，章末には各章の理解を確認するための練習問題を用意した。それらの問題を解くことにより，本文の理解を確実なものにすると同時に，能動的な学習を通して基礎概念の確認と論理展開の整理に役立てていただきたい。

　第四版の改訂においても，同文舘の市川良之氏には大変お世話になった。ここに記して御礼申し上げる次第である。

2016年1月　生田キャンパスにて

山中　尚

● 第三版まえがき

　筆者らが勤務する大学でミクロ経済学，経済政策，国際金融論，金融論をそれぞれ担当する教員が集まって執筆した経済学の入門書である本書の初版が1997年に上梓されてから，早くも13年の歳月が過ぎた。

　これまで，本書は，主に筆者らが勤務する大学の法学部の経済原論の講義で用いられてきたものであり，受講生であった学生諸氏からは，幸いにもそれなりの評価を受けてきたものと自負している。一般に法学部では，公務員試験の受験希望者が多いこともあり，講義を担当する者にとっては，様式化された経済理論の体系を要領よく纏める必要性があった。そして何より，様々な分野に細分化された現代の経済学を理解するうえで，経済理論は共通の枠組みを提供するものであるため，学生諸氏には効率的な学習が求められるのである。

　第三版においても，SNA（国民経済計算）並びに国際収支など関連のデータを更新し，さらに，経済学の近年における研究動向の展開を随所に取り入れた。そして，第二版と同様に，日本経済が抱える諸問題を念頭に置きながら，執筆者それぞれが比較優位を持つ領域で，一定のレベルを保ちながら，初学者にも分かりやすいような説明を心掛けた。

　さて今回の改訂で筆者らが配慮した具体的な点であるが，まず第1に，第Ⅰ部ミクロ経済学，第Ⅱ部マクロ経済学の内容を大幅に書き直し，さらに数学の解説を与える章を付け加えたことである。第Ⅰ部のミクロ経済学では，第2章消費者行動で，新たに無差別曲線と予算制約について丁寧な解説を与えた。第Ⅱ部マクロ経済学の第6章では，新古典派の成長理論を中心に様々な理論分析や実証研究が精力的に行われている現状に鑑み，新古典派成長論と成長会計の解説を拡充した。金融システムを扱う第7章では，日銀のマネーストック統計が改訂されたことにともない，日銀のバランスシート構成と絡めて貨幣供給に関する説明を更新した。第8章では，財政金融政策の有効性について，従来までのIS＝LM分析に加え，プライマリーバランス概念などを導入するなどして，マクロ経済政策の解説を充実させた。第9章は，新たに書き下ろした労働市場の章で，失業概念や

UV分析，労働市場の特殊性とフィリップス曲線などを解説した。第10章では，国際収支表のデータを改訂するなど，国際経済学の解説を拡充した。日本経済の現状把握を目的としていた第二版の第10章は削除し，その代わりに，第11章として，経済理論を駆使していく上で必須の分析道具である数学の分かりやすい説明を与えた。

改訂にともなう変更点の第2は，各章末の演習問題に詳細な解答を付したことである。テキスト本文の学習だけでは，ややもすると理解は不十分なもので終わってしまうことが多いし，また，演習問題に解答が無いと，読者には不親切なことになる。読者諸氏は，テキスト本文を精読するとともに，各章末の演習問題を丹念に解くことで，経済理論の理解をさらに深めて欲しい。

現代日本経済が抱える問題として，少子高齢化，巨額の財政赤字と国債の累積，デフレと失業の増加，年金システムの破綻危機，サブプライムローン問題に端を発する金融危機などが挙げられよう。われわれは，読者諸氏が本書で経済学の基礎を集中的に学習することで，このような現実の経済問題を考察していくうえで必要とされる経済学の思考方法を体得できるものと確信している。

最後に，第三版の出版に際しても同文舘出版の市川氏には大変お世話になった。ここに記して御礼申し上げたい。

2010年12月　生田キャンパスにて

山中　尚

● 第二版まえがき

　1997年の5月に本書の初版が出版されてからすでに5年が経過した。比較的多くの教室で教科書として採用していただき，増刷を重ねることができた。その間，現実の経済はめまぐるしく変化し，早急に解決が必要とされる経済問題も大きく変化した。1980年代は世界のなかでもっとも良好な経済的パフォーマンスを示した日本経済であったが，90年代は長期的な停滞に陥り，混迷の様相を強めている。日本の社会経済システムの長所が効力を失い，短所が一挙に表面化しているように思われる。こうした背景のなかで，私たちは本書で利用されている統計資料などを新しくすることはもちろん，新たな経済問題の解決に役立つように，記述内容の大幅な改訂を行う必要を痛感した。

　今回の改訂では，全体を3部構成（第Ⅰ部・ミクロ経済学，第Ⅱ部・マクロ経済学，第Ⅲ部・応用と政策）とし，各章の記述にいっそうの工夫を施し，経済成長の理論を解説した章（第6章）と，経済理論を応用して現実の経済問題をいかに解明することができるかを論じた章（第10章）を新たに付け加えた。

　こうした改訂作業で私たちがとくに留意したことは，経済理論と現実経済との関連を重視しながら経済学を学習することの重要性である。経済理論は現実経済を分析し，有効な経済政策を立案するためのいわば「道具」である。経済理論という「道具」の使い方に習熟しても，実際にその「道具」を利用して何かを創りあげることができなければ経済学を学習することの意義の大半は失われてしまう。私たちは「道具」の使い方だけでなく，実際にその「道具」を使ってみせることが，経済学の学習に対する興味を引き出すことにつながると考えた。本書の第Ⅲ部には，経済理論を現実経済に応用してみせることで，経済学の原理を学習することの必要性や重要性を読者に実感してもらいたいという私たちの願いが込められている。

　今回の改訂版においても，初学者にもっともわかりやすい方法で経済学を解説するという初版からの精神はそのまま受け継がれている。経済理論の基本的な考え方を丁寧に解説し，個々の理論を読者に的確に理解してもらえるように努力し

た点に変わりはない。どのような学問も基本的な方法を身につけてしまえば，後はより専門的な文献を読み，問題を考えることによってその方法をみずから発展させていくことができると私たちは確信している。取り扱う主題をあまり多くせず，個々の理論や考え方をいっそう詳しく解説することに引き続き努力した。

　最後になったが，改訂作業に尽力され，丁寧な校正作業で私たちを助けてくださった同文舘出版に感謝の意を表したい。

2002年9月

山田　節夫

● 初版まえがき

　本書は経済学をはじめて学ぶ人のためのイントロダクションである。本書を執筆するに当たって私たちが考えたのは，読者が経済学をはじめて学ぼうとし，または経済学の基礎をこれまでよりももっと固めたいと考えている場合に，そのような要求に応えるにはどうしたらよいか，という問題である。これに対する答えは時代により，国により，また著者たちの考え方によってさまざまに異なるだろう。本書はこのような要求に対する現在の私たちの答えである。

　経済学の基礎というとき，多くの場合にイメージされるのは経済理論のことであり，具体的にはマクロ経済学とミクロ経済学のことである。だが経済学の中にはさまざまな領域があり，中でも，経済政策・金融論・国際経済学・財政学・経済史・経済学史・産業組織論・公共経済学などは経済学のそれぞれ異なる重要な分野を扱っている。経済学へのイントロダクションはこれらの領域への案内を含むという考え方も当然に成り立つだろう。本書ではこのような考え方から，最初に市場経済と経済学および経済政策の歴史的な発達をたどり，経済制度や市場経済の構造について眺めている。次にミクロおよびマクロ経済学を説明し，その応用と政策の分野として公共経済・財政学・金融論などに関連する内容が述べられ，また国際経済学の基礎がはじめての人にもわかりやすいように説明されている。これらの記述と各章末の演習問題を学習することにより，読者は経済学の基礎的な理解力を自分のものにすることができるだろう。

　本書は，同じ大学に所属する著者たちの中の一人の経済学の講義ノートを出発点とし，内容をまったく新しいものにするために，マクロ経済学・金融論および国際経済学を専攻する3人の若い専門家が集まり，4人の共同作業によって作り上げられた。これまで，学内の研究会などを通じて刺激とご教示を受けてきた同僚の教授・助教授の方々に対して，この機会に改めて感謝したい。

　本書の書名は，1990年代の初めに著者の一人（吉岡）がイギリスの大学に滞在していたころ，たまたま出会った本に由来している。それは"First Economics"という本で，経済理論の解説とともに，たとえば企業組織・株式市場・産

業立地・資源・人口問題・財政金融制度・雇用・国際収支などのさまざまな経済問題が，イギリスの事情に即してわかりやすく説明されていた。とくに有名な本ではなかったが，イギリスに密着した現実的な感覚の経済学テキストとして印象的であり，学ぶところがあった。私たちの本はこれとは異なるが，そのような方向に賛意を表する意味で同様な書名にした。

　最後に，本書の出版に尽力され，短期間で完成させるために努力された同文舘の市川良之氏に対して感謝したい。

1997年3月

吉岡　恆明

最初の経済学〈第四版〉
●目　次●

序　章　経済学の課題　3

序.1●資源と希少性　3
    序.1.1　生産フロンティア……3
    序.1.2　資源配分……5
    序.1.3　機会費用……5

序.1●市場経済の役割　7
    序.2.1　財市場……7
    序.2.2　需要と供給……7
    序.2.3　分権的意思決定……8
    序.2.4　分業と特化……9
    序.2.5　自由放任主義……10

序.1●経済主体と経済循環　11
    序.3.1　財の種類……11
    序.3.2　家計と企業……11
    序.3.3　政　府……12
    序.3.4　一物一価の法則……14

序.1●経済学の方法　15
    序.4.1　帰納法と演繹法……15
    序.4.2　他の条件を一定として……16
    序.4.3　限界概念……16

第Ⅰ部　ミクロ経済学編

第1章　消費者行動の理論　21

1.1●消費者行動の分析　21

1.2 選好と効用　22
- 1.2.1 選好関係……23
- 1.2.2 効用関数……24
- 1.2.3 効用関数の性質……25

1.3 無差別曲線　26

1.4 予算制約式　29

1.5 主体均衡と最適消費計画　31

1.6 価格・所得変化と消費行動　34
- 1.6.1 代替効果と所得効果……34
- 1.6.2 価格変化・所得変化と需要行動……36

1.7 弾力性概念　38
- 1.7.1 需要の価格弾力性……38
- 1.7.2 需要の所得弾力性……40
- 1.7.3 交差弾力性……41

1.8 需要関数　42
- 1.8.1 市場の需要関数……43

1.9 消費者余剰　44

第2章　生産者行動の理論　49

2.1 企業と市場　49
- 2.1.1 企業の目的……49
- 2.1.2 完全競争市場……50

2.2 企業による生産活動と費用　51
- 2.2.1 生産関数……51
- 2.2.2 費用曲線……53
- 2.2.3 平均と限界……56

2.3 企業の生産量決定　57
- 2.3.1 利潤最大化の条件……57
- 2.3.2 生産者余剰……59
- 2.3.3 企業の短期供給曲線……60
- 2.3.4 市場の短期供給曲線……62

2.4 長期の場合　63
2.4.1 参入退出と長期均衡……63

第3章　不完全競争　67

3.1 独　占　68
3.1.1 独占の具体例……68
3.1.2 独占企業の需要曲線……69
3.1.3 独占企業の利潤最大化……71
3.2 寡占と独占的競争　72
3.2.1 寡　占……72
3.2.2 独占的競争……74
3.3 独占の非効率性　75
3.4 市場の失敗　77
3.4.1 生産フロンティアとパレート最適性……78
3.4.2 情報と経済の不安定性……79
3.4.3 情報の非対称性と逆選択……81
3.4.4 モラルハザード……81

第II部　マクロ経済学編

第4章　マクロ経済と総生産　87

4.1 マクロ経済学の特徴　87
4.1.1 マクロ経済学とケインズ理論……87
4.1.2 マクロ経済学と経済政策……88
4.2 付加価値と国内総生産　88
4.2.1 経済活動の規模を測る方法……88
4.2.2 産業連関表……89
4.3 国内総生産と国内純生産　90
4.3.1 経済活動の分配面……91
4.3.2 総（グロス）と純（ネット）……91

4.3.3 市場価格表示と要素費用表示……92
4.3.4 国内概念と国民概念……93

4.4 国内総生産と国内総支出　94
4.4.1 経済活動の支出面……95
4.4.2 国内総支出の構成……95
4.4.3 貯蓄と投資……97
4.4.4 フロー概念とストック概念……98

第5章　国内総生産の決定　103

5.1 数量調整による総需要と総供給の均等化　103
5.1.1 総供給と総需要の事前的不一致……103
5.1.2 消費関数……104
5.1.3 限界消費性向と限界貯蓄性向……106

5.2 均衡 GDP の導出　107
5.2.1 均衡 GDP の決定……107
5.2.2 貯蓄と投資の一致……108
5.2.3 貯蓄のパラドックス……109
5.2.4 政府部門と海外部門を含む一般的な場合……110
5.2.5 政府支出乗数と減税乗数……111

5.3 投資の決定　113
5.3.1 収益の現在価値……113
5.3.2 投資計画の採算性……114
5.3.3 投資の限界効率……115
5.3.4 加速度原理とストック調整原理……116

第6章　経済成長　121

6.1 経済成長率　121
6.1.1 経済成長率を計算する意味……121
6.1.2 人口1人当りの経済成長率……122
6.1.3 資本ストックと設備投資の関係……123

6.2 新古典派の成長理論　124
- 6.2.1 長期均衡……124
- 6.2.2 「絶対的収束性」と「条件付き収束性」……126
- 6.2.3 保証成長率の理論……128
- 6.2.4 数式による導出……130
- 6.2.5 ナイフエッジ定理……131
- 6.2.6 成長会計分析……132

第Ⅲ部　応用と政策

第7章　金融システム　137

7.1 貨幣の機能と金融取引　137
- 7.1.1 貨幣の機能……137
- 7.1.2 貨幣と流動性……139
- 7.1.3 通貨制度……140
- 7.1.4 金融取引……141
- 7.1.5 金融仲介機関の役割……141

7.2 貨幣供給　143
- 7.2.1 マネーサプライとハイパワード・マネー……143
- 7.2.2 信用創造の理論……147

7.3 貨幣需要　149
- 7.3.1 貨幣数量説……149
- 7.3.2 取引動機……149
- 7.3.3 投機的動機……150
- 7.3.4 流動性のわな……152

第8章　財政金融政策　155

8.1 総需要管理政策　155
8.2 財政政策　156
- 8.2.1 財政の経済的機能……157

    8.2.2　財政支出と歳入……158

8.3●金融政策　163

    8.3.1　債券・手形オペレーション……163

    8.3.2　貸出政策……164

    8.3.3　準備率操作……165

8.4●$IS=LM$曲線　165

    8.4.1　財市場の均衡条件：IS曲線……165

    8.4.2　財市場の不均衡と調整過程……167

    8.4.3　IS曲線のシフト……168

    8.4.4　貨幣市場の均衡条件：LM曲線……169

    8.4.5　貨幣市場の不均衡と調整過程……170

    8.4.6　LM曲線のシフト……170

8.5●$IS=LM$曲線と財政金融政策の効果　171

    8.5.1　$IS=LM$曲線……171

    8.5.2　財政政策の効果……173

    8.5.3　金融政策の効果……174

第9章　労働市場とフィリップス曲線　179

9.1●労働市場　179

    9.1.1　労働需要……180

    9.1.2　労働供給……182

    9.1.3　労働市場の均衡……184

9.2●失業とUV分析（ベバリッジ曲線）　185

    9.2.1　失業とは……186

    9.2.2　UV分析・ベバリッジ曲線……188

9.3●不完全市場としての労働市場　190

9.4●フィリップス曲線，インフレーションと失業　192

    9.4.1　フィリップス曲線……192

    9.4.2　自然失業率仮説……194

    9.4.3　オークン法則……195

第10章　国際経済　　199

10.1 ● 対外経済取引と国際収支表　　199
　10.1.1　対外経済取引の分類……199
　10.1.2　経常収支と金融収支……202
10.2 ● 貿易の利益　　204
　10.2.1　比較優位の原理……204
　10.2.2　異時点間の交換……208
10.3 ● 対外経済取引の金融的側面：国際資本移動と為替レート　　211
　10.3.1　外国為替取引と為替レート……211
　10.3.2　内外資産の選択行動と為替レート……212
　10.3.3　為替レートの変動と国内総生産……216

第11章　数学を利用した経済分析の基礎　　221

11.1 ● 変化率の積の近似計算　　221
11.2 ● 名目値の変化率と実質値の変化率　　222
11.3 ● 指数法則　　224
11.4 ● コブ＝ダグラス型関数　　224
11.5 ● 等比級数　　226
11.6 ● 割引現在価値　　227
11.7 ● くもの巣調整過程　　229
11.8 ● 微分と最大値，最小値　　232
11.9 ● 弾力性　　235

参考文献リスト　　239

索　引　　241

最初の経済学

第四版

序章 経済学の課題

　この本が取り扱う経済学とは，どのような問題を検討する学問なのであろうか。個々の経済理論を学ぶ前に，ここではまず経済学の基本課題について述べておこう。

　そもそも「経済」という言葉は，人間の物質的な欲求を満たすことのできる力と密接な関係を持っている。例えば，「経済的に裕福だ」といった場合，多くの所得を得ており，潤沢にモノやサービスを消費できる状態を意味している。このように経済学は，人間がモノやサービスをより多く消費でき，物質的に豊かな生活を送れるようになるためには，どのような仕組みを用意したらよいかを考える学問であるといえる。

　また，少ない費用で大きな成果を上げられる場合も「経済的」という言葉がよく用いられる。例えば，少ない電力消費で部屋を効率よく冷やすことのできるエアコンは「経済的だ」といわれる。このように，経済学はある目的を達成するために，最も費用が少なくて済む方法を検討する学問であるともいえる。

序.1 資源と希少性

　ここでは，そもそも経済問題が発生する理由や，経済学を学ぶうえで必要不可欠な基本的な概念について解説する。それらの概念とは，「資源」，「希少性」，「資源配分」，「機会費用」，などである。

序.1.1　生産フロンティア

　経済問題が生じるのは，「資源」に希少性があるためである。ここで，「資源」とは，鉄鉱石や化石燃料などのいわゆる「地下資源」だけを意味しない。経済学

でいう資源には，労働能力や経営能力など，モノやサービス（財）の生産に利用できるすべてのものが含まれる。労働能力や経営能力は，一般的な地下資源と区別するために，「人的資源」と呼ばれることがある。

財の生産に利用できるもののうち，人間の手によってつくられたものは一般に「資本財（実物資本）」といわれる。工作機械，ロボット，建設重機，コンピューターなどが資本財の具体例である。資本財は，直接人間の欲求を充足させるわけではないが，消費財を生産する手段として間接的に人間の欲求充足に貢献している。

資源には希少性があるため，人間の経済活動は必ず制約に直面する。その結果「希少性のある資源をどのような財の生産にどれだけ割り当てるか」という問題が生じ，これは一般に「資源配分」の問題といわれる。

資源配分の意味を一層深く理解するには，「生産フロンティア」を用いるのがよい。生産フロンティアは，人間が獲得した所与の技術体系の下で，希少な資源を効率的に利用した場合，生産可能な財の組合せを示したものである。具体例として，ある国において工業製品と農産物が生産されている状態を想定しよう。図序.1 にみるように，この国の資源のすべてを工業製品の生産に利用した場合，100 単位の工業製品が生産されるとしよう。ただし，すべての資源は工業部門で使い尽くされているので，農産物の生産物は 0 単位となる。この組合せは図の A 点で表される。逆にすべての資源を農業に投入すれば 5 単位の農産物が生産されるが，工業製品は生産できない。この組合せは図の F 点で表される。

希少な資源を工業と農業に割り振れば，いくらかの工業製品といくらかの農産

図序.1　生産フロンティア

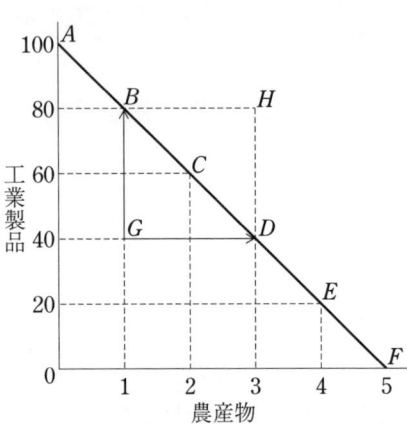

物を同時に生産することが可能となる。図序.1 の B, C, D, E 点はそうした組合せを示している。そして，このような組合せを繋いだ線 A-F が生産フロンティアに他ならない。

序.1.2 資源配分

希少な資源を効率的に用いた場合に実現可能な生産の組合せは資源配分のメニューを意味している。図序.1 において，B 点や E 点はそうしたメニューの一部を意味するが，B 点と E 点で表される資源配分は同じではない。B 点では，E 点よりも工業製品を生産するためにより多くの資源が工業部門に投入されている。他方 E 点では，B 点よりも農産物を生産するためにより多くの資源が農業部門に投入されている。このように資源配分のメニューは原理的には無限に存在する。

実は，資源配分のメニューは生産フロンティア（線 A-F）上の組合せだけではない。例えば G 点は，実現可能な資源配分の 1 つである。しかし，G 点で表される資源配分は，利用可能な資源が十分に活用されておらず「効率的」とはいえない。なぜなら，G 点では，農産物の生産量を減少させることなく，工業製品の生産量を増加させることができたり，逆に工業製品の生産量を減少させることなく，農産物の生産量を増加させることができたりするからである。図序.1 において，農産物の生産を 1 単位に維持したまま，工業製品を 40 単位から 80 単位に増加させることができる。また，工業製品を 40 単位に維持したまま，農産物を 1 単位から 3 単位に増加させることができる。

ただし，H 点のような資源配分は実現可能ではない。なぜならば，工業製品を 80 単位生産してしまえば，残りの資源で生産できる最大限の農産物の生産量は 1 単位に過ぎないし，農産物を 3 単位生産してしまえば，残りの資源で生産できる最大限の工業製品は 40 単位に過ぎないからである。

このような，生産フロンティア（線 A-F）上の資源配分は，資源を無駄なく効率的に利用した場合の実現可能な生産の組合せを意味していることになる。

序.1.3 機会費用

資源を効率的に利用する限り，ある財の生産を増加させるためには，他の財の

生産を諦めなければならない。こうした関係はしばしば「トレードオフ」といわれる。例えば，図序.2 において工業製品の生産量が 80 単位，農産物の生産量が 1 単位であったとしよう。この組合せ B 点は，生産フロンティア（線 A-F）上に位置しているので，資源は効率的に利用されている。

こうした B 点から，農産物の生産量を増加させるためには，必ず工業製品の生産量を減少させなければならない。例えば，農産物の生産量を 1 単位から 2 単位へ 1 単位増やすためには，工業製品の生産量を 80 単位から 60 単位へ 20 単位減らさなければならない。

農産物の生産量を 1 単位増加させるために減少させなければならない工業製品の生産量は，農産物の工業製品で測った「機会費用」といわれる。この例における機会費用は 20 単位（= 20/1）である。

同様に，工業製品の生産を増やすには農産物を減少させなければならない。例えば，E 点において工業製品の生産量を 20 単位から 40 単位へ 20 単位増加させるためには，農産物の生産量を 4 単位から 3 単位へ 1 単位減少させなければならない。したがって，工業製品の農産物で測った機会費用は 0.05（= 1/20）である。

機会費用の存在は，資源が希少でかつ資源の代替的な利用が可能なとき，「資源をどのような財の生産にどれだけ割り当てるか」という資源配分の問題に人間の経済活動は常に直面していることを端的に表している。

図序.2 機会費用

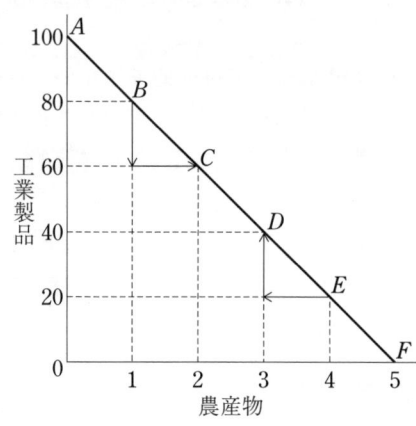

序.2 市場経済の役割

　経済学の最も基本的な課題である資源配分の問題は，どのように解決されているのであろうか。経済学者は，「市場経済」の役割に注目する。そこでこの節では，市場と何か，そして市場経済はどのように資源配分の問題を解決しているのかを検討していくことにしよう。

序.2.1　財　市　場

　一般に「市場」とは，財を購入したいと考えている「買い手」と，財を販売したいと考えている「売り手」が集まり，取引が行われる抽象的な空間のことを指す。一部の市場では，時間と場所を特定でき，具体的な空間として定義できる場合もある。例えば，生鮮食料品の卸売市場は，取引が行われる場所も時間も特定することができるので具体的な市場の一例である。ところが，大抵の市場は，時間や場所を特定できないいわば抽象的なものである。しばしば「携帯電話の市場規模は8兆円」などといわれるが，携帯電話の市場において，売り手と買い手がある特定の場所に集まって取引を行っているわけではない。

　市場は，需要と供給の作用により，取引される財の価格を決めるという極めて重要な機能を担っている。そして，自由な取引が行われている競争市場は，価格の働きにより，効率的で人々が望ましいと考える資源配分を導くと考えられている。

序.2.2　需要と供給

　天候不順が続き，野菜の収穫が減少すると，野菜の価格は上昇し，逆に天候が良好で野菜の収穫が増加すると野菜の価格は下落する。テレビなどを通して，ある食材が健康に良いと報道されると，その食材の価格は上昇するが，ブームが一段落すると以前より価格は低下する。

　市場におけるこうした価格の変動は，需要と供給の相互作用によるものである。自由な取引が認められている市場では，供給が需要を上回るとき価格が低下し，需要が供給を上回るときは価格が上昇する。

価格のこうした変動により，やがては需要と供給を一致させる「均衡価格」が成立し，買いたいと思っている人々が買いたいだけの財を入手することができ，売りたいと思っている人々が売りたいだけの財を販売することができるようになる。均衡価格が成立し，需要と供給が一致している市場では，資源が効率的に利用され，望ましい資源配分が実現している。なぜなら，財が余ってしまっている状態（供給＞需要，供給超過）や不足している状態（供給＜需要，需要超過）では，資源が無駄に使われていたり，必要な財の生産に資源が十分に使われていなかったりするからである。

しばしば，「価格はシグナルとして機能し，望ましい資源配分を導く」といわれる。ある財に対する人々の需要は大きいのに，供給が不足しているとその財の価格は上昇する。逆に，ある財に対する需要は少ないのに，供給が多いとその財の価格は低下する。これは，価格の低下している財の生産から資源を撤収させて，価格が上昇している財の生産に資源を用いた方が望ましい資源配分が実現することを意味している。市場で成立する価格というシグナルを頼りに，個々の経済主体は自らの利益を追求して行動すれば，望ましい資源配分が実現されると考えられている。

序.2.3 分権的意思決定

市場経済では，自由な取引，自由な企業活動，自由な職業選択が認められ，人々は自らの利益だけを考慮して分権的な意思決定を行っている。人々が自分の利益だけを考えて行動していたら，市場経済は無秩序な状態に陥りそうであるが，実際にはある種の調和が保たれている。人々が意図的に市場経済全体の事を考え，全体の経済的福祉の向上に努めているわけではないのに，市場経済は自ずと望ましい資源配分を導くと考えられている。経済学の父といわれるアダム・スミスは，その主著『諸国民の富の原因と性質に関する一研究（国富論）』において，こうした調和は「神の見えざる手に導かれて」達成されているかのようだと述べた。自由な分権的意思決定の下で，市場経済が調和を保ち望ましい資源配分を導く原理を学ぶことは，経済学学習の重要な目標の一つである。

かつては，全体の経済的福祉の向上を実現できるのは政府だけであると認識されていた時代や国があった。そうした国では，政府により経済計画が策定され，財の生産については政府が目標を設定し，その目標の達成が企業や労働者に要求

された。所得の分配についても，政府により賃金の水準が決定され，個人は政府の決定する公定価格で財を購入した。

こうした中央集権的な「計画経済」では，需要と供給の不均衡を調整する仕組みが有効に働かず，大量の過剰生産や極端なモノ不足が頻繁に発生した。また，有効な企業間競争が起こらないため，できるだけ安価な生産方法を採用するように人々を仕向けるインセンティブも働かず，資源配分に著しい非効率が生じた。さらに，労働者の能力や努力を無視した所得分配は，人々の不満を募らせ勤労意欲を阻害した。現代ではほとんどの国がかつての中央集権的な計画経済を放棄し，市場経済を採用するようになっている。

 序.2.4 分業と特化

自由な市場経済はまた，「分業」と「特化」を進展させて経済発展を促す。分業によって各分野の労働生産性は飛躍的に向上し，一国経済が生産できる財の量は増大する。

たとえば，ピン製造業を取上げてみよう。その製造工場では10の工程を10人で作業して，1日に48,000本のピンを生産しているとしよう。しかし，これをもし1人がすべての工程を担当するなら，1日に20本はおろか1本さえも作れないだろう。ところが，10の工程を10人が分業すれば，労働生産性を向上させる次の2つの効果をもたらす。

第1は，個々の作業者の技能が高まる，ということである。個々の作業者はピン製造に必要な10の工程すべてに習熟する必要はなく，一つの工程に特化することができるので，やがて熟練度が増し労働生産性が向上する。

第2は，個々の作業者には工程作業について得意・不得意がある，ということである。10も工程があれば，一つや二つの工程が不得意という作業者も存在するだろう。作業員の得意・不得意は個々の作業員によって異なるので，分業が行われれば，個々の作業者は得意な工程だけに特化できるので全体の生産性は向上する。

分業と特化の進展による労働生産性の向上は，資源の制約を緩和する効果がある。図序.3は，先に説明した生産フロンティアであるが，分業と特化が進展すれば，一定の資源で生産できる工業製品と農産物はいずれも増加する。これは，生産フロンティアの$A\text{-}F$から$A'\text{-}F$へのシフトとして表される。

図序.3 生産フロンティアのシフト

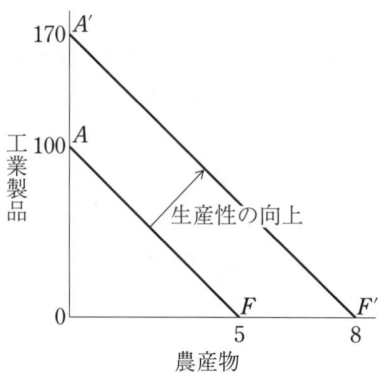

序.2.5 自由放任主義

　先に指摘したように，自由な市場経済は需要と供給の作用により効率的で望ましい資源配分を実現すると考えられている。20世紀初頭では，市場経済が需要と供給の作用を通してあらゆる経済問題を解決してくれるので，できるだけ政府は市場経済に干渉せず，市場での自由な取引を可能な限り推奨するという考え方が支配的であった。こうした考え方は「自由放任主義」と呼ばれる。また，政府の活動は，国防・司法などごく限られた範囲に限定されるべきという「夜警国家」が望ましいとされていた。

　しかし，自由放任主義は，分業と特化を進展させ経済の規模を大きく拡大させたが，他方で，経済活動の著しい不均衡や不安定をもたらし，所得の分配を極端に不平等化させた。1929年にアメリカ・ニューヨーク証券取引所における株価の大暴落を端緒として発生した世界大不況は，自由放任主義が持つ経済の不安定性を証明する結果となった。

　そこで，現代ではこうした市場経済が持つ欠陥を克服すべく，積極的に市場経済に介入する必要があるという「混合経済主義」が主流となっている。また，市場経済の不安定性により生じる景気の変動を，財政政策や金融政策を用いて平準化する必要を訴える立場は「ケインズ主義」と呼ばれる。景気平準化に関する政府の役割は，マクロ経済学が扱う重要な主題の一つである。

序.3 経済主体と経済循環

市場経済では，家計，企業，政府などの「経済主体」が，「消費財」，「中間財」，「資本財」などの財を取引している。また，こうした財が取引される市場にも「消費財市場」，「中間財・資本財市場」，「生産要素市場」などがある。ここでは，こうした経済主体が市場で行う各種取引と，それらの関係について述べておこう。

序.3.1 財の種類

財には，消費財，中間財，資本財などの種類がある（図序.4参照）。家計が日々購入している生鮮食料品や，家電製品などの耐久消費財は消費財と呼ばれる。一方，企業の投資に用いられ，一国経済の生産性や供給能力の向上に貢献する財は資本財といわれる。例えば，工作機械，工場施設，ロボット，コンピューターなど生産の現場で利用され，長期的に利用可能な機械設備はすべて資本財に分類される（実物資本といわれることもある）。そして，消費財と資本財は合わせて「最終財」と呼ばれ，それ以外の財は中間財と呼ばれる。中間財は他の財を生産するための原材料や仕掛品を意味する。

なお，生産活動を行うためには「土地」が必要となるが，基本的には土地を生産することはできないので，資本財に区分されない。しかし，土地は生産活動に不可欠で長期的に利用可能な生産要素であるため，資本財と同じ機能を果たしている。

図序.4 財の種類

また，企業が研究開発費を投じて生み出した発明や新技術は，実体を持たず実物資本と呼べるものではないが，それらは生産活動に貢献し長期的に利用可能な生産要素であるので，やはり資本財と同じ機能を果たしている。

序.3.2　家計と企業

　市場経済で取引を行う家計，企業，政府などは「経済主体」と呼ばれる。家計は，保有している労働を生産要素市場で売り，それによって得た貨幣を用い，消費財市場において消費財を購入する経済主体である（図序.5参照）。ただし家計は生産要素市場で受け取った貨幣のすべてを消費財の購入に充てているわけではなく，一部は「貯蓄」に回される。貯蓄は，企業の投資に必要な資本（資金）の原資となる。ただし，家計は企業に直接資本を提供しているわけではない。多くの場合，「金融市場」において企業が発行する「有価証券」を，金融仲介部門を通して購入することにより，企業に資本（資金）を提供している。

　企業は，家計から労働などの生産要素を購入し，また他の企業から中間財を購入して最終財（消費財，資本財）や中間財を生産し，他の経済主体にそれらを販売する経済主体である。企業が販売した最終財や中間財に対する対価は企業の収

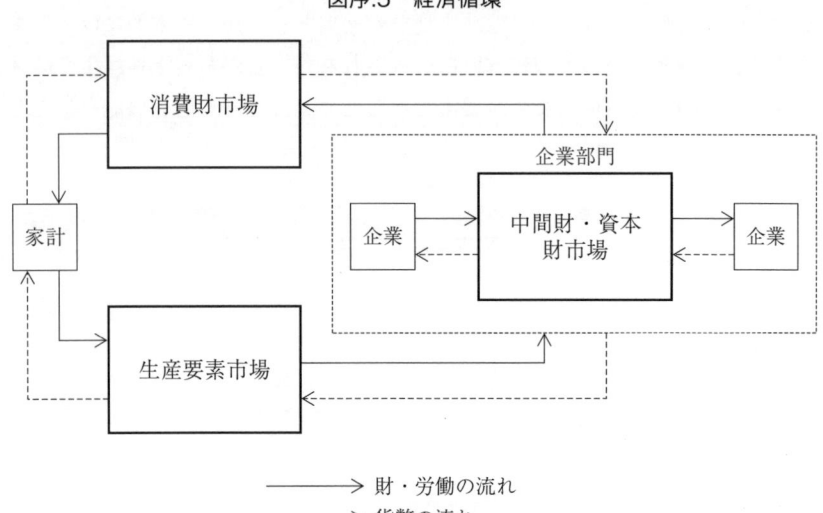
図序.5　経済循環

入となるが，家計が提供する労働に対する対価である賃金や，他の企業が生産した中間財に対する支払いは費用となる。企業はこうした収入と費用の差である「利潤」が最も大きくなるように行動する。

生産活動に必要な企業による資本財の購入は「設備投資」といわれることがある。設備投資によって蓄積された資本財は「固定資産」を形成する。固定資産は耐用年数が来ると老朽化してしまい，更新しなければならないから，企業は毎期，更新のための資金を積み立てている。これを「減価償却費」という。

減価償却費は，固定資産のうち今期に生産のために使われて減耗した分に対応する金額であり，会計上は費用として処理されるが，その積立金は蓄積されて将来時点での固定資産の買い替えのために使われる。

 序.3.3　政　　府

政府は，企業のように自己の利益を目標として行動するのではなく，社会全体の利益を目的として行動する。政府は，この目的のために市場経済に介入する。

政府はその活動に必要な資金を「租税」として家計や企業から徴収する。家計からは所得税・住民税・固定資産税など，また企業からは法人税・法人事業税などを直接税として徴収する。また，間接税として消費税・酒税・揮発油税・関税なども徴収する。

政府は，こうした租税によって得た資金を用いて，公共サービスや公共財を提供する。公共サービスの具体的内容は，教育・治安・国防・衛生・社会保険・社会福祉・経済協力など多岐にわたっている。

社会保険には，年金保険・医療保険・介護保険などの種類があるが，こうした社会保険事業からの支出は，政府が強制的に所得を移転させていることから，「移転支出」と呼ばれる。例えば，年金給付は，賦課方式の場合，政府が現役世代から保険料を徴収し，退職世代に給付しているのでまさに移転支出に他ならない。社会保険・社会福祉事業は，市場経済活動の結果として生じる所得分配上の不公平を是正することを目的として行われており，税制上の累進課税とともに，政府の「所得再分配政策」のための手段となる。

政府が供給する道路・上下水道・公園などは公共財と呼ばれる。これらの財は社会のために必要不可欠だが，「排除不可能性」という性質や「非競合性」という性質を併せ持っているため，市場経済では供給されない。

こうした活動を行うため，政府は生産要素市場で公務員として労働力を購入し，生産物市場で企業の生産する財を購入する。政府の徴税や公共支出は市場外の第三者としての経済活動だったのに対して，労働力や財の購入の場合には，政府は市場において大規模な取引主体として活動する。

しばしば，政府の徴税する租税だけでは政府支出を賄うことができないことがある。こうした場合には，「公債」を発行して金融市場から資金を調達する。現代の政府活動の規模は著しく大きいため，市場経済に対して強い影響を与えている。

 ### 序.3.4 一物一価の法則

市場経済では，「裁定」が働き同じ財は同じ価格で販売される。これを「一物一価の法則」という。

例えば，同じ腕時計が東京の財市場で1万円，大阪の財市場では2万円で販売されていたとしよう。自由な取引の認められている市場経済では，腕時計の転売により利益を得ることができる。すなわち，東京の市場で腕時計を購入し，大阪の市場で販売すれば1万円の利益が生じる。このように異なる市場の価格差を利用して利益を上げようとする取引を「裁定」という。

ところが，こうした裁定取引により利益を得ようとする者は後を絶たないので，東京と大阪の市場では腕時計の価格が変化する。大阪の市場では東京の市場から転売された腕時計の供給が増加するので，腕時計の価格は低下する。逆に，東京の市場では転売のため腕時計に対する需要が増加するので価格は上昇する。こうした価格の変動は，両市場で腕時計の価格が同じになる（例えば1万5,000円）まで続く。両市場で腕時計の価格が同じになれば，裁定により利益は生じなくなるからである。その結果，同じ腕時計はどこの市場においても同じ価格で販売されることになる。

一物一価の法則は，自由な取引が保証されている限り，その他の市場においても成立する。労働市場では同じ能力を持った人材に対する賃金は同じになる。金融市場においても，どのような資金の運用の仕方を選択しても収益率は同じになる。

仮に自由な取引が認められていても，市場が分断している場合には，一物一価の法則が成立しない場合がある。こうしたケースは「差別価格」といわれる。例

えば，夜の電気料金は昼間に比べて安い，ゴールデン・ウィーク中の観光地の旅館の宿泊料は他の時期に比べて高い，社会人に比べて学生は安い料金で映画を鑑賞できる，などである。

こうした差別価格が存在するのは，いくら夜の電気料金が安いからといって夜のうちに貯め込んだ電気を昼間に使うのは難しい，通常のサラリーマンはゴールデン・ウィーク以外の宿泊料が安いからといって平日にまとまった休みをとることができない，社会人は学生と偽って映画を観ることができない，などの理由で市場が分断され，裁定が働かないからである。

序.4 経済学の方法

経済学では，「経済法則」を見出すことが重要となる。また，「限界原理」を理解することは経済学の学習において不可欠となる。そこでここでは，経済法則を見出す方法である帰納法と演繹法の違いや限界原理について簡単に述べておこう。

序.4.1 帰納法と演繹法

経済学では，経済主体の行動原理や行動法則を重視する。それは，経済主体の行動法則が明らかになれば，経済現象に関して予測することが可能になるし，経済主体の行動を望ましい方向に誘導することもできるようになるからである。

一般に，経済主体の行動法則を見出す方法には「帰納法」と「演繹法」がある。帰納法では，繰返し同じ行動が観察される場合が多いので，その背後に一定の法則が存在するはずだと考える。例えば，価格が下がれば家計は財を多く購入する場合が多い。こうした現象は繰返し観察されるので，需要法則が成立すると判断される。しかし，価格が下がっているのに，家計は財の購入を増加させない場合も考えられる。価格の低下と同時に家計の所得が減少していれば，財の消費量は増加しないであろう。このように帰納法は，法則の確からしさの程度を示しているにすぎない。

そこで経済学では，演繹的な思考方法を主に用いる。演繹法とは観察される経済行動が，そもそもどのような原理に従って生じているのかを明らかにする方法

である。例えば経済学では，消費者はなぜ財を購入するのか，という根本的な問いから考察を開始する。それは，財を消費することによって消費者は効用（満足）を得ることができるからである。財を多く消費するほど家計の効用は高まるが，家計の所得には制約がある。家計は所得という制約の中で，効用が最も大きくなるように財の消費量の組合せを選択している。このように推論することによって，需要法則が導き出される。演繹法によって導かれた法則は，その規則性をもたらしている原理を明らかにしているので，仮にイレギュラー（価格が下がっても財の消費量が増えない）が生じてもその原因を明らかにでき，より頑健な法則となる。

序.4.2　他の条件を一定として

　経済主体の行動は，様々な条件に影響されている。例えば，家計の消費量は，財の価格，家計の所得，嗜好などの影響をうける。財の価格が低下したり，家計の所得が増加したりすれば，財の消費量は増加するだろうし，家計の好みが変われば，ある財に対する消費量は変化するかもしれない。

　経済学では，経済主体の行動に影響する複数の条件のうち，1つの条件だけに注目し，他の条件は一定と考えて考察をすすめる場合が多い。例えば，価格が下がれば需要量が増加するという需要法則を考えてみよう。これは，家計の需要量に影響する多くの条件のうち，価格以外の条件を一定としたときに成立する法則である。したがって，家計の所得が増加すれば，仮に価格が一定でも財の消費量は増加するので，一見需要法則が成り立っていないように思えるがそうではない。

　他の条件が変化したとき，経済主体の行動がどのように変化するかを観察する分析手法は，「比較静学分析」といわれる。

序.4.3　限界概念

　この本では，「限界効用」，「限界費用」，「限界収入」，「限界生産力」，「限界代替率」，「限界消費性向」，「限界輸入性向」など，「限界」という言葉が頻繁に使われる。日常生活では，「我慢の限界だ」といったように，ぎりぎりの境や仕切りを意味する場合が多いが，経済学における限界は，「何かを余計に追加したと

き」という意味で用いられる。例えば，限界効用は，家計が財を1単位余計に消費したときに追加的に得られる効用（満足の大きさ）を意味するし，限界費用は，企業が財を一単位余計に生産するときに追加的に負担しなければならない費用を意味する。

　こうした限界概念は，経済主体の意思決定を決める極めて重要な役割を演じている。例えば，あるビジネスマンがもう1時間だけ余計に残業をするかどうかという意思決定の必要に迫られているとしよう。この時彼は，1時間余計に残業することによって，疲労や苦痛が増してしまうことを知っている。他方，1時間余計に残業すれば相応の残業手当を支給されることも知っている。もし，1時間余計に残業することによる限界疲労が，1時間当りの残業手当から得られる限界効用を下まわっているならば，彼はもう1時間残業を続けることにするだろう。なぜなら，残業手当から得られる限界効用が限界疲労を上回っているので，その差に相当する分だけ純効用（＝効用水準－疲労水準）という利益を増やすことが出来るからである。これに対して，限界効用が限界疲労を下まわっているなら，彼は残業を続けようとは思わない。なぜなら，残業手当から得られる限界効用が限界疲労を下まわっているので，その差に相当する分だけ純効用という利益が失われてしまうからである。

　このように，経済主体が何かの意思決定を行う場合，その行動から得られる限界的な便益と限界的な費用を比較することによって，望ましい選択を決めることができる。

◈◈ ［ベーシック用語］◈◈◈◈◈◈◈◈◈◈◈◈◈◈

資源　希少性　資源配分　機会費用　生産フロンティア　市場　需要　供給　分権的意思決定　分業　特化　自由放任主義　ケインズ主義　経済主体　消費財　中間財　資本財　最終財　一物一価の法則　裁定　演繹法　帰納法　限界概念

第I部
ミクロ経済学編

第1章 消費者行動の理論

1.1 消費者行動の分析

　第Ⅰ部で展開されるミクロ経済学は，最適化の手法と均衡分析を扱うことが主たるアプローチの方法である。ここで「均衡」とは，市場経済を構成する主たる経済主体である消費者と生産者とが目的関数の最適化を満たしている「主体均衡」と，市場での財・サービスへの需要と供給とが一致する「市場均衡」である。

　第Ⅱ部のマクロ経済学では集計量としての経済変数を分析対象として経済全体を鳥瞰しようとするが，ミクロ経済学では，個々の経済主体の最適化行動の結果として配分が決まると考える。経済学の応用分野である財政学，金融論，国際経済学などの領域での経済分析では，ミクロ経済学で学ぶ諸概念や分析のフレームワークが基礎になっている。

　本章では，まず市場を構成する家計と企業のうち，前者の消費者行動に経済学的合理性を仮定し，様々な財・サービスに対する需要がどのように決定されるかを解説する。消費者の経済行動の格になる部分を定式化し，主体均衡の状態を描写し，生産者の行動分析は続く第2章で扱われる。消費者にとっての主体均衡とは，消費者が行う経済活動の帰結として実現する状態に満足している状況をさしている。

　以下でまず，選好関係と効用関数の概念から消費者行動の基礎の説明を始めよう。予算制約の下，家計は，主観的満足度を表す消費者の「効用」と呼ぶ尺度を極大にするように財・サービスの支出を決定する。このことから個別の需要関数が導出され，さらにこれを集計することから市場の需要関数が求められる。財の価格は，財の需要関数と供給関数の交点である市場均衡から決定される。この他，各種の弾力性概念にも言及する。

市場経済において，家計と企業とが需要と供給の主たる経済主体であり，企業が生産・販売供給を担い，家計は最終消費財を需要・消費する主体である。家計は，生産要素である労働サービスを提供して企業の生産活動に貢献し，要素報酬として得る賃金所得を得，それをもとに様々な財・サービスに支出を行う。家計にとって消費活動から得られる効用の最大化が目的となる。

家計の最終財への需要は，その所得収入と財の市場価格に依存するものであり，所得収入という制約のもとで，家計にとって最も選好（嗜好）にあった消費の組み合わせ（消費計画）を選択するという合理的行動を仮定する。個々人の需要を集計することで市場の需要が得られる。消費者の意思決定は，最適化行動として定式化されるもので，何らかの望ましい基準に基づいて最適値を見つけることである。

家計は，まず労働供給を決めることによって所得を得るのであり，次にその所得を現在の消費と将来の消費を意味する貯蓄とに分割し，その上で現在の消費を決定する。もっとも現実に家計は，これら三つの経済行為を同時に行っているものと考えられよう。本章では，最後のステップである最終消費財への支出行動を取り上げる。貯蓄や労働サービスの供給も，本章で提示したモデルを応用することで定式化することが可能である。生産要素の一つである労働サービス供給については，第Ⅱ部マクロ経済学・第9章で，労働需要と併せて若干の考察が行われる。

本章で取り上げられる家計の消費行動は，第Ⅱ部マクロ経済学で取り上げられるケインズ経済学に基づく消費関数の考察につながるものである。それとともに，近年発展の著しい新古典派マクロ経済学では，消費行動に「ライフサイクル仮説」や「恒常所得仮説」など，ミクロ的基礎付けとしての個人の最適化行動に基づいた分析を中心に据えてマクロ経済の諸問題が扱われている。

章末には，本章で取り上げた重要なポイントを確認するための練習問題を付すので，それらを解くことで消費者行動の理解をより確かなものにして欲しい。

1.2 選好と効用

消費者（家計）は，財・サービスの購入量をどのように決めるのであろうか。消費者にとって消費支出の対象になる財（これを最終消費財と呼ぶ）は望ましい

ものであり，これを多く消費することで主観的な満足の度合いも向上するものと考える。貨幣を支払って財・サービスを購入するのは，貨幣を保有しているよりも財を購入して消費することの方が，満足が高まるからである。

消費者行動を解き明かすため，消費者の合理的選択行動を定式化していこう。さまざまな財への支出を考察する際に，消費者の嗜好の性質を整理しておく。ミクロ経済学では特に，消費者の嗜好を「選好」といい，消費計画が複数あるとき，どちらが望ましいかを迷うことなく，かつ，矛盾なく決めることができるような選好関係を想定する。

1.2.1 選好関係

財・サービスの消費者の選好を表現する具体的方法を考察していこう。そこで消費者の選好に求められる条件を整理する。以下に示される財の組み合わせ（消費計画）に対する二項関係が，「選好関係」である。

消費者行動に経済合理性を仮定する。しばしば人間は首尾一貫性を欠く非合理的な行動をとったり，時には利己的であり，また時には他利的な行動をとることもある。しかし，そうしたケースはとりあえず排除して消費者の選好を体系化していこう。

① 完備性

消費者は消費の対象になる選択肢を提示されたとき比較検討してきちんと順序付けられるとする。消費する財の組み合わせ（消費計画）が複数あるとき，それらについてどちらが望ましいのかを決めることができるものとし，判断できないことはないという意味で，選好は完全であるとする。

② 単調性

財は望ましいものとする。消費者は，財の消費量が多ければ多いほど，主観的な満足度である効用が増すものと考える。これを消費の不飽和といい，効用が飽和することはないものとする。換言すれば，財の消費に基づく効用の増加には限りが無いということである。

③ 推移性

選好の矛盾無い順序付けができるものとする。これは次のように表現できる。すなわち，いま三つの消費計画 A，B，C があるとき，A は B よりも望ましく，B が C より望ましいとき，A は C より望ましいものとなる。選好の意思におい

て，推移性を満たさないような三すくみの状況は生じないとするのである。

1.2.2 効用関数

ここまで選好に関する仮定を提示してきたが，消費の対象となる財の消費から得られる主観的な満足度を，「効用」という。そしてこの効用の水準を示す物差しとして，「効用関数」という関数が存在するとして議論を進めよう。

消費者の効用概念には，効用の可測性，すなわち，効用を測ることができるかどうかという問題があり，さらに，効用の水準はそもそも個人間では比較が出来ないという難題が付随してくる。しかし，これについてここではこれ以上詳しく述べることは控え，以下では，標準的な教科書レベルの説明を踏襲しながら，消費者の選好と，それを表現する実数値連続関数としての効用関数が存在するものとして，消費者行動を体系立てていこう。

いま複数の財への消費を表す消費計画 x を独立変数とする効用関数を $U(x)$ とし，これを先に定義した選好関係と関連づけていこう。消費の対象となる財が 2 財のときには，第 1 財の消費量を x_1，第 2 財の消費量を x_2 とすると，消費計画 $x=(x_1, x_2)$ と表される。

この効用関数という概念を用いると，消費者にとって消費計画 A が B よりも望ましい，あるいは，無差別であるとき，$U(A) \geq U(B)$ となる。すなわち，A が B よりも望ましいか，あるいは，無差別であるときには，効用関数の値が大きい値をとるものとする。

また，ある効用関数を増加関数で単調変換したものも，同じ消費者の選好・効用を表現する効用関数の役割を果たしていることが知られている。

選好を表現する効用には，基数的効用と序数的効用という二つの効用概念が存在する。前者の基数的効用は，本来は計測できないはずの効用の絶対的な大きさを捉える性質を持つ効用概念であり，後者の序数的効用は，効用の大小関係を示す効用概念である。

以下では，議論を明確にする意味を兼ねて，効用レベルの数値化を仮定する基数的効用概念を用いて消費者行動を描写していくことにしよう。

消費者が貨幣を支払って消費の対象となる財を購入するのは，効用という主観的な満足度が向上するからであり，ミクロ経済効用の極大化を目的に支出活動を行うと仮定する。

1.2.3 効用関数の性質

これまでに定義されてきた効用関数には，次のような性質がある。
① 効用関数は財の消費量の単調増加関数であり，財の消費の増加とともに単調に効用水準が上昇していく。
② 効用関数は通常凹関数であり，その関数の特徴は，効用関数の接線の傾きが財の消費量の増大とともに低下していくことである。換言すれば，効用は，消費量の増加に伴って効用の増加の度合いが減っていくものと仮定するのである。効用関数の接線の傾きとは，以下に提示される限界効用という概念に対応している。

効用関数の傾きとして表現される「限界効用」とは，財の支出が追加的に1単位増加したときの効用の増加分をいう。第 i 財の消費量の変化分を Δx_i とし，それに伴う効用の増加分を ΔU とすると，限界効用は次のように書ける。

$$MU = \frac{\Delta U}{\Delta x_i} \tag{1-1}$$

このように定義される限界効用は，消費量の微小変化分を考えると，効用関数の1次導関数（微分係数）であり，幾何的には，グラフ上の点での傾き（接線の勾配）を表すもので，効用関数が連続微分可能な関数であるときに定義が可能である。

この限界効用は，消費量の増大に伴って減少していく性質のあることが通常仮定され，「限界効用の逓減の法則」と呼ばれる。これは，先に定義を与えた効用関数が凹関数であることに対応している。解析学の概念を用いれば，効用関数の1次導関数がプラス，2次導関数がマイナスであることを意味している。図1.1には，限界効用が逓減する標準的な効用関数のグラフが示されている。

消費者が財の消費を増すにつれて効用の増加分が徐々に減っていくことは，古典派経済学が仮定する消費者行動の基本部分である。もし限界効用が逓増するようであれば，消費者は効用を高めるためにいくらでも財を購入することになるが，実際にそのような行動が観察されないのは，限界効用の逓減が働いているからと考えられる。

限界効用の逓減の法則は，古典派経済学における消費者行動の性質の一つで，これを考察した研究者にちなんで「ゴッセンの第1法則」という。限界効用の逓減という性質は，財の消費量の増大にともない，効用の増加の度合いが減少して

図 1.1　効用関数

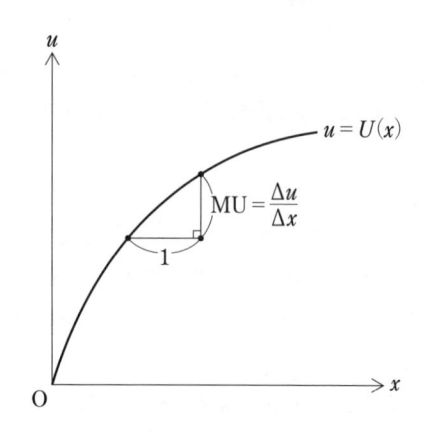

[図：効用関数 $u = U(x)$ のグラフ、$\mathrm{MU} = \dfrac{\Delta u}{\Delta x}$]

いくことである。

1.3　無差別曲線

　効用関数が定義できたので，次に消費者の選好に対応する「無差別曲線」の概念を提示しよう。無差別曲線とは，一定のレベルの効用水準に対応する消費計画の集合と定義される。これは例えば，標高を示す地図の等高線に相当するものと理解してよい概念である。無差別曲線は，消費の対象になる財が 2 財のときには，2 次元の平面に描くことが可能である。以下の説明は，一般に 3 財以上のケースにも拡張が可能である。
　第 1 財，第 2 財の需要量をそれぞれ x_1, x_2 と表記する。図 1.2 に示されているように，第 1 財の量を横軸に，第 2 財の量を縦軸にとると，右下がりの曲線群が与えられ，それぞれの無差別曲線が効用レベルに対応する消費計画の集合に対応している。
　消費者が二つの財に消費するとき，無差別曲線は，第 1 財，第 2 財の選択可能な消費計画に対して 2 次元の平面に定義でき，消費者の選好の度合いを表現するものである。財の空間に存在する消費集合は，無差別曲線によって覆い尽される。消費者の標準的な選好では，無差別曲線に次のような四つの性質があること

図 1.2　無差別曲線

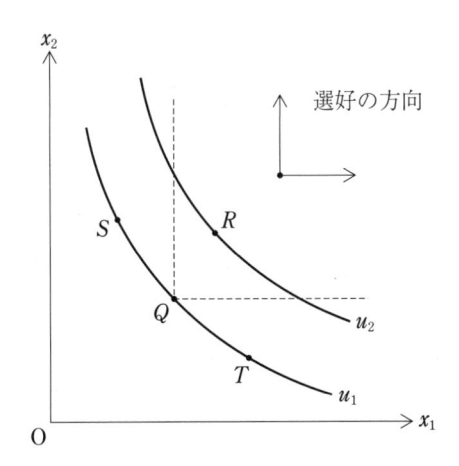

が指摘される。
① 右下がりである。
② 原点に凸で，限界代替率が逓減する（これを選好の凸性という）。
③ 互いに交わらない。
④ 右上にいくにつれて効用が上昇していき，効用レベルに対応して無数に存在する。

　無差別曲線は，消費者の効用レベルが等しい 2 財の組み合わせの点を結んだものである。図 1.2 で，消費者にとってみると効用レベルの異なる消費計画に対して無差別曲線を描くことができる。

　図 1.2 の点 Q を通る無差別曲線は，点 S と点 T と効用水準が等しい点の集合である。言い換えれば，点 Q と点 S と点 T は無差別である。また，点 R は，点 Q よりも第 1 財，第 2 財ともに消費量が多く右上に位置するため，点 Q よりも高い効用水準に対応していることが分かる。点 Q は点 S と無差別，点 R は点 Q の右上にあり財 1，財 2 ともに消費量が多いため効用水準が高いのである。これらから，u_1 よりも u_2 の方が高い効用水準に対応する無差別曲線である。右上にある無差別曲線ほど，効用水準が高いのである。

　無差別曲線の傾きを「限界代替率（MRS）」という。例えば，2 財のケースでは，第 2 財で測った第 1 財の相対的（主観的）価値を意味する。これは，(1-2) 式のように，第 1 財の限界効用（MU_1）を第 2 財の限界効用（MU_2）を割った

ものとして定義される。x_1, x_2 の微少変化分を取れば，この式は，効用関数を全微分して導出される概念になる。

$$\text{MRS} = \frac{\Delta x_2}{\Delta x_1} = \frac{MU_1}{MU_2} \tag{1-2}$$

限界代替率の経済学的意味は，一定の効用水準を維持したままの状態で，第2財の消費量の変化量を第1財の変化量で割り算したものであり，これは，第1財の限界効用を第2財の限界効用で割ったもので表されることが分っている。

第1財の消費量が増大していくにつれて，その希少性が低下していくため，限界代替率は，一つの無差別曲線上で一定の値を取るものではない。このため無差別曲線は，右下がりであると同時に原点に凸の形状をとる。幾何的には，第1財の消費量が増大するに伴い無差別曲線の傾きがゆるくなっていくことに対応するものである。効用の水準を一定とすれば，第1財の消費量が減少すれば効用水準を維持するため，第2財の消費量を増大させなければならないために右下がりになる。無差別曲線上では，したがって，異なる点には異なる限界代替率が対応している。またこれは，各財の限界効用が逓減することに基づく結果である。このように無差別曲線の傾きが原点に向かって凸になっていることを，「限界代替率の逓減」という。

図1.2の無差別曲線は，限界代替率の逓減する典型的なケースが描かれている。このような無差別曲線を持つ効用関数には，例えば，次のようなコブ・ダグラス型の効用関数が考えられる。

$$u = x_1^\alpha x_2^\beta \tag{1-3}$$

ただし，$\alpha > 0$, $\beta > 0$ であるとする。

この他，標準的ミクロ経済学のテキストでは，様々な無差別曲線（選好関係）が提示されている。図1.3(a)には，二つの財が完全補完財の場合の無差別曲線が，図1.3(b)には，二つの財が完全代替財の場合の無差別曲線が，それぞれ図示されている。

完全補完的な財の無差別曲線を示している図1.3(a)のケースは，消費者が二つの財を常に一定の割合をもって消費するケースである。これは財の消費において，二つの財の消費に代替の可能性が全く無い状況を示していて，レオンチエフ型というタイプの無差別曲線と呼ばれる。グラフで示されるように，L字型の無差別曲線になり，このときの効用関数は

$$u = \min\{x_1, x_2\} \tag{1-4}$$

図 1.3　無差別曲線

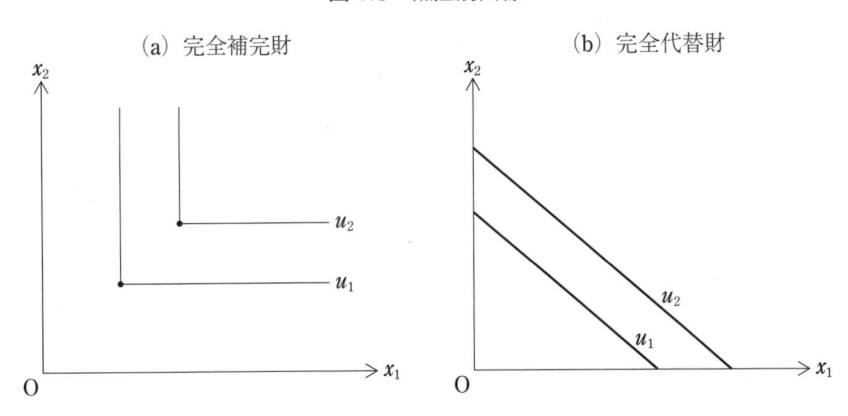

(a) 完全補完財　　　　　　(b) 完全代替財

と書ける。ここで，$\min\{a,b\}$ は，a と b のうち小さい数を与える関数である。

(1-4)式のように表現できる効用関数を持つ消費者は，第1財と第2財を1対1の割合で消費する選好を持っているものとしている。

図 1.3(b)は二つの財が完全に代替が可能であるときの無差別曲線であり，右下がりの直線で選好関係が描けるので，例えば次のような式で表現できる。

$$u = ax_1 + bx_2 \tag{1-5}$$

ただし，$a>0$，$b>0$ とする。

(1-5)式の効用関数を持つ消費者は，第1財と第2財の消費量の合計で効用が決まるため，二つの財の消費の合計が多ければ多いほど効用が高まるという性質を持っている。

1.4　予算制約式

所得収入が限られている消費者にとって価格の情報は重要であり，選好（効用）のタイプに基づいて消費計画が選択され，効用の最大化が実現される。

これまでの考察により無差別曲線の概念を与えることで家計の嗜好（選好）を表せたので，次に家計にとって与件として与えられる市場価格体系と所得の下で，どのような消費計画が可能であるかを考察していこう。

以下では，説明の簡便化をはかるため，視覚的にも理解しやすいように，消費

の対象となる財が2財であるケースで説明していく。ここで提示される議論は，消費対象の財が3財以上ある一般の場合にも容易に拡張が可能である。

無差別曲線を提示したときと同様に，第1財の消費量を x_1，第2財の消費量を x_2 とし，かつ，それぞれの市場価格を p_1, p_2 とする。消費者にとって価格と所得は所与の条件である。家計の所得を I としよう。現実には，家計の所得収入には雇用者所得や，株や債券など各種の金融資産からの利子・配当収入，遺産の受け取りなどが考えられるが，ここでは，それら所得を一括にして I と記述して議論を進めていく。また，金融機関からの借入・返済なども排除して，2財への支出行動を行うという仮定で以下の議論を進めていく。

このとき，消費者の予算制約式は，

$$p_1 x_1 + p_2 x_2 \leq I \tag{1-6}$$

で与えられ，左辺の支出額が右辺の所得額を超えないものと考えられる。ただし，財は望ましいという性質から，以下の説明では，消費者は支出の限度額である所得 I いっぱいまで消費するとしておき，(1-6)式は等式で成立するものとしよう。

無差別曲線を描いた図1.2と同じように，第1財の量を横軸に，第2財の量を縦軸にとると，予算制約式は一般に，図1.4で描かれているように，右下がりの直線で表現される。(1-6)式の予算制約式を第2財の消費量について解くと，(1-7)式のように変形できる。その傾きは，第1財価格を第2財価格で割ったもので

図1.4 予算制約

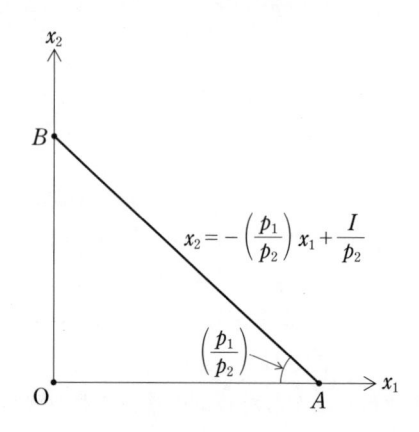

与えられ，第1財の相対価格と呼ばれる．

$$x_2 = -\left(\frac{p_1}{p_2}\right)x_1 + \frac{I}{p_2} \tag{1-7}$$

　第1財価格が高くなると傾きが急になり，逆に第2財価格が高くなると傾きが緩くなることは，容易に確認できよう．消費者にとっての予算制約の領域は，原点 O，点 A である $\frac{I}{p_1}$，点 B である $\frac{I}{p_2}$ の三つの点を頂点とする三角形の内側であり，その領域内の消費計画を自由に選ぶことができる．ここで点 A は，所得全てを第1財の購入に充てたときの消費量であり，点 B は所得全てを第2財の購入に充てたときの消費量である．

　二つの財の相対価格の変化は，予算制約線の傾きの変化として与えられ，所得の変化は，予算線の平行シフトによって与えられる．第1財価格が上昇すると，点 B を起点として予算線が回転して傾きが増し，第2財の価格上昇は，逆に傾きが緩くなることで示される．

　また，容易に分かるように，価格体系と所得とが全て同じ率で変化すると，予算制約は実質的にまったく変化しないことに注意が必要である．これは後に需要関数の性質を論じる1.7節で指摘する，需要関数の0次同次性という性質に関連している．

1.5　主体均衡と最適消費計画

　無差別曲線を提示することで消費者の選好を表し，その後，予算制約式が提示されたので，次に消費者にとっての最適消費計画を得るため，予算制約下での効用最大化の条件を考えていく．

　図1.3の予算制約式と図1.2の無差別曲線を一つのグラフに重ねたものが，図1.5である．

　図には3本の無差別曲線が描かれている．まず無差別曲線 u_3 は，予算制約線の外側にあるので，消費者にとっては購入ができず対象外の選択肢である．u_1 上では，点 S から予算制約線上を右下方向へ移動することで効用を増すことが可能であり，また，点 T は，予算制約線上を左上方向へ移動することで効用を増すことが可能であるという意味で，u_1 は効用極大に対応する無差別曲線では

図 1.5 消費者の主体均衡

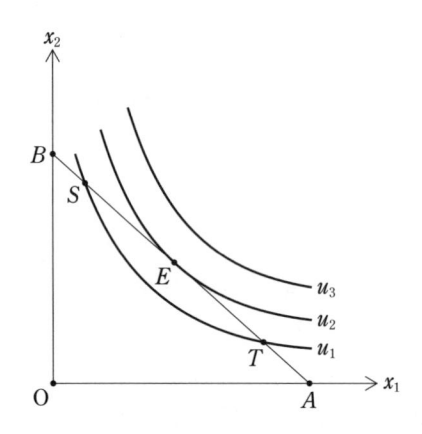

ない。u_2 上にある点 E は，予算制約線と無差別曲線とが接している消費計画である。従って，効用水準が最大化されている消費者の主体均衡では，予算線と無差別曲線とが接していなければならないことが分かった。これは，限界代替率と相対価格とが均等化されている状況と表現できる。

2財のケースでの消費選択の条件は，次のようになる。

$$\mathrm{MRS} = \frac{p_1}{p_2} \tag{1-8}$$

これは，予算制約線の勾配で与えられる相対価格と，無差別曲線の勾配である限界代替率とが等しくなることを指している。(1-8)式が，消費者が効用最大化行動をとるときに満たさなければならない必要条件である。またこのような状態が，消費者にとっての最適消費計画である。

限界代替率 MRS がそれぞれの財の限界効用の比に等しいことから，上記の(1-8)式を変形すると，次の(1-9)式を得る。

$$\frac{MU_1}{p_1} = \frac{MU_2}{p_2} = \lambda \tag{1-9}$$

消費者の効用極大の状態では，各財の限界効用をその財の価格で割り算したものがともに等しくなる，と書き換えることが出来る。ここで最後に書かれた λ は，「所得（貨幣）の限界効用」と呼ばれるものである。これは，所得1円当たりの限界効用の大きさをさしている。消費者の効用最大化問題の必要条件を与え

るこの式は，とくに「限界効用均等の法則」と呼ばれる。そして，この関係が成立しないときには，予算制約を満たしながら購入する財の組み合わせを変更することで効用を増すことが可能であることが示される。

新たに書き換えられた(1-9)式の主体均衡条件は，古典派経済学では「ゴッセンの第2法則」という。この条件の経済学的意味は，主体均衡においては，各財の限界効用をその価格で割ったものが全ての財において等しいということである。その経済学的インプリケーションは，1円を使って得られる効用が全ての財で等しくなっている状態を指している。上記の均衡条件は，消費者の効用最大化の必要条件になっている。

(1-9)式の主体均衡条件が成立しているとき，このような状態をとくに「内点解」という。すなわち内点解とは，消費の対象が2財あるとき，それらを共に消費する状態である。逆に，効用最大化がなされる主体均衡の状態で，一つの財に全ての所得を割り当ててしまう状態を「端点解（コーナー解）」という。限界代替率と価格比率とが一致していない状態では，消費の組み合わせを変更することから効用をさらに上昇させる余地が残っている状態であったが，端点解は，全ての所得を一方の財に支出することで効用極大が実現しているのである。

端点解の状態を示すものとして，図1.6(a)にあるように，MRSが相対価格を上回るときには，第1財だけを消費することになる。逆に，図1.6(b)にあるように，MRSが相対価格を下回るときには，第2財だけを消費する。

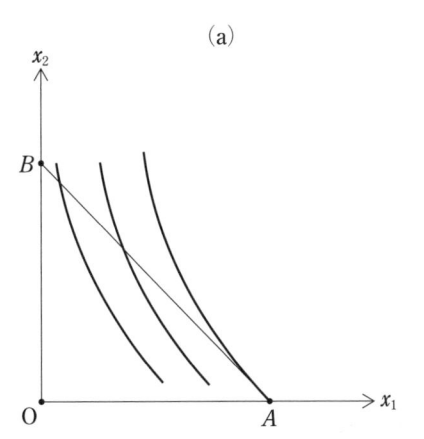

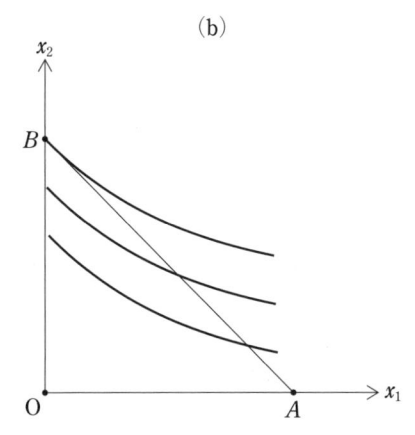

図1.6　端点解（コーナー解）

このように，無差別曲線が原点に対して凸であるとき，予算線と無差別曲線との接点で主体均衡が成立するが，予算制約のもとでMRSと相対価格が必ずしも一致しないときには，消費者が所得全体を一つの財の消費に当ててしまうコーナー解（端点解）が生じるのである。

かくして，無差別曲線がスムーズな曲線で，かつ，端点解が生じないとき，最適な消費計画は，限界代替率と相対価格とが均等化されている状態で達成される。

上級レベルのミクロ経済学の議論によれば，これまで述べてきた消費者の効用最大化問題は，「ラグランジュの未定乗数法」と呼ばれる制約条件付きの最大化問題として定式化される。予算制約という線形の制約条件のもとで，効用関数という目的関数を極大化する最適化問題として表現されるのである。消費者行動のより高度な理論体系に関心のある読者諸氏は，巻末に提示されている上級レベルのテキストを参照することで，理解を深めて欲しい。

1.6 価格・所得変化と消費行動

消費者にとって与件の変化に伴う主体均衡の変化について考察する。価格や所得といった外的条件を与件というが，それが変化するに伴って主体均衡である消費者の効用極大点がどのように変化していくかをみていく。その後，価格と所得が変化するときの需要への効果を分析して財の分類を行う。これは，主体均衡の「比較静学」を行うことを意味している。ここで比較静学とは，外的要因が変化したときに，均衡の状態がどのように変化するかを考察する分析である。価格や所得などの与件が変化したとき，消費者がその変化に対してどのように反応するか，変化する前と後との状態を較べることを意味している。本章では，価格変化による需要行動の変化を，次のように理解していく。

1.6.1 代替効果と所得効果

消費者行動の理論では，価格変化による財の需要変化を，「代替効果」と「所得効果」と呼ばれる二つの効果に分解して理解していく。

図1.7では，消費者が，与えられた予算制約線上の点Eで第1財と第2財をそ

図 1.7 代替効果と所得効果

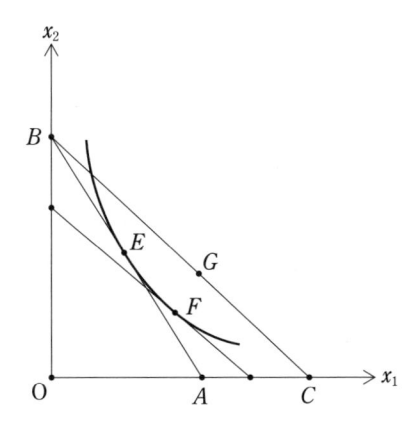

れぞれ購入しているものとし，所与の予算制約の下で達成可能な最も高い効用を得ているものとしよう。

いま，第 1 財の価格が下落したときの変化を考えてみよう。このとき，価格が下がった第 1 財の購入量が増えることとともに，割高になった財 2 の購入量が減少するか，あるいは，実質的に所得が増大したため，第 2 財の購入量も増える可能性が予想される。実際，割高になった財 2 の購入量を減らす，代替的行動を引き起こすかどうかを厳密に考えてみよう。

価格変化によって予算制約線は，点 B は変わらずに，横軸との交点が点 A から点 C に移動するように回転することが分かる。これによって生じる最適消費計画の変化は，点 E から点 G への移動としてとらえられる。この変化を，点 E から点 F への変化と，点 F から点 G への変化，との二つの変化に分解して理解しよう。

代替効果は，図 1.7 における点 E から点 F への移動に対応するもので，価格変化に対して，効用水準が一定に保たれるように所得が補償されているときの需要量の変化をいう。言い換えれば，第 1 財の価格低下が消費者の行動に対して与えた影響のうち，消費者の効用水準を維持したままの効果をいうのである。したがって，代替効果は，同じ効用水準を維持しながら相対的に割安になった財への需要が増大する効果を指している。代替効果では，価格が下落した財の需要は必ず上昇する。

また，図 1.7 における点 F から点 G への移動を所得効果といい，価格変化によって生じた効果のうち，第 1 財価格が下落したことに伴う実質所得変化の効果であり，予算制約線の平行移動で表現されている。図からも分かるように，相対価格の変化の影響を除いた所得の実質変化（ここでは実質所得の増大）に対する需要量の変化が所得効果である。所得効果によっても通常，価格が下落した財への需要は増大するものと考えられる。

以上の考察から，第 1 財の価格変動（低下）は，第 1 財の消費が増加すること，並びに，割高になった第 2 財の消費にも何らかの変化が生じることが予想される。

これまで考察されたような，価格変化に伴う需要の変化を代替効果と所得効果に分けて理解するやり方をとくに，「スルツキー分解」といい，古典的需要理論が凝縮されているこの関係を解析的に表現したものを，「スルツキー方程式」という。

1.6.2　価格変化・所得変化と需要行動

財の価格変化と所得変化によって主体均衡がどのように変化していくかを知るうえで提示される曲線を紹介しよう。これには，「価格消費曲線」と「所得消費曲線」とがある。

(1)　価格消費曲線

価格消費曲線は，財の価格変化に伴う効用極大点の移動を示す曲線であり，価格変動に伴って主体均衡がどのように変化するかの軌跡を追跡したものになっている。図 1.8 では，第 2 財価格を一定としておき，第 1 財価格が下落していくときにその変化が及ぼす効果を考えるものである。価格という与件の変化が消費者の機会集合に影響する過程が示されている。

消費者の効用極大に対応する主体均衡は，第 1 財価格が下落していくにつれて，図 1.8 にあるように，E, E', E'' のように変化していき，予算制約線の傾きが徐々にゆるくなる。後に示される需要関数は，ここから導出されるものと考えてよい。

図 1.8　価格消費曲線

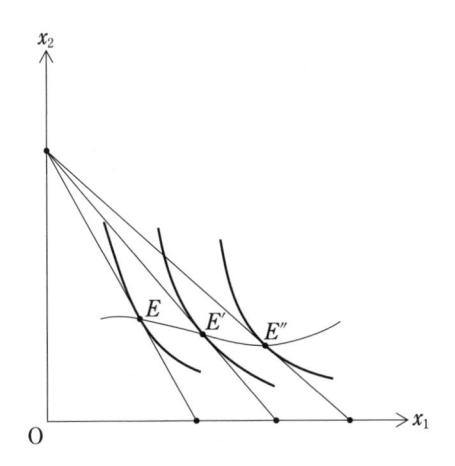

(2)　所得消費曲線

　所得消費曲線は，所得の変化による需要変化をとられる曲線をいい，所得変動に伴って主体均衡の変化の軌跡を追跡したものになっている。とくに所得消費曲線が原点を通る直線となる場合，2財への支出比率が変わらないという消費の性質を持っており，そのような効用関数を「ホモセティック（相似拡大的）」な性質を持つ効用関数という。
　効用極大の主体均衡は，図1.9にあるように，所得の増大とともに，E, E',

図 1.9　所得消費曲線

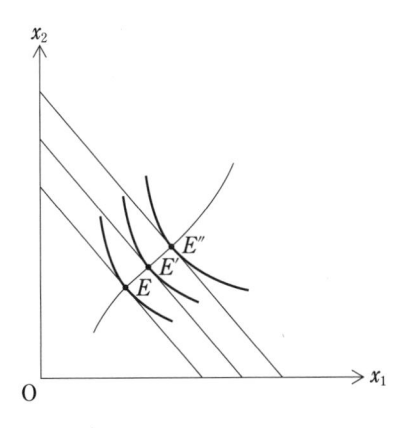

E'' のように変化していく。

所得の増大に伴って需要が増大する財を正常財（上級財）といい，逆に，所得の増大に伴って需要が減少する財を下級財（劣等財）という。所得変化に対する反応によってこのように財の分類がなされる。図 1.9 で示されているのは，両財ともに正常財のケースである。

また，財には奢侈品や必需品と呼ばれるものがあり，これらは，次節で提示される弾力性という尺度によって分類が可能である。

1.7 弾力性概念

通常価格が下落したり，所得が増大すると，その財への需要は増大するのが常であろう。ここではそうした常識を確認するうえで利用される弾力性概念について考察していこう。

家計の需要関数に関係する弾力性概念には，「需要の価格弾力性」と「需要の所得弾力性」がある。これらの弾力性概念は消費者の嗜好などを反映するものであり，これらの概念を順番に説明していく。

1.7.1 需要の価格弾力性

需要の価格弾力性とは，価格の 1% 変化に対する需要のパーセント変化率をいう。これは，財の価格変動に対する需要の変化を数量的に表す指標である。とくに需要の価格弾力性が 1 より大きいとき，その財の需要は価格に対して弾力的といい，価格が下がると支出額が増大することが分っている。逆に，需要の価格弾力性が 1 より小さいとき，その財の需要は価格に対して非弾力的であるという。以下，数式による解説を加えよう。なお，弾力性概念は変化率を変化率で割り算した概念なので無名数といわれ，単位は無い。また，当初の状態からの変化を捉えるため，価格も需要もともに変化率を扱う。

いま，図 1.10 に示されるように，価格の変化として点 E から点 F への変化があったとし，価格が p_0 から p_1 に低下したとき，需要が x_0 から x_1 に増大したとしよう。

財の需要の変化分を $\Delta x = x_1 - x_0$，価格の変化分を $\Delta p = p_1 - p_0$ とすると，需要

図 1.10 需要の価格弾力性

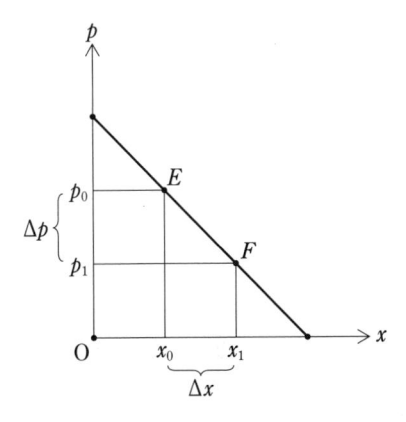

の価格弾力性 e_p は，需要の変化率 $\left(\dfrac{\Delta x}{x}\right)$ を価格の変化率 $\left(\dfrac{\Delta p}{p}\right)$ で割ったものであり，次のように定義される。

$$e_p = -\left(\dfrac{\Delta x}{x}\right) \div \left(\dfrac{\Delta p}{p}\right) \tag{1-10}$$

需要の価格弾力性は，価格の変化率と需要量の変化率の比率である。需要曲線は通常右下がりであり，価格変化と需要の変化は正負の符号が逆になるため，(1-10)式のように，式の前にマイナス記号を付けて定義する。この定義式から分かるように，価格弾力性 e_p が 1 より大きいとき，価格の 1 パーセント変化が需要量の 1 パーセントの以上の変化をもたらすのである。

価格変化が支出額に与える効果を考えてみよう。いま R をある財への支出額とすると，$R = p \cdot x$ であり，支出額の変化分と価格変化分との関係をみると，(1-10)式の需要の価格弾力性を介して次の(1-11)式の関係を得る。

$$\dfrac{\Delta R}{\Delta p} = x + p\dfrac{\Delta x}{\Delta p} = x(1 - e_p) \tag{1-11}$$

(1-11)式から容易に分かるように，価格弾力性が 1 より大きいとき価格の低下は販売額を引き上げ，1 のときは変化がなく，1 より小さいときには販売額を引き下げることが直ちに従う。

式による説明によらなくとも，例えば，需要の価格弾力性が 1 であれば，需要の変化率と価格の変化率とが同じであり，片方の増加率が他方の減少分をちょう

ど相殺することになり，支出額は変わらないことが従う。需要の価格弾力性が1よりも大きいとき，あるいは，小さいときも同様の解釈を与えることができよう。

需要の価格弾力性は，密接な代替的関係にある財があると大きくなる可能性がある。これは，需要が簡単に変更できるからである。また，財が必需品であるか贅沢品であるかによっても，影響される可能性がある。事実，必需品は価格弾力性が小さいことが多く，需要は非弾力的であることが多い。

さらに，需要の価格弾力性は，その定義から，需要関数上のどの点で計測するかによって異なる値を取ることも容易に理解できよう。

傾きの緩い需要関数は価格弾力性が大きく，逆に傾きが急な需要関数は価格弾力性が小さいことも(1-10)式から示せる。

ここで特筆すべきケースとして紹介する事例は，所得効果が代替効果を上回り，価格の下落が需要の低下を招く「ギッフェン財」という財がある可能性である。しかし実際に，このような状態が発生することは殆ど無いと判断して良かろう。

1.7.2 需要の所得弾力性

財への需要は価格だけではなく所得にも依存しており，所得変化に対する需要の変化を見る尺度が必要になってくる。

需要の所得弾力性は，所得の変化率 $\left(\frac{\Delta I}{I}\right)$ に対する需要の変化率 $\left(\frac{\Delta x}{x}\right)$ をいう。価格弾力性が価格の1％変化に対する需要のパーセント変化率で与えられたのと同様に，需要の所得弾力性 e_I は，所得の1％変化に対する需要のパーセント変化率で与えられるもので，所得変動に対する需要の変化を数量的に表す指標として，次式で表される。

$$e_I = \left(\frac{\Delta x}{x}\right) \div \left(\frac{\Delta I}{I}\right) \tag{1-12}$$

(1-12)式の定義から，需要の所得弾力性が1より大きい財は，所得増加に伴いその財への支出割合が上昇する。

図1.11には所得と需要との関係が示されている。所得 I が I_0 から I_1 に増大するとき，財 x が正常財であれば，需要が x_0 から x_1 に増大し，右上がりの曲線が

図 1.11 需要の所得弾力性

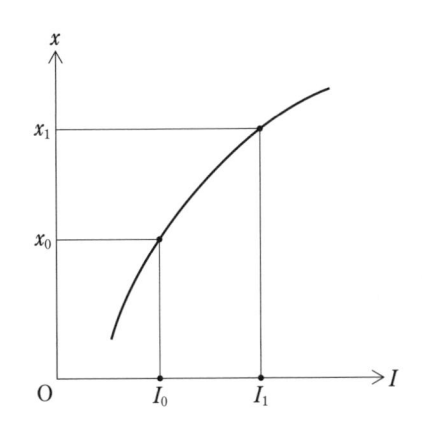

描ける。この曲線は「エンゲル曲線」と呼ばれ，価格を一定としたとき，所得を様々に変化させたときに消費者にとって最適な消費計画を表す軌跡になっている。

このように定義される需要の所得弾力性概念によって財を分けて考えることができる。次のように財を分類して整理することができる。

$e_I > 1$　　奢侈品で正常財（上級財）

$1 > e_I > 0$　　必需品で正常財（上級財）

$0 > e_I$　　下級財（劣等財）

ここで，需要の所得弾力性に関連する経験則を紹介しておこう。

よく知られているように，所得に占める食料費の割合を「エンゲル係数」というが，これに関連する「エンゲルの法則」は，所得の増大につれて食料費の割合が低下する傾向があるという経験則をいう。この経験的な事実により，エンゲル係数は生活水準を表す指標と考えられてきた。

1.7.3　交差弾力性

1.3 節で代替・補完関係にある財の無差別曲線が示されたが，そこで示された関係は価格弾力性を用いて表現することもできる。互いに異なる財の間でも，需要の価格弾力性概念を定義することが可能である。これは，ある財の需要は，そ

れ自身の価格だけではなく，他の財の価格にも依存することから規定される概念だからである。

　第i財と第j財との間の「交差弾力性」は，(1-13)式のように定義される。すなわち，第j財の価格の変化率で第i財の需要の変化率を割ったものとして与えられる。

$$e_{ij}=\left(\frac{\Delta x_i}{x_i}\right)\div\left(\frac{\Delta p_j}{p_j}\right) \tag{1.13}$$

　この交差弾力性という尺度によって，第i財と第j財が，代替財，あるいは，補完財の関係にあるどうかが分かる。第i財の価格上昇に伴い第j財の需要が増大して交差弾力性が正であるとき，2財は互いに代替財という。逆に，第i財の価格上昇に伴い第j財の需要が減少して交叉弾力性が負であるとき，両財は補完財という。

1.8 需要関数

　効用最大化の必要条件から得られる主体均衡は，財の価格と所得によって一意に決まるものであり，ここから得られる関係を表すものを需要関数と呼ぶ。

　需要関数は，これまで考察してきた消費者行動の枠組みで与えられ，独立変数である価格を縦軸にとり，需要量を横軸右方向にとるグラフで表現される。

　需要関数は，一般に効用関数が適当な性質を維持するとき，与件である価格と所得の連続関数で与えられるものであり，価格が低下すると需要は増大する性質を持っている。これを「需要法則」とよぶ。需要関数は，2財のケースでは，第1財および第2財の価格p_1, p_2ならびに所得Iの関数として与えられ，例えば，$D(p_1, p_2, I)$などと書ける。

　需要関数の性質として，まず「0次同次性」という性質に注目しておこう。先に予算制約線を提示した際にも言及したが，需要関数の重要な性質の一つとして，すべての価格と所得が同率で変化したときその財への需要に変化が生じないことを0次同次性といい，需要の実質的な変化について指摘されるものである。

　また，需要曲線のシフト（移動）にも留意しておかねばならない。これまで示してきたように，需要関数は価格と所得の変数として与えられるが，消費者の選好や補完財・代替財の価格などの条件が変化すると，需要関数に影響が及ぶこと

になる。これにより需要関数が移動する。財が正常財であれば，所得が上昇すると需要曲線は右上方にシフトする。代替財の価格が上昇したり，補完財の価格が下落すれば，当該財の需要は増大して需要曲線は上方にシフトすることが予想される。

1.8.1 市場の需要関数

個人の需要関数から市場の需要関数を導出してみよう。

市場の需要は，その市場に参加する個人の需要関数を集計することで得ることができる。いま消費者が市場に2人いるものとすると，図1.12に示されているように，市場の集計された需要関数は，需要関数のグラフを横方向に加え合わせることから得られる。こうした集計の方法は，市場にいる消費者が2人の場合でも1,000人いる場合でも同様であり，それぞれの需要関数は，各消費者が効用最大化を行った結果導出されるものである。個人の需要関数の定性的性質が市場で集計されることでも保たれるとするならば，市場の需要関数も右下がりのグラフで表現されよう。財の需要関数は価格の減少関数であり，価格の上昇は需要の減少をもたらすものと考えられる。

図1.12 個人需要と市場需要

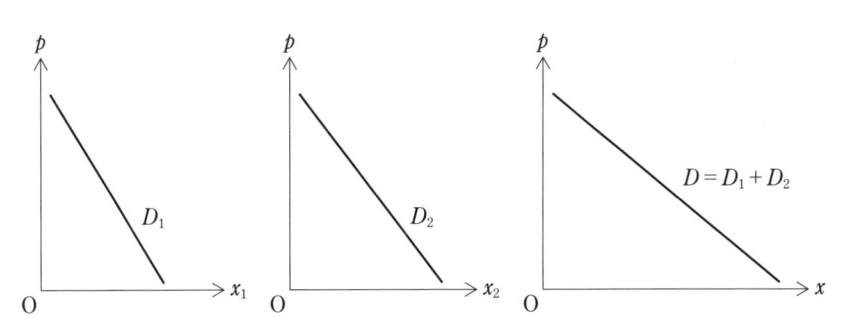

1.9 消費者余剰

　経済学では，消費者が貨幣と交換に財・サービスを購入するのは，貨幣を持っていて購入しないときよりも効用が増大するためであると考える。そこで，財を購入することによって高まる効用を貨幣（金額）によって表現してみる。個人の主観的な尺度から，経済取引に基づく効用変化の客観的な指標を得るのである。

　この節で取り上げる「消費者余剰」は，消費者（家計）の厚生変化を測るための概念である。例えば，課税が市場メカニズムに与える経済効果を考察する際などに用いられ，需要関数と関係付けて経済厚生を判断する尺度になる。

　すなわち，消費者余剰は，消費者が財の消費から得られる主観的な満足の度合いの貨幣的価値と，それを獲得するために必要とされる費用（支出）との差額をいう。このように，消費者余剰は，消費者の利益を表現するもので，消費者が支払っても良いと考える金額から，実際に支払う金額を差し引いたものとして定義されるのである。言い換えれば，貨幣所得を支払って，財を購入したとき，消費者の厚生変化はどうなるか，あるいは，消費者の厚生はどれくらい改善されるかを測定する尺度である。

　消費者にとって一番最初に購入しても良いと考える価格は，図1.13のOAであり，OA$-p_0$の分だけ消費者余剰が生じる。これが最初の1単位の購入に伴う

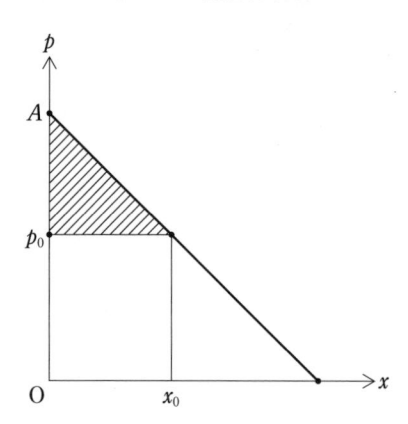

図1.13　消費者余剰

消費者余剰である。需要関数の高さで示される財の「需要価格」は，消費者にとっての財の限界効用の貨幣的価値を表しており，購入する財への最後の1単位の価値がその財の価格であるため（需要価格は家計の限界評価に相当している），消費者余剰は，需要関数の下の領域から財への支出額を示す領域を差し引いた斜線の部分に対応する。

消費者余剰は，続く第2章企業行動で提示される生産者余剰（固定費用を含んだ企業利潤として定義される）とともに，経済厚生を示す指標である。

部分均衡分析では，市場取引によって生じた経済厚生は，この消費者余剰と生産者余剰との合計で表される。消費者余剰の概念は様々な経済問題に利用されるものであり，厚生経済学の分野で，経済損失・利益などを評価するときに用いられる。

◈◈ ［ベーシック用語］◈◈◈◈◈◈◈◈◈◈◈◈◈◈◈◈◈◈◈◈
効用　効用関数　無差別曲線　選好　限界効用　限界代替率　貨幣の限界効用　限界代替率の逓減　限界効用の逓減　需要法則　需要の価格弾力性　需要の所得弾力性　ゴッセンの第1法則　ゴッセンの第2法則　スルツキー方程式　正常財（上級財）　劣等財（下級財）　補完財　代替財　価格消費曲線　所得消費曲線　エンゲル曲線　エンゲル係数　消費者余剰　需要価格
◈◈◈◈◈◈◈◈◈◈◈◈◈◈◈◈◈◈◈◈◈◈◈◈◈◈◈◈

―― 〈演習問題〉 ――――――――――――――――――――――

[問1] ある財の需要関数Dを，$D=100-p$とし，価格pが50のとき，消費者余剰はいくらになるか。

〈正解〉

　　需要曲線の下の面積から支出額を引くことで求められるので，消費者余剰は$50 \times 50 \times \frac{1}{2} = 1,250$と求まる。

[問2] 消費者行動における効用極大化の必要条件はどのようなものか，説明せよ。

〈正解〉

　　無差別曲線と予算線とが接すること，すなわち，限界代替率と相対価格が等しいことが必要条件である。この状態が成立しないとき，財の消費の組み合わせを変えることで効用を増すことができることを示せばよい。

問3　消費者の需要行動において，所得が上昇するときに需要が減少する財のことを何というか。さらに，財Aの価格が上昇したとき財Bの需要が減少するとき，これらの財はどのような関係の財というか。

〈正解〉
　　所得が上昇するときに需要が減少する財を下級財という。また，財Aの価格が上昇したとき財Bの需要が減少するとき，これらを補完財という。

問4　財の需要関数について説明した次の文のうち，最も適切なものはどれか。
① 所得効果が代替効果を凌駕しない限り，需要曲線は通常右上がりである。
② ギッフェン財の需要曲線は右下がりで，価格が下落すると需要が減少する。
③ 正常財であれば，所得の上昇に伴い需要曲線は下方にシフトする。
④ 市場の需要関数は，個別の需要関数を集計したもので，グラフでは水平方向に加え合わせたものである。

〈正解〉
　　④。①代替効果と所得効果との関係から，需要関数は通常右下がりである。②ギッフェン財の需要曲線は右上がりになる。③正常財では需要曲線は上方にシフトする。

問5　ある財の需要関数が，$D=100-5p$ であり，価格 $p=10$ のときの需要の価格弾力性はいくらになるか。さらに価格 $p=15$ のときではどうか。

〈正解〉
　　需要の価格弾力性の定義に基づいて計算すればよく，価格 $P=10$ のときには，$e_p=-\dfrac{dD}{D}\div\dfrac{dp}{p}=-(-5)\times\dfrac{10}{50}=1$ となる。

　　また，価格 $P=15$ のときでは，$e_p=-(-5)\times\dfrac{15}{25}=3$ と求まる。このように需要関数が線形であるとき，弾力性を関数のどの点で評価するかによって，その値が異なってくることが分かる。

問6　消費者の効用極大化条件で，各財の限界効用をその価格で割ったものがすべての財で等しい条件を何というか。さらに，各財の限界効用を価格で割ったものを特に何というか。

〈正解〉
　　限界効用均等の法則。貨幣の限界効用。

[問7] 消費者の需要行動において，同じ水準の効用レベルを表す曲線である無差別曲線の傾きを何というか。さらに無差別曲線の性質を述べよ。

〈正解〉

限界代替率。無差別曲線には本文 1.3 節で示されたように，四つの性質があることを説明すればよい。

[問8] 限界代替率と予算制約式とを用いることで，財の需要関数を求めることができる。いま，効用関数が $U=x_1x_2$ のとき，限界代替率は $MRS=\dfrac{x_2}{x_1}$ となることがわかっている。第 1 財価格を p_1，第 2 財価格を p_2，所得を I とするとき，それぞれの財の需要関数を求めよ。

〈正解〉

消費者の主体均衡を表す (1-8) 式から，相対価格と限界代替率を等しいとおき，それと予算制約式を用いることで，第 1 財の需要関数として $D_1=\dfrac{I}{2p_1}$ を，第 2 財の需要関数として $D_2=\dfrac{I}{2p_2}$ を得る。

[問9] ある財への支出割合が常に 50% であるとき，その財の所得弾力性はいくらになるか。

〈正解〉

所得変化に対して需要変化が常に同じ割合になるので，所得弾力性は 1 となる。

[問10] 市場参加者の需要関数が，価格について解いた形の逆需要関数として $p=a-bQ$ で与えられ，かつ，市場参加者がすべて同じ需要関数であるとしよう。ただし，p：価格，Q：需要，とする。このとき，個人が 2 人いるときの市場の需要関数を求めよ。さらに，市場参加者が一般に n 人いるときの市場需要関数を求めよ。

〈正解〉

個人が 2 人いるときの市場需要関数は，逆需要関数を Q について解いて 2 倍すれば $p=a-\dfrac{b}{2}Q$ となる。さらに，個人が n 人いるときは同様の計算を行えば $p=a-\dfrac{b}{n}Q$ となる。これらを需要について解けばよい。

第2章 生産者行動の理論

　前章まではミクロ経済学における理論の中でも，消費者行動に関する理論を考察してきた。ここに消費者と並んで，市場において重要となるもう一つのプレイヤーが存在する。それが企業である。本章では主に企業が日々の活動の中で何を目標としているのか，それを達成するためにいかなる具体的行動をとっているのかという点について，主として完全競争を仮定した生産者行動の理論を解説する。

2.1　企業と市場

　世の中には無数の企業が存在している。そもそも企業とはどのような組織なのであろうか。それは我々が日々テレビコマーシャルで耳にするお馴染みの大企業から，日常的に接している商店街のスーパーマーケットや美容室，喫茶店に至るまで多岐に及ぶ。しかしここでは，企業とは様々な生産要素を投じて財・サービスを生産し，それを市場に供給する経済主体一般を指すこととする。

2.1.1　企業の目的

　そもそも企業はなぜ財・サービスを生産し，それを市場に供給するのであろうか。消費者理論における「効用最大化」がそうであったように，企業にも経済行動における目的が存在する。端的に言えば，それは利益を最大限に得るということである。利益とは，市場で供給した売上収入と，それを生産するためにかかった費用の差額であり，経済学では「利潤」という。この利潤をできるだけ最大にするのが企業の経済活動における目的なのである。このことは直感的にも分かりやすい。例えば株式を上場している会社を前提として考えれば，当該会社が何年

にもわたり利潤を得ることができなければ、この会社の存続は難しくなる。企業はできるだけ多くの利潤を得るために、日々活動しているのである。

前述したように、市場で供給した売上収入と、それを生産するためにかかった費用の差額が利潤である。企業の生産活動が拡大すればするほど収入も費用も増加するが、反面その差額としての利潤が常に増加するとは限らない。話を単純化するために、ここでは一つの財（例えば商品）しか生産しない企業を考える。この場合、企業における収入とは財1単位当たりの価格に生産量を乗じたものになるのであるが、供給量の変化によって財1単位当たりの価格にいかなる反応が起こるかによって、総収入の額も変わってくることに留意されたい。つまりここに至って個別企業の供給量の変化が財1単位当たりの価格に変化を及ぼし得る状態と、個別企業の供給量の変化とは無関係に財1単位当たりの価格が形成されている二つのパターンの市場が存在する。前者が不完全競争市場で、後者が完全競争市場である。

2.1.2 完全競争市場

経済学において完全競争市場の典型的な例としてよく挙げられるのは、農林水産などの一次産業における財市場である。例えばそこでは、農家や漁師は、卸売市場で決定された価格を与えられたものとして受け取り、その価格に基づいて供給量を決定する。そこではこれら農家や漁師などの個別供給主体が供給を縮小しても、その供給量は市場全体の供給量に比して極めて少ない割合しか存在しておらず、市場全体の供給量にごくわずかな影響しか与えない。そのため、彼らは価格をコントロールすることできない。こうした完全競争市場における供給主体は、「プライス・テイカー」と呼ばれる。

これに対して、市場における価格が個別生産主体の行動によって変化する場合もある。例えば何らかの原因で、市場に対して強い影響力を持つ経済主体が存在する場合、それらはプライス・テイカーとして市場価格を与えられたものとしては受け入れず、自らの影響力の強さを行使して価格を決定していくケースがある。これらの経済主体を不完全競争市場における「プライス・メイカー」という。電気料金や私鉄の運賃、新聞の購読料などがこれらに相当するが、本章ではまず完全競争市場の生産者行動の理論を学習し、不完全競争の理論については次章で説明することとする。

経済学における完全競争市場の定義を確認しておこう。前にも述べたように、完全競争市場とは、個別企業の供給量が市場価格に対して何ら影響を及ぼさない、プライス・テイカーを前提とする。プライス・テイカーが成り立つ条件としては、①企業の数が多数であり、それが故に個別企業の供給量の増減が、市場価格に目立つほどの影響を与えない。②提供される財・サービスの質が同じものであり、需要者にとっては無差別である。③市場における財・サービスに関する情報が完全である。④企業は当該市場への参入および退出が自由に行えてそれらを妨げる障壁が存在しない。

現実的には上記の条件が満たされている市場はそれほど多くないが、前述した一次産品の卸売市場、また規制撤廃後の証券市場や外国為替市場などは完全競争市場の例として挙げられるであろう。

2.2 企業による生産活動と費用

完全競争下では個々の企業は供給量を変化させても、市場価格に対してそれを変動させるほどの影響力も持っていない。その場合、企業の利潤を決定する上で重要なのは、自己の供給量の変化によって費用がどのように変化するかである。企業が直面する費用には、大きく分けて二つある。それは、供給量の変化に応じて変動する費用と変動しない費用である。前者を「可変費用（Variable Cost, (VC)）」、後者を「固定費用（Fix Cost, (FC)）」と呼ぶ。

可変費用や固定費用の意味は、人々の一般的な生活に置き換えて考えると分かり易い。例えば我々が車を所有しているとしよう。その場合、所有しているだけで発生する費用、車の購入費、車検代、駐車場代、税金等は初めから決められている固定費用である。他方、車の走行距離に応じて生じる費用、ガソリン代、洗車代、修理代などは可変費用である。この中で、修理代などは走行距離が増えるごとに逓増する可変費用であることは後の説明のために留意されたい。

2.2.1 生産関数

経済学では企業の「生産物（アウトプット）」の生産のために「生産要素（インプット）」が投入されると表現し、両者間の技術的な関係を単純化する。企業

がどのようなインプットを使用できるかは，例えば農業と電子工業とでは生産活動の質に違いがあるので具体的に異なるが，下記の通り一般化することは可能であり，それは各々の企業が諸条件の変化に対してかけた時間的概念に従う。

ここで車を生産している工場を例にとれば，自動車メーカーは土地を取得して工場を建て，機械を購入し，原材料を調達し従業員を雇い入れて工場を稼働させる。受注数が次第に増えてくれば，メーカーとしては原材料を増やして生産拡大を図るだろう。この場合，工場の稼働率を上げるために従業員の時間外労働や期間労働者を増やして対応に当たるかもしれない。ここまでは比較的短期間で対応が可能な範囲である。しかし既存の工場を限度まで稼働させてしまえば，それ以上の生産拡大は，新たな土地をさらに取得し，より高い技術を持つ従業員をリクルートし，新工場を設立するなどさらに時間のかかる工程が待っている。このように企業が条件変化に対応して投入できるインプットをどの程度変化させられるかは時間的概念に大きく関係する。

経済学においては，一定期間に変えられないインプットが存在する時，それを「短期」という。一方，全てのインプットを変化させることができるような期間を「長期」といい，両者を区分している。換言すれば，短期においては，可変インプットと固定インプットが存在し，長期においては可変インプットのみが存在する。以下ではまず短期の場合を考える。単純化のために自動車工場を想定し，固定インプットとして機械設備を，可変インプットとして労働力 L をそれぞれ仮定する。その場合，生産量の変化は労働力の変化に依存し，

$$Q = f(L)$$

という数式で一般化することができる。これを「生産関数」という。

労働力と生産量の関係は図 2.1 のように表される。図 2.1 において，横軸に労働力 L，縦軸に生産量 Q をとれば，労働力がゼロ，つまり誰も働かなければ生産量もゼロであり，L はゼロなら Q もゼロ（原点）となる。また，L が増えるに伴って Q も増えていく。生産関数は図 2.1 のようなものが一般的ではあるが，その形状については限界生産力（Marginal Product of Labor，(ML)）の変化が仮定されている。限界生産力とは，追加的に 1 単位労働投入量を増やした時にどれだけ生産が増加するかを表す。これを数式で示すと

$$MPL = \frac{生産量の増分}{労働投入量の増分} = \frac{\Delta Q}{\Delta L}$$

となる。労働投入量 L を追加的に 1 単位増やした時，それ以上生産量が増加す

図 2.1 生産関数

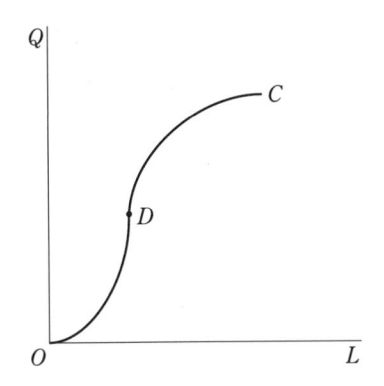

るようなときは「収穫逓増」といい，生産関数は OD のような形状を示し，逆に労働投入量 L を追加的に 1 単位増やしたとしてもそれ以下の生産量の増分しか達成しないような局面では，生産関数は DC のような形状となり，これを「収穫逓減」という．図 2.1 では D に対応する生産量までは「収穫逓増」，D に対応する生産量を超えると「収穫逓減」が仮定されている．

一般に固定インプットを伴う短期の想定では，初期段階で労働者を 1 人 2 人と増やしていくと，作業を複数人で行うための分担や特化の効果によって生産性が飛躍的に上昇し，限界生産力が大きくなり収穫逓増となるが，労働者数が一定数に達した後で追加的に労働者を増やしたとしても飛躍的な生産性の上昇は望めず，限界生産力は小さくなり収穫逓減となる．

2.2.2 費用曲線

次に費用について考える．費用とは，アウトプットを生産するために必要なインプットにかかる金額のことである．

ここでの想定では，自動車工場では労働 L のみを生産要素としている．その場合，時間当たり賃金 w を与えられた労働の価格とすれば，この工場が自動車生産で必要となるコスト，すなわち労働コストは Lw となる．この費用は可変インプットなので，図 2.1 の生産関数を考慮すれば，図 2.2 の OV で示されるような曲線となる．短期の場合は，インプットは可変と固定の合計で表されるので，

図 2.2　変動費用と総費用

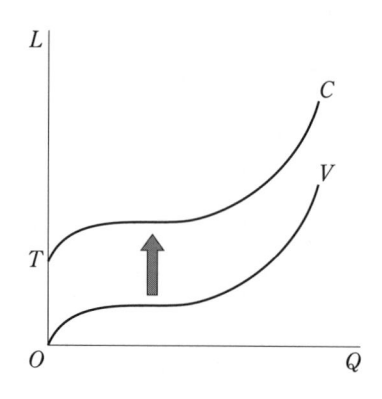

表 2.1　生産量と費用

(単位：千円)

生産量 Q	総費用 C	固定費用 FC	変動費用 VC	限界費用 MC	平均費用 AC
1	115	75	40	40	115
2	158	75	83	43	79
3	204	75	129	46	68
4	256	75	181	52	64
5	315	75	240	59	63
6	384	75	309	69	64
7	469	75	394	85	67
8	576	75	501	107	72
9	711	75	636	135	79

注：限界費用の値は、その生産量と一つ前の生産量との差額を表している．

　総費用を表すには OV を固定インプット分 (OT) だけ上にスライドさせる。OT は固定費用の大きさに対応している。こうして総費用曲線 TC を描くことができる。

　ここで，生産量 Q に対する総費用曲線 C の数値例を表 2.1 に示そう。ただしここでは，生産量 Q の範囲全体にわたって限界生産率が逓減する場合を仮定した数値計であることに留意されたい。

　総費用の特徴は，単位費用の形を眺めることによって明らかになる。表 2.1 の

図 2.3 限界費用と平均費用

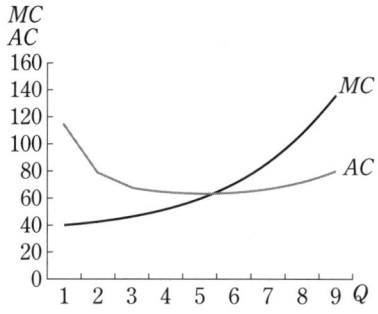

第6列は生産量1単位当たりの変化に対応する総費用の変化（すなわち可変費用の変化）を示している。これを「限界費用（Marginal Cost，（MC））」と呼ぶ。表2.1を例にとれば，生産量が2のときの総費用 C は 158,000 円であり，Q が3のときの総費用 C は 204,000 円である。すなわち Q が2から3に1単位増えた時の限界費用は 46,000 円となる。

また，総費用を生産量で割った単位費用は「平均費用（Average Cost，（AC））」と言う。換言すれば，それぞれの生産量における生産1単位当たりの費用である。表 2.1 の例では，例えば Q が6の時，平均費用 AC を求めるには，総費用 384,000 円を生産量6で割ればよい。

これらの関係，すなわち限界費用 MC と平均費用 AC の関係を図に描くと図 2.3 のようになる。

ここでの限界費用曲線は右上がりの形になっているが，この形は総費用曲線と生産関数の形に影響されることに注意したい。限界費用とは，生産量が1単位変化したときの総費用の変化分である。つまり総費用曲線の接線の傾きと考えることができよう。そして総費用曲線とは，先にも記した通り，生産関数を生産量 Q に対するインプット（可変費用 VC）の量とみたときの曲線であり，それを固定費用 FC 分移動させたものが総費用曲線である。つまり限界費用の形は，そもそもは生産関数の形に依存するのである。

したがって，例えば総費用曲線が図 2.2 のような形をとり，生産初期には逓増，その後逓減するといった状態だとする。その場合に対応する生産関数は図 2.1 の形となり，一方総費用曲線の接線である限界費用曲線は始めは右下がり，

その後右上がりとなるU字型を示す。また，インプットの量が生産量と比例して増えていく状態ならば限界費用曲線は水平に直線となるだろう。どちらにしても，固定費用の存在のため可変費用の限界生産力は，結局は逓減し，限界費用曲線は上昇していくことは共通する。

2.2.3 平均と限界

平均費用と限界費用の関係性は図2.3で示されているが，この図からもわかる通り，限界費用MCが平均費用ACよりも下にあるときは，平均費用曲線は右下がりになる。つまり生産量の増加とともに平均費用は減少していく。他方，限界費用MCが平均費用ACより上にある局面では平均費用曲線は右上がりになり，平均費用は生産量の増加に伴い上昇していく。そして限界費用MCが平均費用ACにほぼ等しいところでは，平均費用は最低となる。以上をまとめると表2.2の通りになろう。

表2.2 平均と限界について

	Qが増えていくとACは…
$MC<AC$	減少 ↘
$MC=AC$	不変 →
$MC>AC$	増加 ↗

すなわち平均費用曲線が低下から増加に向かう曲線の最底点で，限界費用曲線と交わることがわかる（ただし，表2.1の数値例では離散的な例なので誤差がある）。

では，なぜこうなるのだろう。例えばある5人のグループで平均年齢を出したとしよう。計算してみたら25歳だったとしよう。そこに30歳の人が1人加わったとする。そうすれば平均年齢は25.83歳となり25歳より平均年齢は上がる。逆に30歳の人の代わりに20歳の人が入ったとする。そうすると24.17歳になり平均年齢は下がる。もし25歳の人が加わったならば平均年齢は25歳と変わらないだろう。

つまり，増えた1単位分の量（限界費用）がそれまでの平均量（平均費用）よりも大きければ（$MC>AC$）全体の平均値は上がり，小さければ（$MC<AC$）

下がり，増加分と平均量が同じならば（$MC=AC$）変わらないのである．

2.3 企業の生産量決定

これまで企業が直面する様々な費用をみてきたが，こうした費用を投下して企業はどのように生産量の水準を決めているのだろうか．

先ほどの表2.1でみたような費用構造を持つ企業が，完全競争市場において価格が与えられたとき，どのように生産量の水準を決定するかを示したものが表2.3である．

一般に企業は，利潤が最も大きくなるような生産量を選択するだろう．表2.2では価格を80と設定したが，この場合，利潤 Π が最大値（96）になるのは供給量 Q が6のときであり，企業は価格80の下ならばこの供給量を選択するのが合理的である．

2.3.1 利潤最大化の条件

それでは，利潤を最大化するための条件とは何だろうか．以下では，総収入と総費用の差から考える方法と，限界の概念を使う方法の2通りから説明しよう．

まず収入と費用全体の差を使用する方法だが，そもそも利潤とは総収入 R

表2.3 収入・費用と利潤

供給量 Q	総収入 $R(=PQ)$	総費用 C	利潤 Π	限界費用 MC
0	0	75	−75	0
1	80	115	−35	40
2	160	158	2	43
3	240	204	36	46
4	320	256	64	52
5	400	315	85	59
6	480	384	96	69
7	560	469	91	85
8	640	576	64	107
9	720	711	9	135

図 2.4 企業の供給量の決定

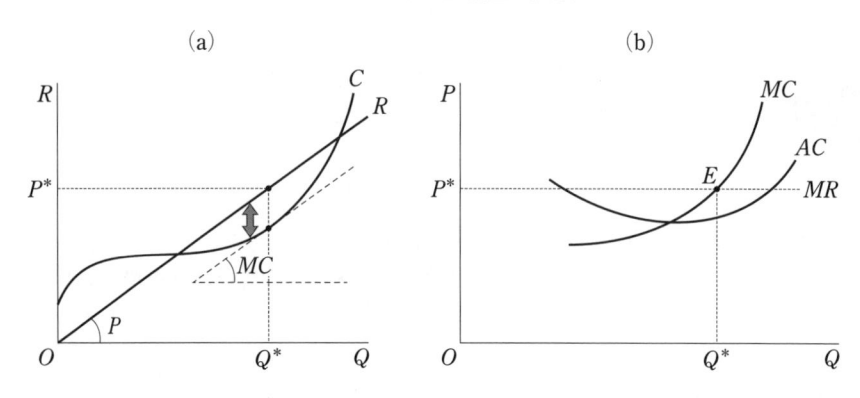

($=P\times Q$) から総費用 C を引いて算出されるものであるから，総収入 R と総費用 C が最も離れるような供給量で生産すれば利潤も最大化する．図 2.2 の総費用曲線 C に総収入曲線 R などを加えた図 2.4 の（a）では，この乖離が最も大きくなる生産量 Q^* が選択される．

総収入 R は価格と供給量を掛けたものなので，傾きが価格 P で原点を通る右上がりの線が総収入曲線となる（完全競争下の場合，供給の増加に対し収入は価格分ずつ増加していくことからもこの形状が思い浮かべられるだろう）．この総収入曲線 R が総費用曲線 C を上回る部分で，かつその間が垂直距離で最大になるところで利潤は最大となる．その箇所は総収入曲線 R に平行で総費用曲線 C に接する線，つまり限界費用曲線 MC を引くことでわかる．そしてこの際の限界費用曲線の傾きは総収入曲線 R の傾き，すなわち価格 P と同じである．表 2.3 を見ても供給量が 6 のときに限界費用 MC が 69 と価格 P の 80 と一番近くなると同時に最大利潤 96 を達成している．以上から限界費用と価格が等しくなる供給量のときに，利潤は最大となるのである．

また収入面と費用面の限界概念を使っても利潤最大化生産量を説明できる．まず限界収入の概念を説明しよう．「限界収入（Marginal Revenue，(MR)）」とは企業が 1 単位供給を増やした時に得られる総収入の増加分である．完全競争の場合，各企業は価格支配力をもたないので限界収入 MR は価格 P と等しくなる．表 2.3 を見てみると，供給を 1 単位増やすごとに収入 R が価格 80 分ずつ多くなっているのがわかる．

企業の利潤にとって，限界収入 MR はプラス，限界費用 MC はマイナスになると考えると，$MR>MC$ ならば企業は供給を増やすだろうし，$MR<MC$ ならば減らすだろう。それならば利潤が最大限に増えるギリギリまで，つまり MR が MC と等しくなるところまで供給するはずである。表2.3では，こちらも同じく限界費用 MR の80に対し最も近い限界費用 MC となる供給量6で最大利潤となっている。

これら2つの側面から，完全競争下での利潤最大化は以下の条件で達成される。

　　　利潤最大化の条件：$P=MR=MC$

図2.4の（b）においても，市場価格 P^* のとき，$P^*=MC$ となる E 点で利潤最大化が達成されるため，企業は E 点に対応する Q^* で供給量を決定することになる。

2.3.2 生産者余剰

利潤最大化の概念をより深く理解するために，生産者余剰の考え方を学んでいこう。図2.5は表2.4の企業による供給量決定について簡単に図表化したものである。ここでは単純化のため，限界費用曲線は直線で表してある。価格 P^* と限界費用 MC の間には利潤の増加分が，MC から下は限界費用そのものがあることがわかるだろう。1単位目から7単位目までの限界費用 MC と利潤の増加分 $\Delta\Pi$ は以下の通りである。

価格 P^* のとき（ここでは80），限界費用 MC が P^* に最も近くなる E 点で利

表2.4　生産者余剰

供給量 Q	限界費用 MC	利潤増加分 $\Delta\Pi$	余剰分累計 S_Q
0	0	0	0
1	40	40	40
2	43	37	77
3	46	34	111
4	52	28	139
5	59	21	160
6	69	11	171
7	85	−5	166

図 2.5 生産者余剰

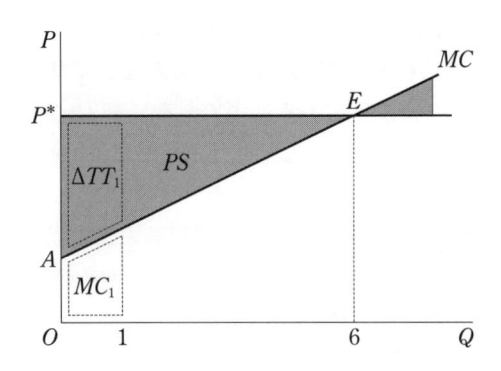

潤が最大化したと説明したが，利潤増加分を足していった余剰分累計 S をみると，やはり E 点に対応する供給量 6 で 171 と最大化していると同時に 7 単位目以降は 166 と逆に減少していっている．つまり利潤 Π を最大化するというのは価格 P^* の直線と限界費用 MC との間の余剰分の面積 P^*EA を最大にするということなのである（図 2.5）．この面積を生産者余剰 PS（Producer Surplus,（PS））という．

表 2.3 と比較してみると，余剰分累計，すなわち生産者余剰の数字は総収入 R から可変費用 VC を差し引いた残り，つまり固定費用 FC を引く前の利潤に等しいことがわかる．ここから総収入 R と総費用 C，生産者余剰 PS について以下の様な式を導くことができる．

$$\text{総収入 } R = \text{総費用 } C + \text{利潤 } \Pi$$
$$= \text{可変費用 } VC + \text{固定費用 } FC + \text{利潤 } \Pi$$
$$= \text{可変費用 } VC + \text{生産者余剰 } PS$$

2.3.3 企業の短期供給曲線

企業は利潤（生産者余剰）を最大化するように生産を行うとしてきたが，現実をみると赤字状態なのに営業を続ける企業が沢山あることに気付くだろう．彼等が事業を続ける，中止すると決める境界線はどこにあるのだろうか．

もし企業が生産を中止したら収入はゼロになってしまうが，可変費用は発生し

図 2.6 企業の供給曲線

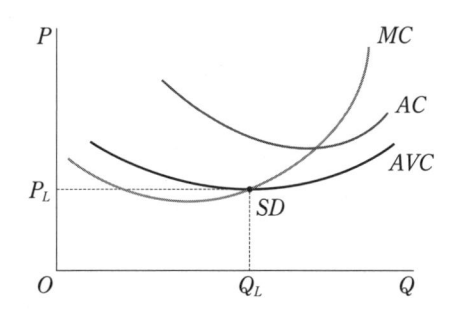

ない。しかし生産をしていなくても，事務所を借りていれば家賃を払ったり，機械の管理費やローンの返済等々，固定費用の負担は避けられない。そうだとすれば，固定費用の一部でも賄える収入があるうちは生産していたほうが良いことになる。例えば表 2.3 をみると，供給量 1 では総収入 80 に対し総費用が 115 となり利潤が −35 で赤字となっている。しかし収入の 80 で可変費用分 40 を払っても未だ 40 が残り，固定費用分 75 の一部を賄うことができる。もし収入がゼロならば固定費用 75 はそのまま損失となる。つまり総収入が可変費用を上回る水準であれば，残額分で固定費用を賄えるので生産を続けた方が良く，下回れば中止した方が損失も少なくて済むということである。1 単位あたりの可変費用は「平均可変費用 AVC」という形で表されることから，$P = AVC$ となる点で生産を続けるか停止するかが決まるのである。この点を「操業停止点」という。

これらを図解したのが図 2.6 である。生産関数が S 字型の場合，平均可変費用曲線 AVC も平均費用曲線 AC と同じく U 字型となる。この場合，平均可変費用曲線は固定費用の分，平均費用曲線よりも下に位置していることに留意されたい。平均可変費用曲線の最底点で，やはり平均費用曲線と同じように，平均可変費用曲線と限界費用曲線は交わり，その交点がまさしく操業停止点にあたる。したがって，この点に相当する価格水準 P_L 以下では供給がゼロになる。

ここで思い出してほしいのは，完全競争下の企業では利潤最大化のため価格 $P = $ 限界収入 $MR = $ 限界費用 MC となるように供給量を決めるという点である。操業停止点の場合も，平均可変費用 $AVC = $ 限界費用線 MC となる点以下なら供給はゼロになる。つまり価格と供給量の関係を示す企業の供給曲線とは，操業停止点を上回る生産領域に対応する限界費用曲線 MC そのものであると結論付け

2.3.4 市場の短期供給曲線

前章で市場の需要曲線が各消費者の需要量の合計であると述べた。供給曲線の場合も考え方は同じで，各企業の個別供給曲線を合計したものが市場の供給曲線となる。

図 2.7 には企業 A と企業 B の供給曲線が描かれており，価格 P_1 のもと企業 A は Q_{A1}，企業 B は Q_{B1} をそれぞれ生産可能だとしよう。ここで，市場内には企業 A と B の 2 社しか存在しないとする。このとき，価格 P_1 のときに市場に供給される生産物は単純に考えて $A_1 + B_1$ 分ということになる。つまり市場全体の供給曲線 S とは，各価格の下での個別企業の供給量を足していったもの，すなわち企業の個別供給曲線 (S_A, S_B) を横に足していけば導出される。そのため企業数が 1,000 や 2,000 と無数に増えても考え方は同様で，1,000 社分ならば個別供給曲線 1,000 個を水平に加えていけば，その市場の供給曲線 S が導出される。

このように右上がりの供給曲線は，各企業の利潤最大化行動の帰結だということが理解される。

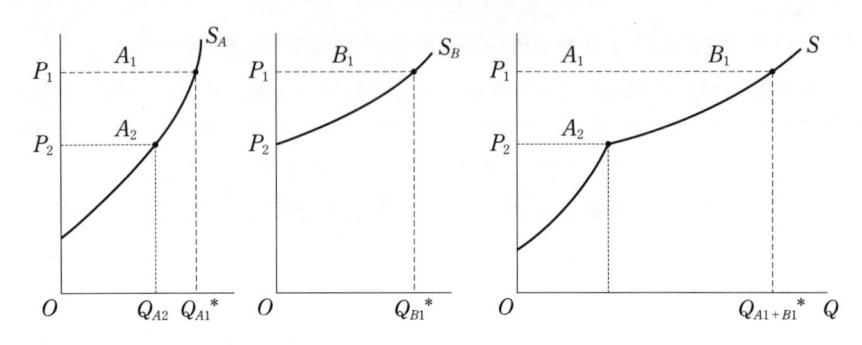

図 2.7 市場の供給曲線

2.4 長期の場合

これまで「短期」の供給曲線について説明してきたが，次に「長期」の場合を考えよう。

そもそも経済学における短期と長期の基本的な違いは，固定費用の可変性にある。短期では総費用 C が可変費用 VC と固定費用 FC で成り立っているとし，可変費用が価格 P よりも低くなる境目である操業停止点を下回れば操業が停止された。しかし長い目でみれば，費用を削減するため設備を変更したり，生産性を上げるため新たな工場を作ったりと，短期では固定としていたものが他の物に変更可能な可変費用として計上出来るようになる。さらに，可変費用のみとなれば操業停止点も無いため，採算を見込めなければ赤字で事業を継続するよりも他の市場に参入し直した方が良くなる。

このように固定費用が可変的に操作できるほどの時間視野を考え，市場の退出・参入自体をも考慮に入れる状態が長期である。本章では最後に長期における企業行動をみていくことにしよう。

2.4.1 参入退出と長期均衡

もし自分が，現在事業を行っている企業のオーナーだとして，どんな状態であったら今いる市場を退出し新規市場に参入し直そうと思うだろうか。単純に考えて，退出を決意するのは，収入で費用分が賄えなくなった時だろう。短期であれば利潤が無くなっても，固定費用があることで，固定分を賄えるうちは事業継続を選択する。長期ではそうはいかず，やはり単純に総収入で総費用をカバー出来なくなれば市場退出となるが，同時に，もし事業を継続するための資金で他市場であったら，今以上に儲けられるという状況自体も重要である。

企業のオーナーとしてある事業を選択し経営を行っていくということは，別の事業を行ったり，オーナーではなく別企業の従業員として働く等々の選択肢を捨てるということでもある。その他の放棄された選択肢の中で最大の価値のものを，経済学では「機会費用」という。費用とはいいながら会計などには計上されないため分かりづらいが，この機会費用分も含めた総費用を総収入が賄えなくなったとき，企業は市場から退出し他市場に移ると考えられる。

図2.8 長期の市場均衡

図2.9 長期の企業均衡

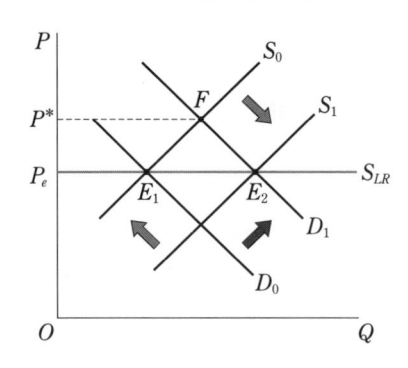

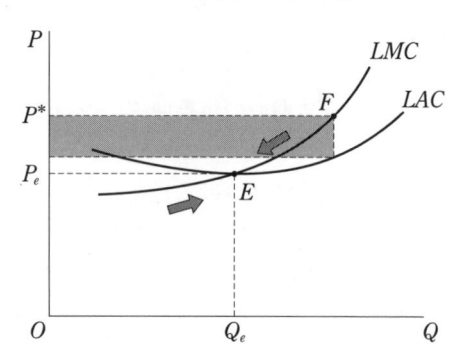

　図を使って説明していこう。もし図2.9のようにある市場の価格が P^* にあり，長期平均費用との差額分である超過利潤が生まれていたとしよう。このとき図2.8の市場では F 点で均衡していたとする。超過利潤が存在するために，この市場には沢山の新規参入企業がやってくる。そうすると，企業数の増加は上記の短期供給曲線でも説明したように，市場の供給曲線を右にシフトさせていく。図2.8にあるように，新規参入により供給曲線は S_0 から S_1 まで移動すると，需要曲線が D_1 の場合，価格は P_e まで下がる。すると，均衡点は F から E_2 点に移り，個別企業にとっては損失も利益も無い E 点にまで至ってしまう（図2.9）。そして，もしこれ以上参入企業が増えて価格が下がるようだと，今度は機会費用を含む費用全体を収入で賄うことができなくなり企業は退出に向かい出す。結果，供給曲線は S_1 から S_0 になるまで左にシフトし価格は上昇，退出する企業も無くなり市場は E_2 点，企業にとっては E 点で均衡すると考えられる。

　需要曲線が動いてもまた同じような状況が起こる。供給曲線が S_0，需要曲線が D_0 の状態で，市場が価格 P_e の E_1 点，企業側は E 点で均衡していたとする。そこで需要が増え，需要曲線が D_0 から D_1 に移動したとしよう。そうなれば価格も P^* に上がり，企業にとっても超過利潤が生まれることから参入企業が増加することになる。結果，供給曲線は S_0 から S_1 になるまで右にシフトし価格は P_e に下落，市場では F 点から E_2 点，企業は E 点で均衡になる。

　以上より長期的には，企業の均衡点は参入退出も無く，超過利潤も無い状態，つまり長期平均費用 LAC と長期限界費用 LMC の交点 E に収まるのである（このとき長期平均費用曲線 LAC の最低点で長期限界費用曲線 LMC と交わってい

ることに注意したい)。

　また市場全体では供給，需要ともシフトが起こったとしても，長期的には供給の変化はP_e線上でのE_1からE_2への水平的な動きとしてみることができる。つまりこれが長期の供給曲線S_{LR}となるのである。

　しかし生産量が増加しても平均費用が変わらない市場だからこそ長期供給曲線S_{LR}が図2.8のように直線になるということに気をつけよう。例えば，生産量の増大にともなって原料調達が困難になるなど今までの平均費用を上回る価格をとらないと生産が出来ないような費用逓増産業（もしくは規模に対する収穫が逓減）の場合，長期供給曲線は右上がりになる。一方，規模の経済が働き平均費用が生産量に伴って減っていく費用逓減産業（もしくは規模に対する収穫が逓増）の場合，長期供給曲線は，今度は右下がりになっていく。

◆◆ [ベーシック用語] ◆◆◆◆◆◆◆◆◆◆◆◆◆◆◆◆◆◆◆◆
利潤　　完全競争　　プライス・テイカー　　プライス・メイカー　　可変費用　　固定費用　　生産要素（インプット）　　生産物（アウトプット）　　生産関数　　限界生産力　　限界費用　　逓減・逓増　　平均費用　　総費用　　生産者余剰　　企業の供給曲線　　市場の供給曲線　　規模の経済　　参入・退出　　機会費用　　超過利潤　　長期均衡
◆◆◆◆◆◆◆◆◆◆◆◆◆◆◆◆◆◆◆◆◆◆◆◆◆◆◆◆◆◆

───〈演習問題〉──────────────────────────

問1　ある企業は固定費用FCを50にして生産を行っている。この企業の生産量Qが4のとき，その平均費用ACは25であった。このとき可変費用VCはいくつになるか。

〈正解〉

　　　50

　　企業の総費用Cは可変費用VCと固定費用FCで成り立っている。また平均費用ACとは総費用Cを生産量Qで割ることで導出される。以上から，生産量Qの4と，その際の平均費用ACの25とを掛けて総費用$C=100$と出し，固定費用FC分の50を引いて$100-50=50$で可変費用VCが求められる。

問2　生産量をQ，総費用をCとしたとき，ある企業の費用が$C=Q^2+5Q+20$であったとする。このとき限界費用は$MC=2Q+5$となるが，この企業の生産する財の価格Pが25のとき，利潤が最大化される生産量Qと利潤Πを計算せよ。

〈正解〉

$Q=10$, $\Pi=80$

企業による利潤最大化は限界費用 $MC=$ 価格 P となる生産量を決定することで達成される。まず $P=MC$ から $25=2Q+5$ を計算し，生産量 $Q=10$ を導く。このときの費用は $10^2+5\times10+20=170$ なので，総収入つまり価格 $P\times$ 生産量 $Q(=25\times10=250)$ から費用 170 を引くことで利潤 Π の 80 が計算できる。

問3　生産量を Q としたとき，ある企業の限界費用曲線は $MC=30+5Q$ で表されている。この企業の生産する財の価格 P が 60 のとき，この企業の可変費用 VC と生産者余剰 PS を求めよ。

〈正解〉

$VC=270$, $PS=90$

企業による利潤最大化は限界費用 $MC=$ 価格 P となる生産量の決定が条件なため $P=MC$ から $60=30+5Q$ を計算し，価格 P が 60 の際の生産量 $Q=6$ を導く。

本文の図 2.5 を参照すると，可変費用 VC は限界費用曲線 MC の下の面積を求めることで計算可能なため，生産量 6 までの MC 曲線下の台形面積 $(30+60)\times6\div2$ を求め，可変費用 VC は 270 とわかる。また MC 曲線と価格の間の面積が生産者余剰 PS なため，総収入つまり価格 $P\times$ 生産量 $Q(=60\times6=360)$ から可変費用 270 分を引くことで生産者余剰 PS は 90 と求められる。

問4　企業の生産活動における短期と長期の違いを述べよ。

〈正解〉

企業における短期と長期の大きな違いは固定費用の有無にある。固定費用が存在する短期では，損失を出していても，固定費用を賄え得る収入があれば生産活動を止めない。一方，固定費用が無い長期では，損失が発生すれば，生産を止め市場を退出し他市場へ参入すれば良い。つまり固定費用が可変的に操作できるほどの時間視野が短期と長期を分ける要因であり，結果，市場の退出・参入自体をも考慮に入れられるのが長期である。

第3章 不完全競争

「不完全競争」とは端的に，完全競争ではない市場の状態を指す。前章にもあるように，市場が完全競争下にある場合，我々の経済的利益は最大になると考えられている。しかし後述するように，現実には完全競争が成り立っているような業態は極めて少ない。完全競争というのは，個別企業がプライス・テイカーとして全体の価格形成に影響を及ぼさない状態であった。このことを理論的に理解することが極めて重要なのは，繰り返しにはなるが，市場が完全競争下にある場合，我々の経済的利益は最大になると考えられるからである。

ところが現実の経済において完全競争が想定できる市場は極めて少ない。多くの市場は「独占」または「寡占」，「独占的競争」の状態にある。このような状況下では，企業は超過利潤を得るために他の企業とは異なる様々な工夫をして自身の競争力向上を図る他，他企業による新規参入を妨げるといった行動をとる。

下記に挙げるのが主な市場の分類である。価格支配力，供給者数，市場への参入の容易さ等で，完全競争と不完全競争の3業態，独占的競争，寡占，独占に分けられる。本章ではこの不完全競争を，各市場の特長を紹介しつつ概観するとともに，なぜ完全競争と比べ社会に不利益をもたらすのか，その原因をみていくことにする。

表 3.1　市場の種類

	市場の種類			
	完全競争	不完全競争		
		独占的競争	寡占	独占
価格支配力	なし	少しあり	あり	大きい
供給者数	多数	多数	ごく少数	1企業のみ
参入の容易さ	容易	容易	困難	参入不可
製品の差別化	なし	あり	両方	なし

3.1 独　　占

独占とは不完全競争の典型的な形態であり，市場を構成する企業は1社のみで，他の企業がその市場へ参入する可能性は全くない。完全競争下において企業は無数に存在し，市場への参加は自由に行えていた。この状態において完全競争下の企業はプライス・テイカーであり，価格は所与のもので，個別企業の行動が市場価格を変更することはできず，価格支配力を持っていなかった。他方，独占においては，企業は一つだけであり，非常に強い価格支配力を持っている。完全競争下の企業がプライス・テイカーと呼ばれるのに対して，独占市場における企業は「プライス・メイカー」と呼ばれる。

3.1.1 独占の具体例

ここでは独占の具体的事例を見ていく。独占とは市場を構成する企業が1社のみで，他の企業がその市場へ参入する可能性は全くない。

独占市場の具体例として人々がまず思い描くのは，政府による参入規制があるような市場だろう。例えば，「たばこ」で有名なJTや，一昔前ならば電話事業の電電公社や郵便事業の郵政公社などがこれに当たる。彼等は国によって独占的に経営許可を与えられ，結果，単独で市場を動かしている。

特許制度も市場に独占を形成させる。特許を出願し認められれば，その企業は一定期間その製品を独占的に販売できる市場を形成できる。化学調味料における味の素はその端緒といえるし，製薬会社なども特許制度で利益を得ている典型例である（大塚製薬のエビリファイなど）。

また独占の形態で次に思い浮かべるのが，生産資源の供給がある地域に限定されているとき，その地域を占有する企業が独占企業となるケースである。国内のボーキサイト鉱床を占有してアルミニウムの独占的供給を行った20世紀前半の米アルコアは，この典型的な例としてよく取り上げられる。このようなケースは「資源独占」と呼ばれる。

さらに，独占には「自然独占」という概念もある。自然独占とは上記にあげた人為的要因とは別に，経済的要因から生じる。規模の経済が市場の大きな割合に至るまで働き，生産を行うほど企業の平均費用が低下するような場合には，1社

だけで供給する方が複数の企業で行うよりも安い費用で供給でき，より効果的となる。水，ガス，電気のように大規模な初期投資が必要とされる市場がその典型である。これらの市場で複数の企業が互いに競争すれば，無駄な重複投資が行われ平均費用が高くなり，社会全体は損失を被る。このような場合には1社による独占を許可して，政府が価格規制を行うことが最適となる。これが自然独占である。

総じていえば，独占とは大きく分けて二つの理由で成立する。新たな企業の参入が人為的に規制される場合と，純粋な経済的要因から生ずる場合である。

3.1.2 独占企業の需要曲線

完全競争下における企業の目的は利潤の最大化にあった。これは独占企業の場合も変わらない。企業は供給量を調整することによって，総収入 R の増加分すなわち限界収入 MR が，費用の増加分すなわち MC よりも大きければ供給量を拡大し，MR が MC よりも小さければ供給量を減らして利潤の増加を図る。MR が MC に等しい時に利潤は最大になり，企業は均衡に達する。このような企業の供給量決定メカニズムは，競争市場と同じく独占市場の場合にも妥当する。

しかし，限界収入 MR が競争市場と独占市場では異なるために，結果として供給量の決定は異なる。ここでポイントとなるのは価格支配力である。完全競争市場においては個別企業の供給が価格に影響を与える割合は無視できるほどに小さい。市場価格 P と，その価格で企業が販売できる量 Q との関係は個別企業の需要曲線を表し，それは同時にその企業の平均収入 AR を表すが，それは完全競争の場合，市場価格 P の高さに相当する水平線になる（図3.1）。

一方独占市場では企業は1社だけ，すなわち独占企業それ自体が唯一の生産者であり売り手であるので，独占企業に対する需要は市場全体に対する需要と同じになる。換言すれば，独占企業の需要曲線は市場の需要曲線と同一となる。図3.1の右側は独占企業の需要曲線をグラフ化したものである。ここでは市場全体の需要曲線が右下がりなので，独占企業が対峙する需要曲線も右下がりとなる。

先にも触れたが，独占企業はプライス・メイカーとして行動する。つまり独占企業が対峙する需要曲線が右下がりであるという事実そのものが，価格支配力を行使できうる存在である証左となる。例えば表3.2の右側の表にあるように，独占企業が価格 P を80に設定すると，販売量（需要量）Q は4個で，総収入 R は

図 3.1 企業の需要曲線と限界収入曲線

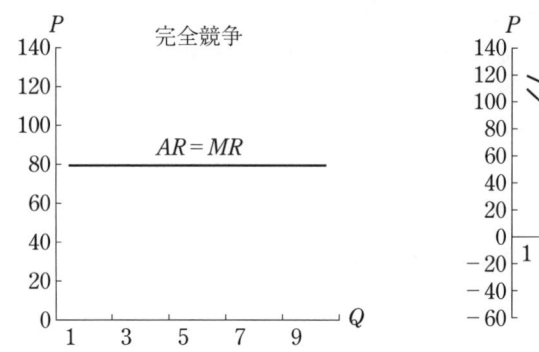

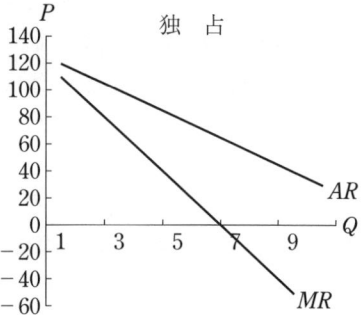

完全競争: $AR = MR$ が $P = 80$ の水平線。

独占: AR 曲線と MR 曲線がともに右下がり。

表 3.2 企業の需要と限界収入

競争市場の企業

供給量 Q	定価 P	総収入 $R(=PQ)$	限界収入 MR
0	80	0	—
1	80	80	80
2	80	160	80
3	80	240	80
4	80	320	80
5	80	400	80
6	80	480	80
7	80	560	80
8	80	640	80
9	80	720	80

独占企業

供給量 Q	定価 P	総収入 $R(=PQ)$	限界収入 MR
0	120	0	—
1	110	110	110
2	100	200	90
3	90	270	70
4	80	320	50
5	70	350	30
6	60	360	10
7	50	350	-10
8	40	320	-30
9	30	270	-50

320，価格 P を 70 に下げると，販売量 Q は 5 個に増加して，総収入 R は 350 に増加する。

なお平均収入 AR は，独占企業が設定した価格と等しくなり，独占企業が対峙する需要曲線は同時に平均収入 AR 曲線を意味している。限界収入 MR に関してはどうだろうか。需要曲線が右下がりの独占企業においては，当然ながら生産物を今以上に販売しようと考えるのなら，その方法は価格を引き下げるしかない。その場合，独占企業の限界収入 MR は，販売量 Q を増やすために低下させ

た価格 P にそれまでの販売量 Q を掛けた値を新しい価格から差し引く必要があり，それは下記の数式で一般化される．

$$MR = P + Q \times \Delta P$$

つまり需要曲線が右下がりの時，販売量 Q の 1 単位の増加に伴う価格の変化 ΔP は常にマイナスであるがゆえ，独占企業の限界収入 MR は価格 P より小さくなる（図 3.1）．

3.1.3 独占企業の利潤最大化

それでは具体的に独占企業はどのように利潤を最大化させているのであろうか．図 3.2 は，先の独占企業の需要曲線（$=AR$）と限界収入 MR に平均費用 AC と限界費用 MC を書き込み図解したものである．

ここで生産量 Q が Q_m より小さければ限界収入が限界費用を上回り，生産量 Q が Q_m より大きければ限界費用が限界収入を上回る．前者においては生産を増やせば収入の増加は費用の増加を上回り，後者においては生産を減らせば費用の減少が収入の減少より大きく，双方において利潤が増える状態となっているため，結局のところ利潤は限界収入と限界費用が等しくなる．すなわち $MR=MC$ が成立する E 点で最大になる．この時，独占企業の生産量は Q_m となり，生産物の価格は P_m に決定され，利潤の大きさは面積 $P_m DFH$ で表される．

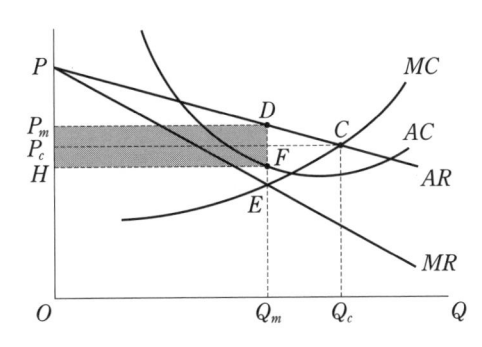

図 3.2 独占企業の生産量決定

3.2 寡占と独占的競争

現実的には，1社のみの完全な独占市場は多くない。大部分は独占的要素を持ちつつも互いに競争し合うという不完全競争下にあり，そうした市場は「寡占」や「独占的競争」と呼ばれる。

3.2.1 寡　　占

寡占とは，市場がごく少数の売り手に支配されているため，個々の売り手が他の売り手の収入や利益に影響を及ぼすがゆえに，自社の行動に対して他の売り手がどのような反応を示すのか絶え間なく観測し合いながら企業が行動する市場である。なお，寡占の中でも参加している企業が2社のみの場合を「複占」という。

19世紀末期から20世紀にかけて，アメリカを中心として新しい産業技術の発達とともに近代的な大企業が成長し，産業の中でも大きな比重を占めるようになった。日本においても，戦後の焼け野原から高度経済成長への流れの中で，例えばトヨタや日立に代表されるような大企業が育っていった。しかしこれらの企業は独占企業ではない。その理由として企業そのものは大きくなったがそれ以上に市場が拡大し，他の企業も参入し得たこと，そして独立禁止法によって市場の独占化自体が抑えられたため，独占市場は形成されなかったのである。図3.3は，寡占市場の具体例を示したものである。ビール市場では5社，携帯電話の市場では3社が寡占市場を形成している。

(1) カルテルとカルテル破り

例えば，鉄道，鉄鋼，石油，石炭などを供給している寡占企業においては，その財の性質上，製品を差別化することは困難である。またその寡占企業同士が激しい価格競争などを繰り広げれば，それは企業同士を破綻に導くものであるという恐れもあり，大企業は競争を避け価格や販売の面で協調する方向へと向かっていく。こうした企業が利益減少をもたらす価格競争を回避するために取り入れる手段が「カルテル」である。企業が複数の他企業とカルテルを締結すると，利潤率を独占市場に匹敵するほどの高い水準に引き上げることができる。

図 3.3　日本の寡占市場の例

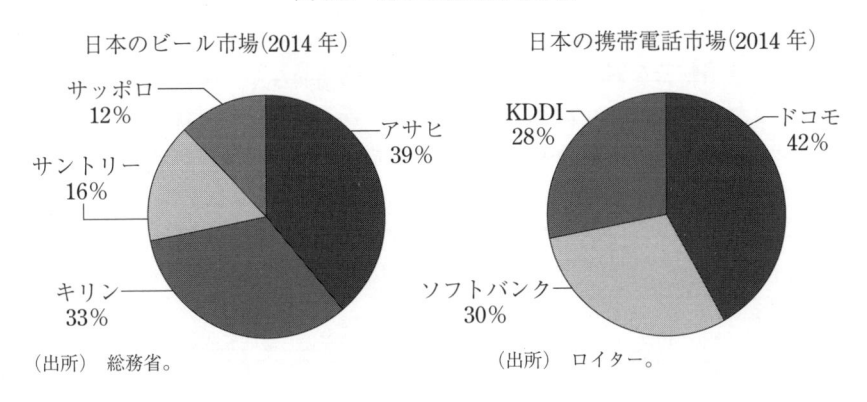

日本のビール市場(2014年)
- サッポロ 12%
- サントリー 16%
- キリン 33%
- アサヒ 39%

（出所）総務省。

日本の携帯電話市場(2014年)
- KDDI 28%
- ドコモ 42%
- ソフトバンク 30%

（出所）ロイター。

しかし独占と寡占の場合とで決定的に異なるのは，独占とは異なり，寡占の場合は企業が複数であり，各々の企業には，カルテルを破って値下げ販売をすれば単独で膨大な利益を得られるという甘い誘惑が常に見え隠れしていることである。そのことを鑑みれば，カルテルは成立した時からその崩壊が潜在的に内包されているシステムといえよう。

(2)　非価格競争

企業がより多くの利潤を上げたいと思えば，費用を下げるか，自らの財に対する需要を増加させるか，主としてこの二つしかない。「非価格競争」とはこのうち後者を指す。

寡占市場の特徴が，少数の大企業が市場で競争するため，当該企業の行動が他の企業の行動にも影響を与え，また他の企業の反応が自分の企業に影響を与えるという相互依存的なものであることは上述した。つまりある企業が，販売の拡大を狙って大幅に価格を下げれば，それは他の企業のより大規模な価格切り下げを誘発してしまう可能性がある。このようなことを延々と繰り返せば，企業自体の存続も危うくなる可能性があるため，価格以外での競争，すなわち非価格競争が寡占市場における競争手段のメインとなっている。

それでは非価格競争にはどのような手段があるのだろうか。方法は主に二つあり，一つは性能や品質，アフターサービスによって差別化する政策である。これを「製品政策」と呼ぶ。

寡占市場における非価格競争のもう一つの手段は広告・宣伝努力である。広告・宣伝の目的は，第一義的には値下げに頼らずに商品に対する需要を増やすことである。経済学的な表現を使うとすれば，当該商品に対する需要曲線の右方シフトを引き起こそうという行為である。次に広告・宣伝は，消費者の商品に対するブランド選好を高める効果を持つ。すなわち当該商品の需要が価格に対して非弾力的となり，多少の価格上昇ではその商品の需要がそれほど落ち込まなくなる。こうした広告・宣伝は，上記の製品政策に対して「販売促進政策（マーケティング）」と呼ばれる。

3.2.2 独占的競争

「独占的競争」とは個々の企業の規模があまり大きくなく，それが故に価格支配力もあまり持たない企業が多数存在するような市場である。具体的には，我々が日々の生活で利用するようなスーパーマーケット，ガソリンスタンド，レストランやホテルがこの独占的競争に相当する。

「独占的競争」はその市場内に企業が多数存在し，そのどれもが価格支配力を有さず，市場への参入障壁が低いという点では，完全競争市場と似た性質を持っている。それではこの独占的競争は，完全競争市場と何が違うのであろうか。その違いは，先の表3.1でみたように，提供される製品の差異にある。完全競争市場の場合，そこで提供される製品に差はない。しかし，独占的競争においては供給される製品はまったく同じではなく，消費者にとって違いがある点が完全競争市場との違いである。独占的競争における企業は，供給する製品が他の企業のそれと差別的である限りにおいてある程度の価格支配力を有する。

すでに述べたように，独占的競争においては，その市場内に多くの企業が存在し，そのどれもがそれほどの価格支配力を有していない。その独占的競争の最大の特徴は財の差別化にあり，各企業の供給する生産物は技術的には共通していて代替関係にあるが，それに付随する様々な特徴という点で，完全には代替的ではない。付随する様々な要素とは，具体的には，品質，性能，デザイン，商標，立地条件などが挙げられる。これら要素を駆使して独占的競争下の企業は自らの製品を他社から差別化しようと努力する。こうして差別化された製品にはある程度の独占力が与えられる。だがこうした独占力は参入障壁の低い独占的競争においては支配的とはなり得ず，新たな企業が市場に参入した場合，需要曲線はそれに

図 3.4　独占企業の生産量決定

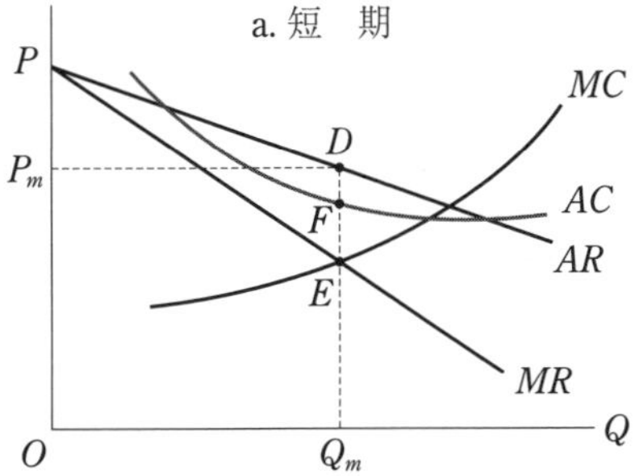

a. 短期／b. 長期のグラフ

よる影響をうける。

独占的競争における企業の供給量の決定は，短期的には製品の差別化があるために，図3.4aのように，独占企業の均衡と全く同じとなる。企業は $MR = MC$ の水準で供給量を決定し，単位当たり DF 分の超過利潤を得ていることになる。

ただそのような状態は参入障壁の低い独占的競争では長続きせず，長期的には完全競争によく似た市場となる。これは，超過利潤を求めて新たな企業が市場に参入してくるため，1企業当たりの需要が減少することによってもたらされる。この場合，需要曲線は左下方へシフトし，企業の利潤が低下する。それを図解したものが図3.4bである。ここにおいて超過利潤がある限り参入は継続し，需要曲線が平均費用曲線と接すれば超過利潤が消滅し，新規参入が停止して長期均衡へと至る。

この図3.4bを，長期均衡を示した第2章の図2.9と比較すると，完全競争では均衡価格と均衡供給量を示す点 E は平均費用曲線の最低点にあるのに比べ，独占的競争では均衡点 D^* が平均費用曲線よりも左側にある。平均費用曲線が同一ならば，独占的競争と完全競争の長期における均衡は，超過利潤はどちらもゼロだが，独占的競争の方が価格がより高く，企業の供給量は少なくなる。

3.3　独占の非効率性

ここでは独占市場が形成されることによる非効率性を考えてみよう。まず，市場は完全競争の状態だとする。その場合，図3.5の MC は市場供給曲線を表し，

図 3.5 独占と競争の比較

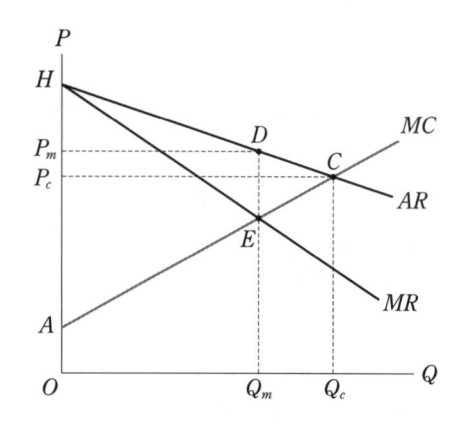

完全競争市場での均衡点は、需要と供給が一致する C 点で成り立つ。その場合の市場価格は P_c となり、生産量は Q_c となる。

次に独占市場における均衡点は、前節でも触れたとおり、独占企業は限界収入 MR が限界費用 MC と等しくなる E 点となる。その場合の市場価格は P_m となり、生産量は Q_m となる。

独占の場合は完全競争の場合と比べて価格が高くなって、生産量は少なくなる。これは独占企業には競争相手がいないため、価格支配力を行使して供給を制限し価格を釣り上げることで超過利潤を得ることができるからである。

次に、経済余剰の概念から独占企業の非効率性を考えてみよう。まず完全競争下の消費者余剰が面積 HCP_c だったのに対して、独占市場における消費者余剰は面積 HDP_m と小さくなっている。次に完全競争下の生産者余剰が面積 P_cCA だったのに対して、独占市場における生産者余剰は面積 P_mDEA と、これは逆に大きくなっている。このことから独占は完全競争の場合と比べると、生産者に有利、消費者に不利な結果となることが分かる。

市場全体の「社会的余剰」はどうであろうか。社会的余剰とは、消費者余剰と生産者余剰の和で表される。完全競争の場合の社会的余剰は面積 HCA の大きさである。これに対して独占の場合の社会的余剰は面積 $HDEA$ であり、完全競争と比べて面積 DCE 分だけ少なくなっている。これは独占企業が価格支配力を行使して供給を制限し価格を釣り上げることで面積 DCE 分の余剰が失われたことを意味する。この部分は「独占の厚生損失」とか「死荷重」と呼ばれる。

この「独占の厚生損失」が，独占企業が価格支配力を行使して供給を制限し価格を釣り上げうるということを，別の側面から見てみよう。まず AR 線は市場全体の需要曲線を意味するので，市場の供給量が Q_m なら消費者は商品を価格 P_m で買う。また供給量が Q_c であれば P_c で買う。要するに市場需要曲線は市場の需要者が商品に与える生産量 Q に応じた限界評価なのである。供給量 Q_m のとき市場の需要者が与える限界評価は D 点の高さとなり，供給量が増加すればその評価は下がっていくと考えられる。

　供給量が Q_m のときの生産量の限界費用は E 点の高さである。これは D 点よりも低い。その状態で供給量を増加させれば，需要者の商品に対する評価は費用よりも高いからその差額だけ利益が発生する。供給量を Q_c まで増加させた場合の社会全体の利益の増加分の合計が面積 DCE となるのである。しかしこの増加部分は，独占企業が供給を制限し，供給が Q_m にとどまる限り実現しない「独占の厚生損失」なのである。

　以上みてきたように，独占は完全競争に比べて非効率であるがゆえ，独占禁止法が定められて市場の独占化を厳しく管理している。このため，実際には独占企業が存在して利潤最大化行動をとるようなケースは稀である。しかし「規模の経済」が働く「自然独占」の場合や，公益上または行政上独占が望ましいとされる場合には，独占禁止法の対象外として，価格設定を政府自治体の許認可として独占による利益を実現しながらその弊害を取り除くことが図られるケースもある。

3.4　市場の失敗

　歴史的に見れば，市場経済制度は人々の効用を最大にするシステムとして優れたものであることは，旧ソ連をはじめとした東側諸国が崩壊し，それら国々が次々と市場型経済を導入していることにもみて取れる。

　しかし市場型経済システムは，万能なのだろうか。ここで市場型経済といえども限界があり，市場に委ねると必ずしもうまくいかないようなケース，すなわち「市場の失敗」が存在する。

3.4.1 生産フロンティアとパレート最適性

経済活動とは，そこに存在するインプットから，できるだけ多くのアウトプットを作り出すことが基本である。その際，インプットの源泉となる資源が無駄なく効率的に利用されていることが重要となる。

資源の効率的利用を説明する概念に，生産フロンティアがある。これは端的にいえば一般にある経済主体に資源が配分されるとき，他の経済主体の犠牲を払わなければならない状態であり，経済学ではこれをパレート最適と呼んでいる。

以上を図解すると，図3.6のようになる。いまある国が経済全体で生産資源を使ってAとB二つの生産物を生産しているとする。Aの生産のために一定のインプットを投入すると，前章でも説明した生産関数に従ってAの生産量Q_Aが得られ，残りのインプットをBに使えば生産量Q_Bが得られる。一定の生産資源をAとBに対して異なる配分をすると，Aの生産量に対して得られるBの生産量の最大の値が決まる。これは，経済全体でインプットが使い切られている場合を想定している。資源を使い切る場合には，Aの生産量の減少なしにBの生産量を増加させることはできない。例えば資源配分が点E_1にあるときにAの生産量をQ_{A2}まで増やしたとすれば，生産フロンティア上の点はE_2となるわけだが，その場合Bの生産量はQ_{B1}からQ_{B2}まで減少させなければならない。その意味で生産フロンティア曲線上の点は全てパレート最適といえる。

他方，例えば図3.5における点Fのようなケースでは，AとBともにどちら

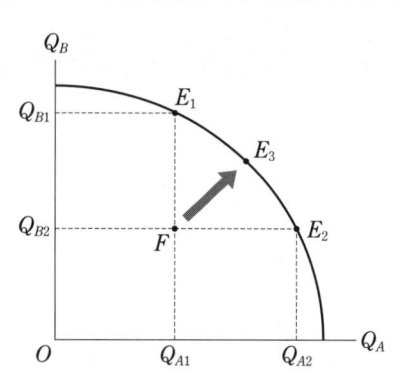

図3.6 パレート効率性における生産フロンティア

の生産量も増加させることができる（E_3）。したがって，生産フロンティアの内側はパレート最適ではない。

3.4.2 情報と経済の不安定性

情報が不足していたり，予想が行動を支配するよう情報の不確実性が市場に蔓延しているときは，市場は不安定な状態に陥る。

まず，情報が不足していることで価格が周期的に変動し，均衡点に至るまで時間がかかる状態を表しているのが「くもの巣型変動」である。コメをはじめとした農産物を想定してみよう。イネを植える段階で，収穫時に一体いくらで売れるのか分かっている農家は皆無である。予想のヒントになるのが前期の値段であろう。

図 3.7 にみるように，前期つまり 0 期は豊作に恵まれ供給量は Q_0 となったが，その分値段は低く P_0 であったとしよう。農家は今年 1 期の価格も 0 期と等しく P_0 と予想し，それに対応するコメ Q_1 分を作る。しかし Q_1 では供給量は少なく価格が高騰し P_1 に跳ね上がってしまう。そのため今度は 2 期に向けて P_1 に対応した，より多い供給量 Q_2 をつくる。しかし 2 期になってみると…というプロセスが繰り返され，価格は均衡点 E に向かっていくのである。この動きがくもの巣のように見えることからくもの巣型変動といわれる。

生産する時間と消費する時間が離れていることから，前期の情報を用いて生産

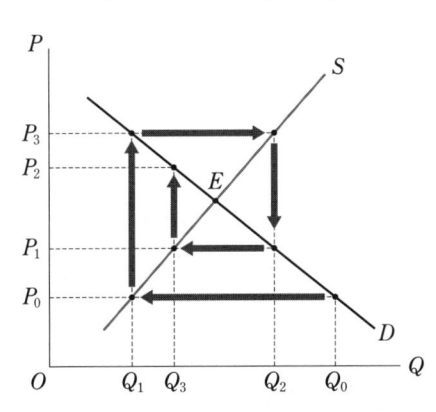

図 3.7 くもの巣型変動

図 3.8　予想と重要・供給の変化

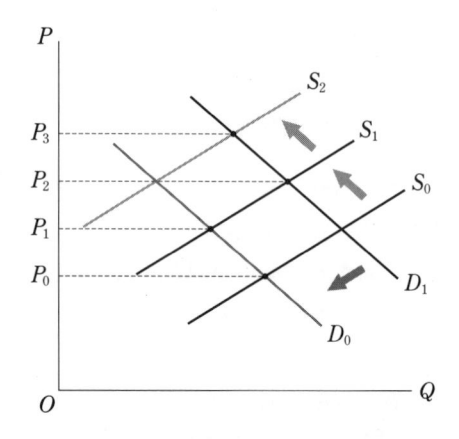

量を決定しなければならないため，時間をかけないと安定的な状態に至らないこの状態は，様々な市場において散見される。このくもの巣型変動は，図 3.8 のように供給曲線の傾きの絶対値が需要曲線の傾きの絶対値に対して大きければ均衡に至る変動を示すが，逆の場合は価格が均衡に至らず，不安定な変動を続けることになる。

また予想が行動を支配することで経済が不安定化することは，金融危機や先物取引における投機筋の存在などで見聞きした人も多いことだろう。遡ってみれば，オイルショックでのトイレットペーパーをめぐる買占め騒動も，人々の間違った予想によって引き起こされたものといえる。

図 3.8 にあるように，一般的に，需要曲線が右下がりなのは値段が上がれば需要が減るからである。しかしある商品の需要曲線が D_0，供給曲線が S_0，価格が P_0 だとして，工場の閉鎖などで供給曲線が S_0 から S_1 に移ったとしよう。そのために価格は P_1 に上昇するが，需要側も供給側の状況などをみたならば，このままならば価格がもっと上がるだろうと予想し，今のうちに買ってしまおうと思うだろう。そうすれば価格が上昇したのに需要が増えることになり，需要曲線も D_1 へ移行，その結果またもや価格は P_2 に上がる。もしここでまた供給側もこれからまだ値段が上がるなら今は売り控えておこうと考えれば，供給曲線も左にシフトし価格も P_3 まで上昇する。その結果，価格は P_0 から P_3 まで，人々の予想が作用して，上昇を繰り返すことになる。

正しい情報を広めていくことがこういった事態を防ぐのだが，くもの巣型変動にしても，情報の不足や予想の蔓延などは市場経済の特性ともいえる。さらに近年では，グローバル化により，ある国の不安定化が他国にも即時に波及するようになり，累積的に事態が大きくなり易くなってしまっている。国際的にも国内的にも，市場の失敗を回避，解決する政策が重要である。

3.4.3 情報の非対称性と逆選択

前節のくもの巣型変動は，情報の不足がもたらすがゆえの市場の失敗であった。ここでは同様に情報に着目するが，本節にける着眼点はその非対称性である。

例えば，生命保険を考えてみよう。保険をかけたいと思っている人は，自身の健康状態に関して，保険会社よりもより多くの情報を持っている。他方，保険会社は人々の平均的な死亡率を計算し，保険料を決定している。この際，極めて健康で死亡リスクが低いと自覚している人は，保険料が高いため生命保険などには入ろうとしないだろう。結果として生命保険に入りたい人は不健康で病気がちな人ばかりになってしまう。このことは，生命保険会社が本来は死亡確率の低い人を被保険者として選択しようとしているのに，実際は死亡するリスクが高い人を選択してしまっていることを意味する。このことを「逆選択」という。

この逆選択が実際に起きてしまうと，保険金の支払いが生命保険会社の当初想定する金額以上となり採算が取れない。採算を取ろうとしてさらに保険料を引き上げれば，健康な人にとってはますます不利になるので，さらなる逆選択を招くというスパイラルに陥る。そうして生命保険会社の採算はますます悪化する。このような状況は全て，「情報の非対称性」が原因で生じている。

3.4.4 モラルハザード

「モラルハザード」も情報の非対称性の一つとして上記の逆選択問題とともに，よく登場する概念だ。今回も保険を例にとる。ただし今回は火災保険である。

火災保険とは，不幸にして自宅が火事になってしまった場合に，その損害を補填するための保険商品である。この火災保険に入った人は，そのことによって，「どうせ保険で補填させる」という感覚を持つかもしれない。これは火事回避の

インセンティブの低下を招く。例えば火災保険に入ったことで安心して，火災報知器の設置を怠るようになるかもしれない。結果として，火事のリスクは高まってしまうし，保険会社の保険料支払いが増加してしまう恐れがある。

つまり，モラルハザードとは，人々のリスク回避に寄与すべく整備された仕組みが，かえって人々の注意の散漫を誘発してしまい，危険や事故の発生確率が高まってしまう現象を指す。

◆◇ ［ベーシック用語］ ◇◆◇◆◇◆◇◆◇◆◇◆◇◆◇◆◇◆◇◆◇◆◇◆◇
不完全競争　　独占　　寡占　　独占的競争　　参入障壁　　自然独占　　限界収入　独占の厚生損失　　限界評価　　カルテル　　非価格競争　　製品の差別化　　価格支配力　　パレート最適性　　くもの巣型変動　　予想　　情報の非対称性　　逆選択　モラルハザード
◇◆◇◆◇◆◇◆◇◆◇◆◇◆◇◆◇◆◇◆◇◆◇◆◇◆◇◆◇◆◇◆◇◆◇

───〈演習問題〉────────────────────────

問1　独占企業の行動に関する問題に答えよ。
(1) 市場独占が発生する理由を説明せよ。また，独占企業の利潤最大化行動を説明し，完全競争下での利潤最大化行動との違いを述べよ。
(2) 財の価格を P としたとき，ある財の市場の需要関数が $D=80-2P$，供給関数が $S=-40+4P$ であったとする。この市場が完全競争であるときの均衡価格と供給量を求めよ。

さらに，この市場が1社による独占市場であるとする。この独占企業の総費用関数が $C=10Q+\left(\frac{1}{8}\right)Q^2$，ゆえに限界費用 $MC=10+\left(\frac{1}{4}\right)Q$ であるときの独占均衡における価格と供給量を計算せよ。
(3) 上記(2)の結果から余剰分析を行い，完全競争下における総余剰（つまり消費者余剰と生産者余剰の合計）と，独占市場での総余剰を比較せよ。

〈正解〉
(1) 市場独占は，企業の参入が人為的に規制される場合（特許，資源独占など）と，純粋な経済的要因から生ずる場合（規模の経済）に生じる。また独占企業の利潤最大化は，完全競争と同様に限界費用 $MC=$ 限界収入 MR となる生産量決定で成立するが，プライス・テイカーの完全競争下の企業と違い，プライス・メイカーとして価格支配力をもつ独占企業は，限界費用ではなく需要曲線を平均費用曲線 AR として扱い価格を決定する。つまり完全競争と比べ，価格は高く，消費者余剰の小さい，社会的効率性の損失を伴った生産が独占企業には可能であ

(2) 完全競争では $P=20$, $Q=40$/独占市場では $P=28$, $Q=24$

完全競争での均衡価格と供給量は需要関数と供給関数の交点から求められるので，$S=D$ より $-40+4P=80-2P$ から均衡価格 P が 20，代入により供給量 Q が 40 と導ける。

独占市場では，需要関数から限界収入曲線 MR を求め，それと限界費用曲線 MC との交点により均衡価格が得られる。まず需要関数を Q に対する P の式に直し $P=40-\left(\dfrac{1}{2}\right)Q$ として，総収入 R が価格 $P×$ 生産量 Q つまり $R=PQ=40Q-\left(\dfrac{1}{2}\right)Q^2$ となるため，限界収入は $MR=40-Q$ と表される。結果，$MR=MC$ より $40-Q=10+\left(\dfrac{1}{4}\right)Q$ から独占均衡における供給量 Q が 24，代入により価格 P が 28 と導ける。

(3) 総余剰が完全競争 600＞独占市場 504，よって独占では 96 の死荷重が発生

本文の図 3.5 を参照すればわかるように，完全競争と独占市場では総余剰が異なる。(2)での値を基に，完全競争では図 3.5 の HCA にあたる部分の面積が $(40-10)×40÷2$ より 600 になるのに対し，独占市場では $HDEA$ 部分の面積が $(12+30)×24÷2$ より 504 となり，96 も総余剰が減少し死荷重が発生していることがわかる。

(2)からも，独占市場の方が均衡価格も高く，かつ供給量も少ないために，パレート最適な資源配分が阻害されている状態が確認出来る。

問2 寡占市場と独占的競争市場の，それぞれの市場特性を述べるとともに，独占や完全競争との違いも説明せよ。

〈正解〉

寡占市場は，独占とは異なり少数の企業が市場に存在するが，完全競争とは違い参入障壁があり，少数が相互に（価格を含む）影響を及ぼし合いつつ競争関係にある市場である。それゆえカルテルを結んで価格協調をしたり，広告・宣伝といった非価格競争で差別化を図るなどしている。

一方，独占的競争市場は，参入障壁が低く，市場に多数の企業が存在するため個々の価格支配力が無い点で完全競争に近いが，差別化した生産物により独占力をもつことから短期的には独占企業のように行動可能である。しかし参入障壁が低いことで，長期的には超過利潤はゼロとなる。

[問3] 市場の失敗に関する問題に解答せよ。
(1) 資源配分におけるパレート最適について説明せよ。
(2) くもの巣型変動の概念と，くもの巣型変動下で均衡が発生する際の需要関数，供給関数の特徴を述べよ。
(3) 情報の非対称性について具体的事例を挙げて説明せよ。

〈正解〉
(1) パレート最適とは，ある経済主体に追加的に資源が配分されるとき，他の経済主体の犠牲を払わなければならない状態であり，資源が使い切られている状況を指す。生産フロンティア曲線上の点は全てこの状態である。

(2) くもの巣型変動は，生産と消費にラグ（時間差）があることから，前期の情報を用いて生産量を決定せばならず，時間をかけないと均衡に至らない状態をいう。需要関数と供給関数の価格弾力性の大きさにより，供給曲線の傾きの絶対値が需要曲線の傾きの絶対値に対して大きければ均衡に至り，逆の場合は均衡に至らず，不安定な変動を続けることになる。

(3) 逆選択として，例えば，中古自動車市場が挙げられる。情報の非対称性による逆選択は，取引の一方が他方よりも多くの情報をもち，その優位性を利用することで生じる状態である。中古自動車市場も，所有者側は自分の車について確実な情報をもっており，車の状態の善し悪しに関わらず出来るだけ高く売ろうとするが，買い手側は情報が無いので分からず，全ての車に平均的な値段を提示する。すると所有者側は，粗悪な車なら喜んで供給するが，優良な車なら値段が低過ぎて売ろうとしないだろう。結果，中古車市場には粗悪な車しか並ばないということになり，市場の経済効率を悪化させてしまうのである。

第II部
マクロ経済学編

第4章 マクロ経済と総生産

4.1 マクロ経済学の特徴

これまで学習したミクロ経済学は，市場経済の中で活動する個々の家計や企業の行動に焦点を当てるのに対し，マクロ経済学は経済活動の集計値に基づいて一国経済全体の動きを検討するところにその特徴がある。マクロ経済学では，個々の経済主体の活動の結果として決定される経済全体の生産量，雇用量，物価などの集計値を取り上げてその大きさや変動について検討する。

4.1.1 マクロ経済学とケインズ理論

歴史的に眺めると，現代のような形で経済学が成立したのは1870年代以降のことである。それは新古典派経済学と呼ばれ，その内容は主としてミクロ経済学であって，資源や技術が与えられると，市場経済の下で企業の生産量や消費者の購入量がどのように決定されるかを説明するものであった。市場経済ではプライス・メカニズムが機能するため最適な資源配分が実現され，経済活動の極端な低迷や大量の失業発生は起こらないと考えられていた。

しかし，1930年代には世界的な大不況が発生し，経済全体の生産量が低迷して稀少な資源が大幅に遊休するようになったが，それまでの経済学はこうした事態を説明することも適切な解決策を見出すこともできなかった。この時期に生産の低迷や失業の発生理由を解明し，市場経済は本来不安定なものであることを主張したのがJ.M.ケインズであった。ケインズは，経済全体の総需要の決定要因を検討したうえで，市場経済の不安定性を除去するために政策的な介入が必要であると主張した。この意味で，マクロ経済学の基本的枠組みは，ケインズによって構築されたということができる。

4.1.2 マクロ経済学と経済政策

また，マクロ経済学は実証分析との結びつきが強いこともその特徴の一つである。国内総生産（Gross Domestic Products）や貯蓄投資差など，マクロ経済学で使われる基本的概念の多くは，統計データとして整備されている。総生産や失業率やインフレーションなどのマクロ経済変数間の関係を，統計データに基づいて定量的に把握することができ，理論と現実との対応関係が極めて明確となっている。

さらに，マクロ経済学は政策問題と密接に関わっている。マクロ経済学は現実の経済問題と密接に結びつきながら発展し，経済政策の理論的根拠を与え続けてきた。そして，その現実妥当性が繰り返し検討され，批判と論争が闘わされてきた。1970年代のスタグフレーションを契機にケインズ主義的な総需要管理政策に対して批判を投げかけたマネタリズムやマクロ合理的期待形成学派，アメリカ経済の生産性の向上を目指したサプライサイド経済学などは，その代表的な事例である。マクロ経済学の分野では，今後もこうした議論と変化が積み重ねられていくだろう。

4.2 付加価値と国内総生産

すでにみたように，マクロ経済学は一国全体の経済活動の集計値に基づいて分析を進める。そこでここでは，それらをどのように把握すればよいのかを考えてみよう。

4.2.1 経済活動の規模を測る方法

ある国に一つの産業しか存在しないのであれば，その産業の生産量を観察することで国民経済の規模を把握することができる。しかし，現代の経済では，多くの企業が複雑な分業体系のもとで，膨大な数の財を生産している。このため，一国全体の経済規模を一つの集計値として把握するには，様々な工夫が必要となる。そこで以下では，一国全体の経済規模や変動を客観的に把握するには，どのようにしたらよいかを考えてみよう。

現代の経済では，非常に多くの種類の財が生産されているので，生産量の集計値を求めるのは容易ではない。例えば，鉄鋼産業が生産した鉄板10万トンと，自動車産業が生産した自動車100万台を単純に合計して一国全体の経済規模を測るわけにはいかない。単位の異なる数値を合計したものに何の意味もないからである。そこで，企業の「生産額（売上高）」を集計することで，一国全体の経済規模を測るという方法が考えられる。日本でいえば，それぞれの企業の生産額（売上高）は「円」で表示されているので，それらを集計するのは可能だし，集計された数値にも意味がある。生産額（売上高）が増加していれば，財の生産量も増加していると考えられるので，生産額（売上高）の集計は一国全体の経済規模を代理する指標になりうる。ただし，生産額（売上高）の集計値には，「中間財」が重複されて計算されてしまっているので，一国全体の経済規模が過大に評価されてしまうという問題がある。中間財の重複計算の意味を理解するためには，次にみる「産業連関表」の知識が必要となる。

4.2.2　産業連関表

　企業の生産する財は，財を購入した人がそれをどのように使うかによって，「中間財（需要）」と「最終財（需要）」に分けられる。例えば，食品加工業者が，農家の生産したオレンジを使ってオレンジジュースを製造して販売したとき，オレンジは中間財として使用されたことになる。他方，同じ農家の生産したオレンジでも，家計の主婦が購入して直接消費すれば，そのオレンジは最終財として使用されたことになる。多くの企業は，他の企業から中間財を購入して最終財を生産し，経済主体に販売している。「産業連関表」は，こうした企業間における中間財のやりとりと，各企業の最終財の生産額や生産のための費用を体系的に記録した統計である。

　表4.1は，産業連関表の仮説的数値例を示したものである。この経済にはA産業とB産業が存在すると仮定し，ある年のA産業の産出額（売上高）が250兆円，B産業の売上高が430兆円であったとしよう。まず，産業連関表を横に見てみよう。A産業は，中間財としてB産業に100兆円分の財を販売し，最終財として150兆円分の財を経済主体に販売している。B産業は，中間財としてA産業に180兆円分の財を販売し，最終財として250兆円分の財を経済主体に販売している。

表 4.1 産業連関表

産業	中間需要 A産業	中間需要 B産業	最終需要	生産額(売上高)
中間投入 A産業	0	100	150	250
中間投入 B産業	180	0	250	430
付加価値	70	330	400	
生産額	250	430	国内総生産 Gross Domestic Products	

　次に，産業連関表を縦に見てみよう。A産業はB産業から180兆円分の中間財を購入することで生産額250兆円を実現している。同様に，B産業はA産業から100兆円分の中間財を購入することで生産額430兆円を実現している。したがって，それぞれの産出額の中には，他の産業の生産物の再利用にすぎない部分が重複して計算されている。そこで，それぞれの産業が経済に純粋に貢献した部分を抽出するため，それぞれの産業の生産額から中間財を控除した金額である「付加価値」を計算する。

　表4.1の数値例では，A産業の付加価値は70兆円，B産業の付加価値は330兆円と計算される。それぞれの産業の付加価値を合計した金額400兆円は，国内総生産（Gross Domestic Products：GDP）といわれる。表4.1において，各産業が最終財として経済主体に販売した部分の合計は，やはり付加価値の合計に等しくなるので，国内総生産は最終需要を合計した金額ということもできる。

　国内総生産は，国民経済の規模を最も適切に捉えた指標であると考えられている。

4.3　国内総生産と国内純生産

　先にみたように，各産業の付加価値の合計は国民経済の規模を測る指標であった。このほかにも付加価値の合計を用いれば，経済活動の分配面，支出面も把握することができる。一国の経済活動を生産面からみたものが国内総生産であった

が，これを分配面からみたものを国内総所得（Gross Domestic Income：GDI），支出面からみたものを国内総支出（Gross Domestic Expenditure：GDE）と呼ぶ。そして，これらの経済活動の水準は恒等的に全て等しくなり（GDP = GDI = GDE），こうした関係を三面等価の原則という。

4.3.1　経済活動の分配面

まず，経済活動の分配面からみていこう。

表 4.1 において，A 産業の付加価値 70 兆円がどのように分配されるのかを考えてみよう。A 産業では，中間財として 180 兆円分の財を B 産業から購入し，産出額 250 兆円を実現していた。A 産業が財を生産するには，労働力が必要であろう。したがって，産出額から中間財を引いた 70 兆円の一部は，A 産業で働いている労働者の賃金（雇用者報酬）として分配されるだろう。また，付加価値 70 兆円の一部は企業の所得（営業余剰・混合所得）としても分配されるだろう。すなわち，各産業の付加価値は必ず誰かの所得を形成していることになる。これは，B 産業についても同様に当てはまる。このことから，付加価値の合計は一国全体の所得の合計を表していることにもなる。付加価値の合計をその国で生み出された所得の合計とみる場合，それは国内総所得（Gross Domestic Income：GDI）と呼ばれる。

4.3.2　総（グロス）と純（ネット）

ただし，付加価値の中には所得として分配されない部分がある。生産活動は期間ごと，たとえば 1 年とか四半期として捉えられ，単位期間当たりに支払われた賃金や企業の所得などが所得を形成する。しかし，資本設備である機械設備や建物などは購入設置されるときにその費用が一度に支払われ，それ以後の各年には支払われることなく，更新の時期がくると再び一度に費用が支払われる。

実際には，毎年の生産活動によって，機械設備や建物の価値は毎年減少しているのであり，その分だけ企業は支払いをしなければならない。つまり，一定の額を毎年積み立てて，更新のときの支出に備えなければならない。この毎年の積立て部分を減価償却といい，一国の減価償却分を全て合計したものを固定資本減耗と呼ぶ。固定資本減耗は，労働者の賃金にも企業の所得にも分配されないので，

より正確に一国全体の所得を把握するためには，この部分を国内総所得から控除しなければならない．

また，生産面からみた場合も，固定資本減耗は一国の一定期間の生産のために減少した資本価値であるから，より正確に生産活動の大きさを把握するには，国内総生産から固定資本減耗を控除する必要がある．

国内総所得から固定資本減耗を控除したものは，国内純所得（Net Domestic Income：NDI）と呼ばれ，国内総生産から固定資本減耗を控除したものは国内純生産と呼ばれる．

　　国内総所得－固定資本減耗＝国内純所得
　　国内総生産－固定資本減耗＝国内純生産

したがって，総（グロス）と純（ネット）の区別は，統計値が固定資本減耗を含むか含まないかの違いである．

4.3.3　市場価格表示と要素費用表示

さらに一国全体の所得の大きさを正確に捕捉するためには，生産・輸入品に課される税を控除し補助金を加えなければならない．なぜならば，国内純所得はそもそも市場価格で評価されたものであるため，それは生産・輸入品に課される税の分だけ高くなり補助金分だけ低くなっているからである．そこで，国内純所得から生産・輸入品に課される税を控除し，補助金を加えたものを国内所得（Domestic Income：DI）と呼ぶ．

　　国内純所得－（生産・輸入品に課される税－補助金）＝国内所得

また，国内純所得は，（生産・輸入品に課される税－補助金）が控除されていないので市場価格表示といわれ，国内所得はそれが控除されているので要素費用表示といわれる．

つまり，市場価格表示か要素費用表示かの区別は，統計値が（生産・輸入品に課される税－補助金）を含むか含まないかの違いである．

表 4.2 は，国内総所得（＝国内総生産），国内純所得，国内所得（要素費用表示の国内純生産）の大きさを 2013 年（暦年）についてみたものである．国内総所得は，総（グロス）概念の市場価格表示であるから雇用者報酬 1. と営業余剰・混合所得 2. に加え，固定資本減耗 3. が含まれており，さらに生産・輸入品に課される税 4. の分だけ高く補助金 5. の分だけ低くなった金額（1＋2＋3＋4－5＋6）

表 4.2　国内総所得の構成（2013 年）

（単位：10 億円）

1. 雇用者報酬	248,168.2
2. 営業余剰・混合所得	95,933.8
3. 固定資本減耗	101,870.9
4. 生産・輸入品に課される税	41,736.6
5. 補助金	2,979.5
6. 統計上の不突合	−1,619.7
7. 国内総所得（1＋2＋3＋4−5＋6）	483,110.3
8. 国内純所得（7−3）	381,239.4
9. 国内所得（8−4＋5）	342,482.3

資料：内閣府『国民経済計算』

で，2013 年にはおよそ 483 兆円となっている。国内純所得は，純（ネット）概念の市場価格表示であるから，国内総所得から固定資本減耗 3. を控除した数値（7−3）でおよそ 381 兆円となっている。国内所得は純（ネット）概念の要素費用表示であるから，国内生産から生産・輸入品に課される税 4. を控除し，さらに補助金 5. を加えた金額（8-4＋5）で，およそ 342 兆円となっている。

4.3.4　国内概念と国民概念

　一国全体の所得を計測しようとする場合には，先にみた純概念を採用することや要素費用表示が必要であったが，この他にも海外からの要素所得の受払いを考慮する必要がある。

　たとえば，日本の労働者が海外で生産活動を行い，受取った所得を日本に持ち帰ったとしよう。このとき，この労働者が生み出した付加価値は海外の国内総生産にカウントされるはずであるが，所得は日本で発生する。この労働者の生産活動は国内では行われず，その意味で日本の国内総生産は増加しないが，海外から持ち帰った所得の分だけ国内の所得は増加しているはずである。

　逆に，海外の労働者が日本に出稼ぎに来て，日本で生産活動に従事し，受取った所得を海外に持ち帰ったとしよう。この場合には，海外の労働者が生み出した付加価値は日本の国内総生産の増加にカウントされるが，所得は海外に流出するため日本の所得は増加しない。したがって，所得の大きさを一層正確に把握するためには，以下にみる国民概念の採用が必要となる。

国内総生産や国内所得から，海外からの要素所得の受取りを加え，さらに海外への要素所得の支払いを控除したものを国民総生産（Gross National Products：GNP）や国民所得（National Income：NI）と呼ぶ。すなわち，以下の式が成り立つ。

　　国内総生産＋海外からの要素所得の受取り－支払い＝国民総生産
　　国内所得＋海外からの要素所得の受取り－支払い＝国民所得

ここで，海外からの要素所得の受取りとは，海外から受取る賃金などの雇用者所得や，海外への投資に対する利子や配当の受取りなどからなる財産所得（受取り）から構成されている。また，海外への要素所得の支払いとは，海外へ支払う賃金などの雇用者所得や，海外からの投資に対する利子や配当の支払いなどからなる財産所得（支払い）から構成されている。

このように国民概念と国内概念の区別は，海外からの要素所得の純受取を考慮するかしないかの違いであることがわかる。

日本は海外に対する旺盛な投資によって蓄積された対外資産から発生する利子や配当などの受取りが多いため，海外からの要素所得は大幅な受取り超過となっている。このことは，国民総生産が国内総生産を上回っていることを意味する。

急速な勢いで国際化が進んでいる現代では，国民概念と国内概念の区別は非常に重要となってきている。とくに，重債務国と呼ばれる累積債務をかかえた途上国では，対外債務の利子支払い（財産所得の支払い）のために国内総生産のかなりの部分を充当しなければならず，国民総生産は国内総生産を大きく下回っている。また，近年の日本においても海外からの要素所得の純受取が無視できない大きさになってきたため，国民総生産は国内の生産活動の規模を的確に表さないようになり，国内総生産を重要視するようになっている。

4.4 国内総生産と国内総支出

次に経済活動の支出面をみてみよう。

生産された財・サービスが，どのような経済主体に，どのような形で利用（購入）されたのかをみたものが国内総支出である。ここで経済主体を，家計，企業，政府，海外に区分する。また，利用のされ方を消費と投資に区分する。

4.4.1 経済活動の支出面

　家計は食料品や衣料品，耐久消費財などを消費するために購入し，企業は工作機械やロボットなどの生産設備を設備投資のために購入する。政府は消費と投資という形で財・サービスを購入し，さらに国内で生産された財・サービスは輸出として海外にも販売される。ここで，家計の消費を中心とした民間最終消費支出を C，企業の投資を中心とした民間投資を I，政府支出を G，輸出を EX，輸入を IM，国内総生産を Y と表すことにしよう。すると，次のような恒等式が成立する。

$$Y+IM=C+I+G+EX \qquad (4\text{-}1)$$

ただし，次の点に留意することが重要である。

　まず第1に，国内で供給される財・サービスには国内で生産された財・サービスの他に輸入された財・サービスがある。したがって，経済全体の総供給は $Y+IM$ で表される。

　第2に，総供給が過不足なく需要されるとは限らない。なぜなら，生産を決定する経済主体と支出を決定する経済主体は異なっているのが普通だからである。したがって，一定期間に生産された最終財のうち，民間最終消費支出 C や民間投資 I や輸出 EX という形で最終支出されなかった，いわば売れ残りの部分も，在庫の純増という形で最終的に需要されたと考える必要がある。民間投資 I や政府支出 G は，こうした在庫の純増を含んだ金額なので，(4-1)式の恒等関係が常に成立する。

　(4-1)式の左辺の IM を右辺に移行すれば，以下の式が成立する。

$$Y=C+I+G+EX-IM \qquad (4\text{-}2)$$

(4-2)式の右辺が国内総支出と呼ばれ，これは左辺の国内総生産に等しい。また，(4-2)式の右辺の $EX-IM$ は純輸出と呼ばれる。

4.4.2 国内総支出の構成

　実際の国民経済計算における国内総支出は，支出項目がかなり細分化されている。ここで定義した支出項目と実際の国民経済計算の支出項目との対応関係を示したものが表4.3である。

　以上から，在庫の純増には民間投資における民間在庫品増加，政府支出におけ

表 4.3　国内総支出の構成

民間最終消費 C	家計最終消費支出
	対家計民間非営利団体最終消費支出
民間投資 I	民間住宅
	民間企業設備
	民間企業在庫品増加
政府支出 G	政府最終消費支出
	公的固定資本形成
	公的在庫品増加
輸出 EX	財貨・サービスの輸出
輸入 IM	財貨・サービスの輸入

る公的在庫品増加があることがわかる。また，政府は公的固定資本形成という形で投資を行うだけではなく，政府最終消費という形で消費も行っている。政府の投資とは道路や下水道整備などの公共事業であり，政府の消費とは公共サービスを提供するための公務員の給料などである。

　最近では，民間需要，公的需要，国内需要などの概念がよく使われる。民間需要は民間最終消費 C と民間投資 I の合計であり，民間部門が支出した部分を集計したものである。公的需要は政府支出 G と同じであり，公共部門が支出した部分を集計したものである。また，国内需要は民間需要と公的需要の合計で，国内総生産から純輸出を控除したものである。

　表 4.4 は，2013 年の国内総支出の構成をみたものである。2013 年の国内総支出はおよそ 483 兆円で，これは国内総生産と一致する。民間最終消費支出の国内総生産に占める割合はおよそ 61％ で，民間最終消費支出が最大の支出項目であることがわかる。それについで政府支出の割合はおよそ 25％，民間投資はおよそ 17％ となっている。また，国内総生産に占める輸出の割合は 17％，輸入の割合は 20％，純輸出の割合はマイナス 3％ となっている。

表 4.4　国内総支出（2013 年）

	実数（10 億円）	構成比（％）
民間最終消費 C	296,538.8	61.38
1. 家計最終消費支出	289,214.1	59.87
2. 対家計民間非営利団体最終消費支出	7,324.7	1.52
民間投資 I	80,123.1	16.58
3. 民間住宅	15,850.7	3.28
4. 民間企業設備	68,155.1	14.11
5. 民間企業在庫品増加	−3,882.7	−0.80
政府支出 G	122,355.5	25.33
6. 政府最終消費支出	98,778.7	20.45
7. 公的固定資本形成	23,560.4	4.88
8. 公的在庫品増加	16.4	0.00
輸出 EX	79,998.1	16.56
9. 財貨・サービスの輸出	79,998.1	16.56
輸入 IM	95,905.1	19.85
10. 財貨・サービスの輸入	95,905.1	19.85
国内総生産（国内総支出）Y	483,110.4	100.00
純輸出（9−10）	−15,907.0	−3.29
民間需要（1+2+3+4+5）	376,661.9	77.97
公的需要（6+7+8）	122,355.5	25.33
国内需要（1+2+3+4+5+6+7+8）	499,017.4	103.29

資料：内閣府『国民経済計算』

4.4.3　貯蓄と投資

これまで，国民経済の活動は生産と所得と支出の三つの側面からとらえられることを学習した。ここでは，三面等価の原則に基づき貯蓄・投資と純輸出の間に成立する恒等関係を学習する。まず，単純化のため政府部門と海外部門が存在しない経済を考えよう。

この場合には，国内総生産 Y は，民間最終消費支出 C と民間投資 I の合計として次のように表される。

$$Y = C + I \tag{4-3}$$

すなわち，1 国の生産は消費という形で支出されるか，投資という形で支出されるかのいずれかである。もちろん，売れ残りの部分も在庫品の純増という形で需要されたと考える。

ところで，三面等価の原則から国内総生産 Y は総生産を意味すると同時に総

所得を意味していた。通常，家計は所得の全てを消費に充てるわけではなく，一部を貯蓄する。したがって，経済全体の貯蓄額をSと表せば，以下の式が成立する。

$$S = Y - C \tag{4-4}$$

ここでいう貯蓄Sとは，総所得（＝総生産）のうち消費されなかった部分である。(4-3)式を(4-4)式に代入して整理すれば，次のようになる。

$$S = I \tag{4-5}$$

(4-5)式は貯蓄と投資が恒等的に等しくなることを意味している。

(4-5)式でみた貯蓄と投資の一致は，政府部門と海外部門を考慮した一般的な場合には，次のように修正される。

$$Y = C + I + G + X \tag{4-6}$$

ただし，ここでXは純輸出（$EX-IM$）を意味する。租税の支払いをTとすれば，貯蓄Sは，次のように表される。

$$S = Y - C - T \tag{4-7}$$

(4-6)式を(4-7)式に代入して整理すれば，

$$(S - I) + (T - G) = X \tag{4-8}$$

となる。(4-8)式は，貯蓄投資差（$S-I$）と租税収入から政府支出を控除した政府収支（$T-G$）の合計が，純輸出Xに等しくなることを表している。

ところで，政府支出は政府消費（政府最終消費支出）と政府投資（公的固定資本形成）の合計であり，租税収入から政府消費を控除したものは政府貯蓄と考えられるので，以下のように表すこともできる。

租税収入－政府支出＝租税収入－政府消費－政府投資＝政府貯蓄－政府投資

すなわち，政府収支（$T-G$）は政府の貯蓄投資差とみることもできる。したがって，(4-8)式は民間部門の貯蓄投資差と政府部門の貯蓄投資差の合計が純輸出に等しくなる，ということも意味している。

4.4.4 フロー概念とストック概念

これまでみてきた国内総生産や貯蓄投資差などは，全てフロー概念である。これに対して，金融資産残高とか実物資産残高，あるいは対外資産残高などはストック概念である。

フロー概念とストック概念の違いを理解するには，例えば，「家計はいくらの

貯蓄をしたか」と「家計にはいくらの貯蓄があるか」という問いの違いを考えればよい。前者はある一定期間に家計が新たに積み立てた貯蓄の金額をたずねているのであり，後者はある一時点において家計が保有している貯蓄の残高をたずねている。つまり，フロー概念は一定期間における経済活動の量や金額であり，ストック概念は一時点における経済変数の存在量を意味する。

　ある一時点のストックは，過去のフローが蓄積された結果であることに留意する必要がある。家計貯蓄の例でいえば，ある一時点のストックとしての貯蓄残高は過去のフローとしての貯蓄額の累積に等しい。

　フローとストックの違いをよく理解することは重要である。例えば，「経済的豊かさ」という問題を考える場合，いくら経済成長率が高くても良質の住宅や社会的共通資本などのストックが十分に蓄積されていなければ，「経済的な豊かさ」を実感することはできない。これに対して，経済成長率が低くてもストックが充実した経済では，比較的豊かな実感をもつことができる。

◇◆［ベーシック用語］◇◆◇◆◇◆◇◆◇◆◇◆◇◆◇◆◇◆◇◆◇◆◇◆
新古典派経済学　　ケインズ理論　　国民経済計算　　最終生産物　　中間生産物
産業連関表　　付加価値　　国内総生産　　国内総所得　　国内総支出　　三面等価の原則　　固定資本減耗　　総（グロス）概念　　純（ネット）概念　　市場価格表示
要素費用表示　　国内概念　　国民概念　　貯蓄投資差　　フローストック
◆◇◆◇◆◇◆◇◆◇◆◇◆◇◆◇◆◇◆◇◆◇◆◇◆◇◆◇◆◇◆◇◆◇

──〈演習問題〉────────────────────────

問1　次の表は，産業連関表の数値例である。電気機械の付加価値，輸送機械の付加価値，化学産業の付加価値，国内総生産の数値として正しいものはどれか。

産業	中間需要 電気機械	中間需要 輸送機械	中間需要 化学製品	最終需要	生産額（売上高）
中間投入 電気機械	0	80	40	100	220
中間投入 輸送機械	50	0	20	200	270
中間投入 化学製品	30	40	0	150	220

(a) 140, 150, 160, 450　　(b) 120, 180, 130, 400
(c) 80, 120, 60, 710　　(d) 100, 200, 150, 500

(e) 120, 70, 70, 300

〈正解〉

(a) 140, 150, 160, 450。付加価値とは産業の生産額から中間投入を控除したもので，雇用者所得や営業余剰などに分配される。電気機械の生産額は220，電気機械が輸送機器から購入した中間財は50，化学製品から購入した中間財は30なので，電気機械の付加価値は140となる。同様に，輸送機械の付加価値は270から80と40を引いた150，化学製品の付加価値は220から40と20を引いた160となる。国内総生産は付加価値の合計であると同時に最終需要の合計でもあるので，450となる。

問2　ある国の経済において，国民経済計算の数値が次のように与えられていたとき，国内総生産と国民所得の大きさの組み合わせとして正しいものはどれか。

民間最終消費＝300，民間投資＝180，政府支出＝200，輸出＝50，輸入＝40，
固定資本減耗＝100，生産・輸入品に課される税＝60，補助金＝30
海外からの要素所得の純受取＝5

(a) 690, 560　(b) 480, 590　(c) 690, 565　(d) 750, 565
(e) 580, 480

〈正解〉

(c) 690, 565。国内総生産と国内総支出は一致する。国内総支出は，民間最終消費，民間投資，政府支出，純輸出（輸出－輸入）の合計となるので690。国民所得は，国内総生産（所得）から固定資本減耗，生産・輸入品に課される税を控除し，補助金と海外からの要素所得の純受取を加えたものなので565となる。

問3　GDP（国内総生産）に関する記述のうち，妥当なものはどれか。

(a) GDPは産業の売上高を合計したものである。例えば，農家がリンゴを生産して2億円で食品加工会社に販売して，食品加工会社がそれを原料としてリンゴジュースを製造し，消費者に4億円で販売したとすれば，これらの取引でGDPは6億円となる。

(b) 国内総生産は，国内で生産された最終財の量を金額表示したものであるが，それは同時に付加価値の合計を意味するので，国内の所得の大きさを表示したものでもある。国内の所得の大きさを表す時には，GDPはGDI（国内総所得）と言われる。

(c) 国内総生産は，生産された最終財の量を金額表示したものなので，生産活動にともなって資本設備が減耗していく部分，すなわち固定資本減耗は国内総生産の

中には含まれていない。
(d) 国内総生産と国内総支出を比べると，国内総生産の方が海外からの要素所得の純受取（プラス）の分だけ大きい。

〈正解〉

(b)。(a)について，GDPは売上高の合計ではなく，各産業の売上高から原料などの中間財を控除した付加価値の合計なので(a)は誤り。(c)について，国内総生産には固定資本減が含まれているので(c)は誤り。国内総生産から固定資本減耗を控除したものは国内純生産といわれる。(d)について，国内総生産と国内総支出は必ず一致するので誤り。国民所得は，国内所得より海外からの要素所得の純受取（プラス）の分だけ大きい。(b)について，国内総生産は最終財の合計であり，なおかつ，だれかの所得として分配される付加価値の合計でもあるので，国内の所得大きさを表示した統計でもある。

第5章 国内総生産の決定

5.1 数量調整による総需要と総供給の均等化

ここでは，物価の変化しない経済（固定価格体系）における均衡国内総生産（均衡 GDP）の決定要因について解説する。

5.1.1 総供給と総需要の事前的不一致

第4章でみたように，国内総生産（GDP）は経済全体の最終財の生産量を金額表示したものと考えることができた。また，国内総生産は付加価値の合計なので，同時に経済全体の総所得を表していた。

一定期間に生産された財・サービスがすべて過不足なく経済主体によって購入されれば，総需要と総供給は一致することになるが，現実経済ではそれが一致する必然性はまったくない。国民経済計算において国内総生産（GDP）と国内総支出（GDE）が常に一致したのは，民間投資や政府支出の中に在庫品の純増が含まれていたからであった。

総供給は，一国経済における各企業がそれぞれの生産計画に基づいて決定しているのであり，総需要は，家計に代表される経済主体が自らの計画に基づいて決定している。個々の企業は年間の生産量を市場調査や将来予測に基づいて，いわば独自に決定しており，経済全体の総供給と需要が一致するように配慮して決定しているわけではない。一方，家計も自らの消費計画に基づいて年間所得のいくらを消費に充て，いくらを貯蓄に充てるかを決定しているのであって，経済全体の均衡を意識して行動しているわけではない。

自由主義経済において，生産（総供給）を決定している経済主体と支出（総需要）を決定している経済主体が，それぞれ独立に意志決定を行っているかぎり，

事前に総供給と総需要が一致するのは偶然でしかない。しかし，マクロ経済には総供給と総需要を事後的に一致させるメカニズムが内包されている。以下では，この調整メカニズムを解説することにしよう。

ある経済において，年間の生産量を決定する企業と，生産物を消費する経済主体である家計が存在すると仮定する。各企業はある年の始めに1年間の生産計画を立案すると考え，その生産計画の合計が一国全体の付加価値ベースで400兆円であったとしよう。計画が実行されれば，年間で400兆円分の最終財が生産されることになる。また，この年には400兆円の付加価値，すなわち総所得が発生する。家計は年間所得の水準に関わらず，つねに300兆円の消費支出を行うと仮定する。生産計画が実行され，所得が発生し，消費が実行された結果，その年の終わりに経済全体では100兆円に相当する在庫品の純増（供給超過）が発生するであろう。なぜなら，この経済では1年間に400兆円分の財・サービスが生産されたにも関わらず，消費という形で購入されたのは300兆円にすぎないからである。このような売れ残りは個々の企業にとって，意図せざる在庫品の増加にほかならない。

ところで，意図せざる在庫品の増加に直面した個々の企業は，次の年の生産計画をどのように変更するのであろうか。企業の行動として，ある年に財・サービスを生産しすぎた場合には，翌年は生産を縮小させ，逆に生産が不足した場合には，翌年は生産を拡大すると考えられる。このように，個別企業による生産量の調整を通じて，市場経済では総需要と総供給の一致が実現されていくと考えられるのである。

5.1.2 消費関数

これまでの議論をもう少し体系的に検討してみよう。ここでは政府部門と海外部門が存在しない最も単純な経済を考える。第4章でみたように，国内総支出をEと表せば，以下の式が成立する。

$$E = C + I \tag{5-1}$$

Cは消費（民間最終消費支出），Iは投資（民間投資）を意味する。ここで，在庫の純増は投資Iに含まれていないので，国内総生産Yと国内総支出Eは事前的には一致しないことに注意しよう。例えば，生産された財・サービスが売れ残り，供給超過が発生する場合には，以下のようになる。

$$Y > E \tag{5-2}$$

逆に，財・サービスが不足し，需要超過が発生すると，以下のようになる。

$$Y < E \tag{5-3}$$

(5-2)式のような供給超過の場合には，個々の企業には意図せざる在庫の増加が生じ，(5-3)式のような需要超過の場合には，意図せざる在庫の減少が生じる。

次に，国内総生産の支出項目の決定要因を検討しよう。さしあたり，投資は生産や所得の水準に関わらず常に一定と仮定する。

消費 C は，所得の水準が高いほど増加すると考えられる。このような家計の消費行動を関数の形で表したものを消費関数という。例えば，消費が所得に依存して決まるという行動は次の式で表される。

$$C = a + bY \tag{5-4}$$

(5-4)式は消費 C と所得 Y の関係を単純な1次式で表したものである。所得項の係数 b は限界消費性向と呼ばれ，所得が1単位増加した場合に消費がどれだけ増加するかを示す係数である。一般に b は1より小さい正の数でなくてはならない。このことの経済的意味を考えるために，次のような数値例を考えてみよう。

$$C = 10 + 0.8Y \tag{5-5}$$

(5-5)式において，所得 Y の水準が決まれば消費 C の金額が決まる。図5.1は

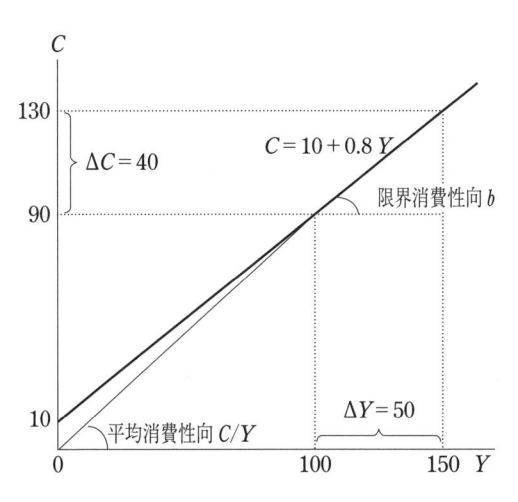

図 5.1　消費関数

(5-5)式で表される消費関数をグラフにしたものである。例えば，所得が100のとき(5-5)式から消費は90となり，所得が150のとき消費は130となる。図5.1の ΔY と ΔC はそれぞれ所得の増加分と消費の増加分を表している。たとえば，所得が100から150に増えたとき，所得の増加分 ΔY は50，これに対応して消費は90から130に増加するので消費の増加分 ΔC は40となる。所得の増加分で消費の増加分を割った $\Delta C/\Delta Y$ は0.8となり，これは限界消費性向 $b(=0.8)$ に一致する。

5.1.3 限界消費性向と限界貯蓄性向

限界消費性向とは，先に述べたように所得が一単位増加したとき，どれだけ消費が増加するかを表す係数である。例えば，家計の所得が100から150へ増加したとしよう。この場合，平均的な家計は増加した所得50をすべて消費に回さず，一部は貯蓄するであろう。図5.1の数値例では，限界消費性向が0.8なので，家計は増加した50の所得のうち80%を消費し，残りの20%を貯蓄することになる。つまり40を消費の増加に充て，10を貯蓄の増加に充てる。

一方，様々な所得水準でそれに対応する消費を割った数値を平均消費性向と呼び，以下のように表す。

$$平均消費性向 = C/Y$$

(5-5)式の消費関数には定数項10があるので，平均消費性向は所得の増加とともに低下していく。例えば，先の図5.1で所得が100のとき平均消費性向は0.9 ($=90/100$) であるが，所得が150になると平均消費性向は0.867 ($=130/150$) へ低下する。

所得の絶対水準の増加に伴って平均消費性向が低下するので，(5-5)式で表される消費関数は，所得水準が高い人ほどより多くの割合を貯蓄に回すという現実の人々の消費・貯蓄行動と整合的となる。

消費関数が(5-4)式のように与えられると，貯蓄関数が容易に導出される。政府部門を捨象した単純な経済では，貯蓄 S は所得から消費を引いたものとなる。消費は所得によって決まるので，貯蓄も所得の関数となり，以下の式が成立する。

$$S = Y - (a + bY) = (1-b)Y - a = sY - a \qquad (5\text{-}6)$$

(5-6)式は貯蓄関数と呼ばれる。また，$(1-b) = s$ でこれは限界貯蓄性向と呼ば

れる。限界貯蓄性向は1から限界消費性向を引いたものであり，1単位の所得の増加がどれだけ貯蓄を増加させるかを表す係数である。

消費関数の場合と同様に，平均貯蓄性向 S/Y も定義することができる。ただし，平均貯蓄性向は所得の上昇に伴って上昇する。また，(5-5) 式の数値例を使えば，貯蓄関数は以下のように表すことができる。

$$S = 0.2Y - 10 \tag{5-7}$$

5.2 均衡 GDP の導出

在庫品の純増を含まない国内総支出（GDE）が(5-1)式のように表され，消費関数が(5-5)式のように表されるとき，総需要と総供給を一致させる GDP はどのように決定されるのであろうか。ここで，投資 I の水準は所得や生産の水準に関わらず常に一定で 50 兆円と仮定する。

5.2.1 均衡 GDP の決定

表 5.1 は GDP の決定を表した数値例である。ある年に 450 兆円の生産が行われたとすると，同時に 450 兆円の総所得が発生し，(5-5)式の消費関数から消費 C の金額は 370 兆円となる。これに投資 I の 50 兆円を加えると，総支出 E は 420 兆円となる。総生産 Y が 450 兆円で総支出 E が 420 兆円であるから，この経済には 30 兆円に相当する意図せざる在庫品の増加（供給超過 $Y-E$）が生じ，翌年から総生産は減少していくであろう。

ある年の総生産 Y が 150 兆円であったらどうであろうか。総所得も 150 兆円であるから，消費 C は 130 兆円となり，これに投資 I の 50 兆円を加えると総支

表 5.1 均衡国内総生産の決定

Y	C	I	E	$Y-E$	S	$S-I$
150	130	50	180	-30	20	-30
250	210	50	260	-10	40	-10
300	250	50	300	0	50	0
350	290	50	340	10	60	10
450	370	50	420	30	80	30

出 E は 180 兆円となり，今度は 30 兆円に相当する意図せざる在庫品の減少（需要超過 $Y-E$）が生じる。したがって，翌年から総生産は増加していくであろう。

このような意図せざる在庫品の変動による生産調整が行われ，その結果，事後的には総生産 Y は 300 兆円に決定されると考えられる。総生産 Y が 300 兆円のとき，消費 C は 250 兆円，投資 I は 50 兆円なので，総支出 E は 300 兆円となる。

総生産 Y と総支出 E が一致する結果，計画された生産はすべて支出され，総需要と総供給が一致するので（$Y=E$），意図せざる在庫品の変動は起こらない。総需要と総供給が一致した国内総生産（GDP）の水準（数値例では 300 兆円）は，均衡 GDP と呼ばれる。

5.2.2 貯蓄と投資の一致

ところで，表 5.1 の数値例には (5-7) 式から計算された貯蓄 S の金額が記入されている。また，貯蓄投資差（$S-I$）も計算されている。この表をみると超過需要・供給を表す（$Y-E$）と，貯蓄投資差（$S-I$）の大きさがちょうど一致していることがわかる。例えば，総生産 Y が 350 兆円のとき，超過需要・供給（$Y-E$）は 10 兆円となっており，貯蓄投資差（$S-I$）もちょうど 10 兆円になっている。これは，貯蓄とは経済全体でみた場合，家計が消費しなかった部分なので，貯蓄が投資を上回る部分は供給超過に等しくなるからである。

図 5.2 には，貯蓄関数と投資の水準がグラフ化してある。(5-7) 式から貯蓄 S

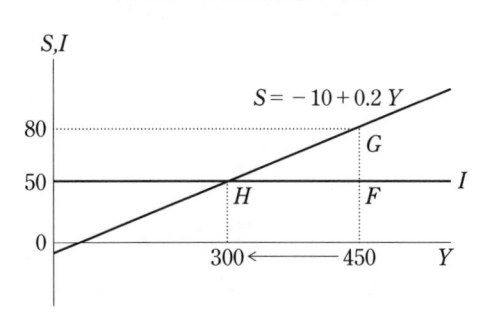

図 5.2 貯蓄と投資の均衡

は所得 Y の増加関数なので右上がりの直線として表される。一方，投資 I は 50 兆円で常に一定なので，横軸に平行な直線として表される。

ある年に総生産が 450 兆円であったとすると，その時の貯蓄 S は 80 兆円となるが投資 I は 50 兆円なので，G 点から F 点の距離の大きさで表される意図せざる在庫品の増加（供給超過）が発生し，翌年から生産は減少する。こうした数量調整の結果，均衡 GDP は H 点で実現する。H 点では投資 I と貯蓄 S が一致しており，総生産と総支出が一致する。

5.2.3 貯蓄のパラドックス

先にみたように，貯蓄 S と投資 I が一致したところで均衡 GDP が成立した。いま，各個人の貯蓄意欲が増大し，同じ所得の水準でもより多くの貯蓄を行うようになったと仮定しよう。個人の貯蓄意欲が増大したので当然経済全体でも貯蓄が増加するように思われるが，マクロ経済の均衡を考えると，必ずしも経済全体の貯蓄が増加するとは限らない。

図 5.3 にみるように，個人の貯蓄意欲が増大すると，貯蓄関数は S から S' へと上方にシフトする。所得が Y_1 のとき貯蓄額は経済全体で Y_1 から A の大きさに等しいが，個人の貯蓄意欲が増大することにより同じ所得の水準でも Y_1 から B の大きさの貯蓄が行われる。

しかし，貯蓄が増大しても投資が以前と同じ水準であれば A から B の大きさに相当する貯蓄超過，すなわち供給超過が発生し，均衡 GDP は Y_1 から Y_2 へ低下してしまう。その結果，所得の減少に伴って貯蓄も減少し，経済全体の貯蓄額

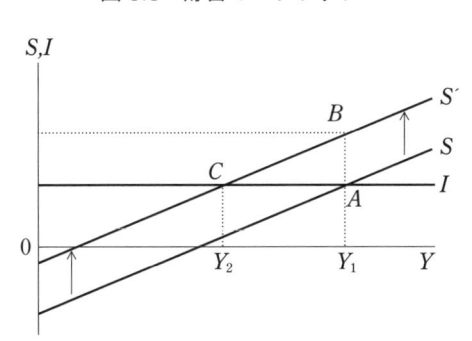

図 5.3 貯蓄のパラドックス

は以前と変わらず Y_2 から C の大きさとなる。このことは，個々人の貯蓄意欲が増大したとしても，マクロ経済の需給調整の結果，経済全体の貯蓄額はまったく増大しないということを意味している。

投資が GDP と正の相関をもつ「誘発投資」の場合では，限界貯蓄性向より限界投資性向が低いとき，貯蓄関数の上方シフトはむしろ経済全体の貯蓄額を減少させる結果となる。これを「貯蓄のパラドックス」という。これは，個々人の行動を人数倍すれば，経済全体で起こることが予測できるとは限らないという「合成の誤謬」の一例である。

5.2.4 政府部門と海外部門を含む一般的な場合

政府部門と海外部門を含む一般的な場合には，国内総支出 E は，以下のように表される。

$$E = C + I + G + EX - IM \tag{5-8}$$

ここで，G は政府支出，EX は輸出，IM は輸入を意味する。支出を決定する要因が総生産・所得 Y 以外であると考えられる支出項目は，一般に自律的支出と呼ばれる。(5-8)式の各支出項目において，さしあたり，投資 I，政府支出 G，輸出 EX を自律的支出とみなすことにしよう。投資 I の決定要因については，後にあらためて検討するが，政府支出 G は政策的に決定されるものであり，輸出 EX は海外の景気動向に左右され，いずれの支出項目もとりあえず総生産・所得 Y とは独立に決定されると考えられる。なお，政府支出 G はそれが政策的に決定されることから，裁量的支出と呼ばれることがある。

先にみたように，消費 C は所得 Y に依存する支出項目であるが，政府部門が存在しているので租税を T として消費関数を次のように変更する。

$$C = a + b(Y - T) \tag{5-9}$$

(5-9)式の $(Y-T)$ は，所得から租税を控除したものであり，可処分所得と呼ばれる。政府部門が存在する場合には，消費を決定するのは所得ではなく可処分所得となる。

また，輸入 IM も所得 Y に依存すると考えられる。国内の生産活動が活発になり，所得が増加すると輸入が増加すると考えられるからである。そこで，次のような輸入関数を設定しよう。

$$IM = m_o + mY \tag{5-10}$$

(5-10)式の見方は消費関数とまったく同じであり，m は限界輸入性向と呼ばれる。これは，所得 Y が1単位増加したとき，どれだけ輸入 IM が増加するかを表す係数である。

政府部門と海外部門を含んだモデルの場合，均衡 GDP はどのように決定されるのであろうか。均衡 GDP は，総生産 Y と総支出 E が一致するように決定される。(5-9)式の消費関数と(5-10)式の輸入関数を(5-8)式に代入すれば，総支出 E は以下のようになる。

$$E = a + b(Y-T) + I + G + EX - m_0 - mY \tag{5-11}$$

$Y=E$ の均衡条件から，均衡 GDP は，以下の式のように計算される。

$$Y = \frac{a - m_0 - bT + I + G + EX}{1 - b + m} \tag{5-12}$$

5.2.5 政府支出乗数と減税乗数

ここでは，裁量的な支出項目である政府支出を増加されたり，減税が行われたりした場合，均衡 GDP にどのような影響があるのかを検討しよう。ただし，単純化のため海外部門は存在しない封鎖経済を考える。

政府支出の増加や減税は，財政政策の主要な手段である。一般に政府支出の増大はその数倍の均衡 GDP の増加をもたらし，その際の倍数は政府支出乗数と呼ばれる。また，減税の場合も減税分の数倍の均衡 GDP の増加をもたらし，その際の倍数は減税乗数と呼ばれる。まず，政府支出乗数を，表 5.2 を用いて解説しよう。

いま仮に，10兆円の公共投資が追加されたとしよう。この政府支出 G の増加

表 5.2　政府支出乗数

	所得増加		消費増加	
第1段階	10.00	ΔG	8.000	$\Delta G \times b$
第2段階	8.00	$\Delta G \times b$	6.400	$\Delta G \times b^2$
第3段階	6.40	$\Delta G \times b^2$	5.120	$\Delta G \times b^3$
第4段階	5.12	$\Delta G \times b^3$	4.096	$\Delta G \times b^4$
・	・	・	・	・
・	・	・	・	・
合計	50	$\Delta G/(1-b)$	40	$(\Delta G \times b)/(1-b)$

分を記号で ΔG と表す。例えば，10兆円（ΔG）分の政府支出の増大は，まず第1段階で公共事業に従事した人々の所得の増加となり，限界消費性向が $0.8=b$ だとすれば，消費 C が8兆円（$\Delta G \times b$）分だけ増加する。第2段階では，この8兆円の消費増加もまた誰かの所得増となるので，さらに消費が6.4兆円（$\Delta G \times b \times b$）分増加する。こうした過程が無限に継続する結果，最終的な所得の増加分の合計 ΔY は，以下のように表される。

$$\Delta Y = \Delta G + b\Delta G + b^2 \Delta G + b^3 \Delta G + \cdots = \frac{\Delta G}{1-b} \tag{5-13}$$

(5-13)式の右辺は公比が b，初項が ΔG の無限等比数列であるから，その合計は $\Delta G/(1-b)$ となる。したがって，10兆円の政府支出の増加は最終的に50兆円の所得の増加をもたらし，この場合の乗数は5（$=1/(1-0.8)$）となる。

次に10兆円の減税が行われた場合の乗数を，表5.3を用いて検討してみよう。

表5.3　減税乗数

	所得増加		消費増加	
第1段階	—	—	8.000	$\Delta T \times b$
第2段階	8.00	$\Delta T \times b$	6.400	$\Delta T \times b^2$
第3段階	6.40	$\Delta T \times b^2$	5.120	$\Delta T \times b^3$
第4段階	5.12	$\Delta T \times b^3$	4.096	$\Delta T \times b^4$
⋮	⋮	⋮	⋮	⋮
合計	40	$(\Delta T \times b)/(1-b)$	40	$(\Delta T \times b)/(1-b)$

10兆円（ΔT）の減税が行われると，まず第1段階で家計の可処分所得が10兆円だけ増加し，限界消費性向が0.8なので8兆円の消費の増加が起こる。政府支出の増大の場合と同じように，この消費増加は誰かの所得増となり，第2段階ではさらに消費が6.4兆円増加する。こうした過程が無限に続く結果，最終的な所得の増加分 ΔY は，以下のように表される。

$$\Delta Y = b\Delta T + b^2 \Delta T + b^3 \Delta T + \cdots = \frac{b\Delta T}{1-b} \tag{5-14}$$

減税乗数は第1段階で所得増加が起こらないため，政府支出乗数よりも小さくなる。したがって，10兆円の減税を行っても，限界消費性向が0.8なら，所得は40兆円（$0.8 \times 10/0.2$）しか増加しない。また，減税乗数は $b/(1-b)$ であり，限

界消費性向が 0.8 なら 4（= 0.8/(1 − 0.8)）となる。

ところで，政府支出の増加（ΔG）と同じ額の増税（$-\Delta T$）が行われた場合，均衡 GDP はどのように変化するのであろうか。ここでは増税を考えているので所得の減少は，$-b\Delta T/(1-b)$ となる。また政府支出を増加させた場合の所得の増加は，$\Delta G/(1-b)$ となる。増税による所得減少効果と政府支出拡大による総所得増加効果を加えて，総合的な所得への効果をみると，以下のようになる。

$$\Delta Y = -\frac{b\Delta T}{(1-b)} + \frac{\Delta G}{(1-b)} = \Delta G \tag{5-15}$$

(5-15)式は，政府支出の増加と増税が同じ金額の場合，その1倍の所得の増加が起こることを示している。すなわち，乗数は1であり，この乗数は均衡財政乗数と呼ばれる。

5.3 投資の決定

これまでの GDP の決定理論では，投資は自律的に決定される支出項目と考えてきた。ここでは，企業の設備投資がどのような要因によって決定されるのかを考えてみよう。

企業がある投資計画を実行し，設備投資を行うかどうかは，その投資計画が十分に採算のとれるものであるかどうかに依存している。この場合，企業が設備投資のために使った費用よりも，その投資による収益が大きければ投資計画は採算のとれる投資計画となり，実行に移されるだろう。

5.3.1 収益の現在価値

投資計画の採算を判断するうえで注意すべき点は，ひとたび機械設備を設置すれば，長期間にわたって企業に収益がもたらされるということである。したがって，企業はその投資計画の実行により，どれだけの収益がもたらされるかを予想することが必要となる。国内総支出のなかで民間投資支出はもっとも激しい変動を示す支出項目であるが，これは投資行動が企業の将来に関する予測という極めて不安定な要因によって左右されているからに他ならない。

また，将来発生する収益を現在の価値に引き戻して考えることも必要である。

金融市場が発達した現代の経済では，仮に物価が常に一定であったとしても，現時点で発生する収益と将来時点で発生する収益の価値は異なる。

例えば，現時点で発生する100万円の収益と現時点から1年後に発生する100万円の価値を比較してみよう。収益の金額は同じであるが，現時点で発生する100万円の方が，1年後に発生する100万円よりも価値は大きい。なぜならば，金融市場で金利が10%とすれば，現時点で発生する収益は1年後に110万円の価値をもっているからである。このことを逆に考えれば，1年後に発生する100万円の収益の現時点での価値は90.9万円でしかない。90.9万円を1年間10%の金利で運用すれば，ちょうど1年後に100万円となるからである。

金利が10%で，1年後に発生する収益の現時点での価値90.9万円（＝100/1.1）は，1年後に発生する収益100万円の現在価値と呼ばれる。同様に，2年後に発生する収益100万円の現在価値は，およそ82.6万円（＝100/(1.1×1.1)）となる。

一般にt年後に発生する収益をR_t，市場金利をiとすれば，現在価値PV_tは，以下のように表される。

$$PV_t = \frac{R_t}{(1+i)^t} \tag{5-16}$$

5.3.2 投資計画の採算性

いま，企業がある投資計画の実行を検討しているものとしよう。この投資を実行するための現時点での費用をC，この投資から得られると予想される毎年の収益をRと表すことにする。単純化のため，機械設備は減耗することなく，この投資計画から得られる収益は永遠に一定と仮定する。収益Rは将来にわたって永遠に発生するので，投資計画の採算性を判断するためには，収益の現在価値の合計Vを計算しなければならない。収益の現在価値の合計は，以下のように表される。

$$V = \frac{R}{(1+i)} + \frac{R}{(1+i)^2} + \frac{R}{(1+i)^3} + \cdots \tag{5-17}$$

(5-17)式は，初項が$R/(1+i)$，公比が$1/(1+i)$の無限等比数列になっているので，次のように書き換えることができる。

$$V = \frac{R}{i} \tag{5-18}$$

(5-18)式で表される投資収益の現在価値の合計 V が投資費用 C を上回っているとき，その投資計画は採算のとれるものとなって実行され，逆に C が V を上回っているとき，採算はとれずに投資計画は実行されない．

5.3.3 投資の限界効率

投資の限界効率とは，収益の現在価値の合計 V と投資費用 C を等しくする割引率を意味する．限界効率を ρ とすれば，

$$C = \frac{R}{\rho}$$

と定義される．(5-20)式との比較から明らかなように，V が C を上回っているときは，限界効率 ρ は市場利子率 i より大きく，逆に C が V を上回っているときには，市場利子率 i は限界効率 ρ よりも大きい．これをまとめると次のようになる．

$$\begin{aligned} &V > C \text{ のとき } \rho > i \\ &V = C \text{ のとき } \rho = i \\ &V < C \text{ のとき } \rho < i \end{aligned} \tag{5-19}$$

このように，投資計画の採算性は限界効率 ρ と市場利子率 i の比較によっても判断されることになる．

次に，市場利子率の低下が投資の採算性を高め，投資を増大させることを簡単な数値例を用いて説明しよう．いま，表5.4のような3種類の投資計画が存在すると仮定しよう．投資計画 A は，最も高い収益が期待される投資計画であり，投資費用も一番高い．投資計画 C は最も低い収益しか期待されないが，投資費

表5.4 投資の収益と費用

	投資計画 A	投資計画 B	投資計画 C
毎年の収益 R	500万円	300万円	100万円
投資費用 C	4000万円	3500万円	1500万円
現在価値の合計 V ($i=10\%$)	5000万円	3000万円	1000万円
現在価値の合計 V ($i=5\%$)	1億円	6000万円	2000万円
限界効率 ρ	12.5%	8.6%	6.7%

用は一番安い．

　市場利子率が10%のとき，投資計画Aの収益の現在価値の合計Vは5,000万円となり，投資費用4,000万円を上回っているので，この投資計画は実行されるだろう．投資計画Bの収益の現在価値の合計は3,000万円，投資費用は3,500万円なので，この投資計画は実行されない．同様に投資計画Cも採算のとれる投資計画ではない．

　市場利子率が5%となると，それぞれ投資計画の収益の現在価値の合計は，1億円，6,000万円，2,000万円となり，全ての投資計画が採算のとれるものとなる．

　また，投資計画の採算性は，市場利子率と限界効率を比較することで直接評価することもできる．

　このように，市場利子率が低下すると限界効率の低い投資計画も採算がとれるようになり，投資が増大すると考えられる．図5.4(a)は市場利子率と投資の関係を先の数値例に基づきグラフにしたものである．このグラフは一般に投資の限界効率表と呼ばれている．実際の経済では，投資計画は非常にたくさんあるので，投資の限界効率表は図5.4(b)のように滑らかな右下がりの線で表すことができる．

図5.4　投資の限界効率表

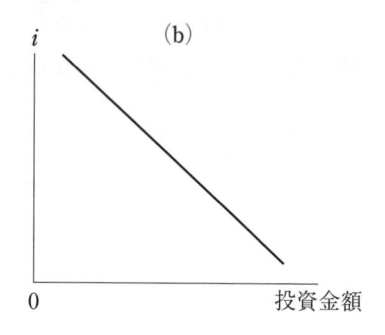

5.3.4　加速度原理とストック調整原理

　5.3.3でみた投資の限界効率理論以外にも，投資決定の理論には加速度原理やストック調整原理がある．限界効率理論では，投資は利子率によって決定される

と考えられていたが，加速原理では，投資は GDP の変化分によって決定されると考える。一般に GDP（Y）と資本ストック（K）の間には，

$$Y = vK \tag{5-20}$$

という関係が成立すると考えられる。(5-20)式は，資本ストックが大きい経済ほど，多くの GDP を生産することができることを意味している。ここで，v は産出係数と呼ばれ，資本ストック 1 単位当たりが生み出すことのできる GDP の大きさを表している。(5-20)式の両辺に差分をとれば，

$$\Delta Y = v \Delta K \tag{5-21}$$

となるが，資本ストックの増加分 ΔK は投資 I に等しいので，(5-21)式は次のように書き改められる。

$$I = \frac{1}{v} \Delta Y \tag{5-22}$$

(5-22)式は，投資が GDP の増加分に依存していることを示しており，GDP の増加分が大きいほど投資の金額も大きくなる。

ストック調整原理は，投資には調整費用がかかるので，企業が望ましいと考える資本ストックの水準が常に実現されるとは限らないと考える。そして，望ましい資本ストックと現実の資本ストックが乖離しているほど，投資が増加すると考える。いま，企業が望ましいと考える資本ストックを K^*，現実の資本ストックを K と書けば，ストック調整原理による投資決定は，

$$I = \lambda(K^* - K) \tag{5-23}$$

のように表される。ここで，λ は「伸縮的加速子」と言われ，$0 < \lambda < 1$ という条件を満たす。伸縮的加速子は，望ましい資本ストックと現実の資本ストックの差のうち投資として実現される割合を表している。

望ましい資本ストックは，企業が予想する将来の GDP の大きさに依存すると考えられている。すなわち，企業が強気の予想を形成し，将来の GDP の増大が大きいと考えるときには望ましい資本ストックが増大し，それを実現するように投資が行われる。加速度原理では，投資は現実の GDP の増加分に依存していたが，ストック調整原理では企業が予想する将来の GDP が投資を決定する主要な要因となっている。

◈◈ ［ベーシック用語］ ◆◇◆◇◆◇◆◇◆◇◆◇◆◇◆◇◆◇◆◇◆◇

総需要　　総供給　　供給超過　　需要超過　　意図せざる在庫変動　　消費関数

118　第Ⅱ部　マクロ経済学編

限界消費性向　平均消費性向　貯蓄関数　限界貯蓄性向　均衡GDP　貯蓄のパラドックス　可処分所得　限界輸入性向　政府支出乗数　減税乗数　均衡財政乗数　現在価値　投資の限界効率　加速度原理　ストック調整原理

――〈演習問題〉――

問1　国内総支出が，民間最終消費，民間投資，政府支出からなる経済において，政府が2兆円の増税と3兆円の財政支出の増加を同時に行った場合，国内総生産の増加額はいくらになるか。ただし，限界消費性向は0.8とし，民間投資は一定で，租税は定額税とする。
(a)　15兆円，　(b)　8兆円，　(c)　23兆円，　(d)　4兆円，
(e)　7兆円

〈正解〉

(e) 7兆円。国内総支出を E，民間最終消費を C，民間投資を I，政府支出を G, とすれば，国内総支出は，

$$E = C + I + G$$

と表される。租税は定額税が仮定されており，限界消費性向は0.8が仮定されているので，消費関数は，

$$C = a + 0.8(Y - T)$$

と表される。ここで，Y は国内総生産（＝国内総所得），T は租税を意味する。均衡において，国内総生産 Y と国内総支出 E は一致するので，均衡国内総生産は，

$$Y = \frac{1}{1 - 0.8}(a - 0.8T + I + G)$$

となる。T と G に関して，両辺に差分をとれば，

$$\Delta Y = -4\Delta T$$
$$\Delta Y = 5\Delta G$$

となる。したがって，1兆円の増税は国内総生産を4兆円減少させ，政府支出1兆円の増加は国内総生産を5兆円増加させる。2兆円の増税を行えば，国内総生産は8兆円減少するが，同時に3兆円政府支出を増加させれば，国内総生産は15兆円増加するので，最終的に国内総生産は7兆円（＝15兆円−8兆円）増加する。

問2　ある国のマクロ経済が次のように与えられているとする。
国内総生産 $Y = C + I + G$，消費関数 $C = 10 + 0.8Y$，今期の投資 $I = 100$，今期の政府支出 $G = 90$。
この経済において，来期の国内総生産を今期より10％増加させるためには，来期

の政府支出をいくら増加させればよいか。
(a) 30　(b) 10　(c) 40　(d) 25　(e) 20

〈正解〉
(e) 25。今期の均衡国内総生産は，消費関数と今期の投資および今期の政府支出より，
$$Y = 10 + 0.8Y + 100 + 90$$
$$Y = 1000$$
と計算される。来期の国内総生産を今期より10%増加させるには，来期の国内総生産が1,100でなければならず，100だけ国内総生産を増加させなければならない。限界消費性向が0.8なので政府支出乗数は5。したがって，100だけ国内総生産を増加させるためには，政府支出を20増加させればよい。

[問3] 政府部門と海外部門が存在しないマクロ経済を考える。貯蓄関数がGDPの関数として $S = 100 + 0.1Y$ と表され，民間投資が200であった。GDPが1200のときに発生する供給超過の大きさと，均衡GDPの大きさの組み合わせとして正しいものはどれか。
(a) 40，1,100　(b) 20，1,000　(c) 10，1,200　(d) 40，1,200
(e) 20，1,200

〈正解〉
(b) 20，1,000。政府部門と海外部門の存在しないマクロ経済において，投資を上回る貯蓄は供給超過を意味する。したがって，GDPが1,200のとき，貯蓄関数からマクロ経済の貯蓄は220，投資は200なので貯蓄超過＝供給超過は20となる。均衡GDPは投資と貯蓄が均衡するとき成立するので，$200 = 100 + 0.1Y$より，1,000となる。

第6章 経済成長

6.1 経済成長率

第5章では，短期的な経済活動の調整がどのように行われるのかを概観した。この章ではより長期の問題として，経済活動が毎年拡大していく原因とそのメカニズムを中心に解説していく。

6.1.1 経済成長率を計算する意味

経済活動の毎年の変動（拡大や縮小）は，経済成長率を計算することによって観察されている。第4章の4.5.3でもみたように，経済成長率とは，実質国内総生産（実質GDP）の前期から今期にかけての増減分が，前期の実質GDPの規模に対してどれくらいの比率を占めているかを計算したものである。経済成長率は，しばしば景気の良し悪しを判断する指標として注目されている。景気の良し悪しを判断するためには，前期から今期にかけて実質GDPがどれだけ増えたか，あるいは減ったかをみればよいように思われるかもしれない。しかし，実質GDPの増減は，われわれの景況感（経済活動の規模が拡大したという実感）を適切に反映する指表とはいえない。表6.1はそのことを示した仮説例である。

表6.1 経済成長率の計算の意味（仮説例）

実質GDP		実質GDP	
1969年	200兆円	1989年	400兆円
1970年	205兆円	1990年	405兆円
増　減	5兆円	増　減	5兆円
成長率	2.50%	成長率	1.25%

例えば，実質 GDP が 1969 年には 200 兆円，1970 年には 205 兆円に増加したとしよう。また，実質 GDP が 1989 年には 400 兆円，1990 年には 405 兆円に増加したとしよう。1970 年にも 1990 年にも実質 GDP はそれぞれ 5 兆円増加しているから，景況感も同じと考えられるかもしれない。しかし，1969 年の経済活動の規模は 1989 年の半分にすぎず，同じ 5 兆円の経済規模の拡大でも，出発点の経済活動の規模が小さいだけに，経済規模が拡大したという人々の実感はより強いはずである。逆に，1989 年の経済活動の規模は 1969 年の 2 倍となっているので，同じ 5 兆円の経済規模の拡大でも，出発点の経済活動の規模が大きいだけに，経済活動の規模が拡大したという人々の実感は相対的に弱いはずである。

出発点（1969 年や 1989 年）の経済規模の違いが，こうした景況感の違いをもたらしている要因であるなら，実質 GDP の増加分を出発点の経済規模で割ることによって，人々の実感に合致した指標を作成することができる。1970 年の実質 GDP の成長率は 2.5%（＝5×100/200），1990 年の実質 GDP の成長率は 1.25%（＝5×100/400）となり，1970 年のほうが景況感はよいということができる。

6.1.2 人口 1 人当りの経済成長率

経済成長率は，年々の経済活動の拡大テンポを意味している。拡大テンポが早ければ，短い期間で経済の規模が拡大する。例えば，日本の高度経済成長期と呼ばれる期間（1955〜1971 年）の経済成長率はおよそ 10% であったが，いまから 10% で経済が拡大していけば，現在の経済規模は 7 年 4 ヵ月で 2 倍になる。一方，1990 年代の経済成長率はおよそ 2% であったが，2% の経済成長率だと現在の経済規模が 2 倍になるのに 35 年もかかる。

一国の経済的豊かさは，GDP の規模ではなく，人口 1 人当りの GDP の大きさで測られる。いくら GDP の規模が大きくても人口が多ければ，人口 1 人当りの GDP は小さくなるので，その国は経済的に豊かとは言えない。同じように，経済成長率についても，GDP の成長率ではなく，人口 1 人当りの GDP 成長率が重要となる。人口 1 人当りの GDP 成長率は，GDP を人口で割った数値（GDP/人口）の成長率なので，以下の関係が成立する。

$$人口1人当りのGDP成長率 \fallingdotseq GDP成長率 - 人口成長率 \quad (6\text{-}1)$$

(6-1)式によれば，GDP 成長率と人口成長率が等しければ，人口 1 人当りの GDP 成長率はゼロとなる。また，GDP 成長率よりも人口成長率が高いと，人口

1人当りのGDP成長率はマイナスとなる。

　日本のように成熟した先進国では，しばしば少子化が進行して人口成長率がマイナス（人口の絶対数が減少する）になる。仮に，GDP成長率がマイナスであっても，人口がそれを上回るテンポで減少していけば，人口1人当りのGDP成長率はプラス成長となる。

6.1.3　資本ストックと設備投資の関係

　一国で生産された財がすべて消費されてしまえば，その国は持続的な経済規模の拡大を実現することはできない。生産された財の一部を消費せずに貯蓄し，その部分が投資され資本ストックが蓄積されるからこそ，経済規模は持続的に拡大する。したがって，投資と資本ストックの関係をよく理解することが大切である。

　表6.2は，ソフトウェアを開発している会社の設備投資と資本ストックの関係を示した仮説例である。あるソフトウェア会社が，t年の期首に保有しているコンピュータが100台（資本ストック）であったとしよう。また，t年中に新たに購入されたコンピュータが20台（設備投資）であったとしよう。t年の期首に保有されているコンピュータは，この会社が過去に購入したものであるから，その中には耐用年数を過ぎて使いものにならなくなった機械も存在する。そこで，t年中に使いものにならなくなって破棄されたコンピュータは10台（資本減耗）だったとしよう。

　t年の期首に保有されていたコンピュータが100台，当該期間に新たに購入されたものが20台，当該期間中に破棄されたものが10台であるから，この会社の$t+1$年の期首におけるコンピュータの保有台数は，110台（100＋20－10）とい

表6.2　設備投資と資本ストックの関係

年	資本ストック（コンピュータの保有台数）	設備投資（コンピュータの新規購入）	資本減耗（破棄されるコンピュータの台数）
t	100	20	10
$t+1$	110	31	11
$t+2$	130	43	13
$t+3$	160	45	16

うことになる。$t+1$年中の設備投資が31台，資本減耗が11台とすると，$t+2$年の期首における資本ストックは130台となる。ここで，資本減耗は当該期間の期首に保有されている資本ストックの10%が毎年破棄され，資本減耗となることが想定されている。例えば，$t+2$年の期首の資本ストックは130台であるから，当該期間の資本減耗は13台（130×0.1）となっている。

ここで，t年の期首に保有されている資本ストックをK_t，当該期間中に行われる設備投資をI_t，資本減耗率（破棄される機械÷資本ストック）をδと示すことにすれば，資本ストックと設備投資の関係は，

$$K_{t+1}=K_t+I_t-\delta K_t, \quad K_{t+1}-K_t=I_t-\delta K_t \tag{6-2}$$

と表される。すなわち，資本ストックの増加は，当該期間中の設備投資から資本減耗を控除したものに等しくなる。

6.2 新古典派の成長理論

この説では，経済成長率がどのように決定されるのかを明らかにした代表的な経済理論である「新古典派の成長理論」を学習する。

6.2.1 長期均衡

新古典派の成長理論では，労働単位当たりの生産量や資本装備率の変動が問題にされる。労働をL，資本ストックをK，生産量をYとする。労働単位当たりの資本ストックは，資本装備率と呼ばれる。それを，$k=K/L$と表すことにしよう。また，労働単位当たりの産出量を$y=Y/L$と表すことにしよう。

ある条件のもとで，労働単位当たりの生産量が増加するためには，資本装備率が高まっていく必要がある。資本ストックが増加してもそれと同じだけ労働が増加すると，生産量は拡大しても労働が増加してしまうため，労働単位当たりの生産量は増大しない。したがって，資本装備率kと労働単位当たりの生産量yの間には，次のような関係が成立していると考えられる。

$$y=Ak^\alpha \tag{6-3}$$

ここで，Aとαは任意の定数である。ただし，αは資本の限界生産力を規定する係数で，1より小さい正の数（例えば，0.6）とする。αは正の数なので，資本装

備率の上昇は，労働単位当たり生産量を増加させる。

新古典派の成長理論では，貯蓄と投資が常に一致することが仮定されている。生産量の一定割合が貯蓄され，それは$S=sY$と表される。投資Iと貯蓄Sは一致し，6.1.3でみたように，投資は資本ストックの増加分ΔK（$=K_{t+1}-K_t$）に等しいので，$\Delta K=sY$が成立する。経済全体の生産量は，労働単位当たりの生産量に労働を掛けたものに等しくなるので，資本ストックの増加分は$\Delta K=sAk^{\alpha}L$と表すこともできる。この式の両辺を資本ストックKで割ると，

$$\Delta K/K=sAk^{\alpha-1} \qquad (6\text{-}4)$$

が成立し，資本ストックの成長率が資本装備率に規定されていることがわかる。また，αは1より小さい正の数なので，$\alpha-1$は負となることから，資本装備率kが上昇すると資本ストックの成長率$\Delta K/K$は低下することがわかる。

ところで，資本装備率$k=K/L$は，資本ストックと労働が同じ成長率で変化する場合には不変となる。資本ストックの成長率が労働の成長率より高いと，資本装備率は上昇を続ける。したがって，資本装備率，資本ストックの成長率，労働の成長率の間には次のような関係が成立している。

$$\Delta k/k=\Delta K/K-n \qquad (6\text{-}5)$$

ただし，nは労働の成長率を意味している。

(6-4)式を(6-5)式に代入すれば，

$$\Delta k/k=sAk^{\alpha-1}-n \qquad (6\text{-}6)$$

となる。(6-6)式は，新古典派の成長理論における基本公式と呼ばれている。(6-6)式において，右辺の第1項が表している資本ストックの成長率が労働の成長率を上回るとき，資本装備率の成長率は正となる。逆に，資本ストックの成長率が労働の成長率を下回るとき，資本装備率の成長率は負となる。資本ストックの成長率と労働の成長率が一致すると，資本装備率の成長率はゼロとなる。

図6.1は，(6-6)式に基づき，資本装備率kと資本装備率の成長率$\Delta k/k$との関係を示したものである。横軸には資本装備率の水準を，縦軸には資本装備率の成長率や労働の成長率を測ってある。

いま，資本装備率の水準がk_1のように比較的低い水準に位置していたとしよう。資本装備率がk_1の水準では，(6-6)式より右辺第1項が労働の成長率を上回っているので（$sAk^{\alpha-1}>n$），資本装備率は時間とともに上昇する。資本装備率の上昇は，(6-6)式の右辺第1項と労働の成長率が一致するまで継続し，両者が一致する点k^*で停止する。逆に，資本装備率の水準がk_2のように比較的高い水

図 6.1　新古典派の成長理論

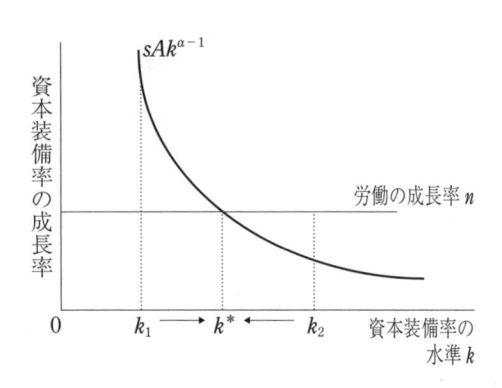

準では，(6-6)式の右辺第1項が労働の成長率を下回っているので ($sAk^{\alpha-1} < n$)，資本装備率は時間とともに低下し，それは両者が一致する点 k^* まで継続する。

　資本装備率が低い k_1 のところでは，資本ストックは労働に比べて過剰になっているので，労働の希少性が高まり，労働賃金は資本ストックの価格に比較して高くなっているはずである。したがって，労働の投入は相対的に高くつくので，労働の代わりに相対的に安価な投入要素である資本ストックへの代替が進み，資本装備率が上昇していく。このように，新古典派の成長理論では，資本ストックと労働の間に代替関係が想定されており，価格メカニズムが生産要素間の代替を促すという世界が想定されているのである。

6.2.2　「絶対的収束性」と「条件付き収束性」

　新古典派の成長理論において，長期的には資本装備率の水準は k^* という一定の水準に収束する。労働の成長率は n で一定と考えられているので，資本装備率が一定の水準を保つためには，資本ストックの成長率も労働の成長率と同じでなければならない。したがって，資本ストックの成長率は，労働の成長率に一致する。また，(6-3)式より，資本装備率が一定の水準 k^* に収束すると，労働単位当たりの生産量 y も一定の値に収束する。したがって，経済全体の産出量の成長率は，労働の成長率に一致する。このように，新古典派の成長理論では，長期

的な調整プロセスの結果，マクロ経済のあらゆる変数の成長率は労働の成長率に一致する。

しかし，現実に国家間で観察される経済成長率の差は，労働の成長率の違いだけで説明できるわけではない。発展途上国の中には，労働力人口の伸びが非常に高いにも関わらず，低い経済成長しか実現していない国も数多い。逆に，先進国の中には，労働力人口の伸びが低くなっているのに，比較的高い経済成長を実現している国も少なくない。

そこで近年では，経済成長率が長期均衡状態によって規定されるという考え方ではなく，長期均衡 (k^*) への収束プロセスとして捉えようという考え方が有力になっている。図 6.1 にみるように，資本装備率が k_1 のように低く，資本ストックの成長率 ($sAk^{\alpha-1}$) が労働の成長率 (n) を大きく上回っている国では，資本装備率の成長率 ($\Delta k/k$) は高く，労働単位当たりの産出量の成長率 ($\Delta y/y$) も高くなる。資本装備率の水準 (k) が低い国では，労働単位当たりの産出量 (y) も低いので，労働単位当たりの成長率 ($\Delta y/y$) は高くなる。このように，国による成長率の違いが初期時点の労働単位当たりの産出量の水準に規定されるという仮説は「絶対的収束性」と呼ばれている。

さらに，資本装備率が高い豊かな国では，資本の限界生産性が低く，資産の収益率も低いと考えられる。逆に，資本装備率が低い貧しい国では，資本の限界生産性が高く，資産の収益率も高いと考えられる。したがって，豊かな国から貧しい国へ資本が移動する可能性が高いということからも，相対的に貧しい国は高い成長を実現することができると考えられている。

国による経済成長率の違いを，初期時点の労働単位当たりの産出量だけではなく，貯蓄率などの他の条件を加えて説明しようという仮説は，「条件付き収束性」と呼ばれている。図 6.2 は，初期時点の資本装備率や労働単位当たりの産出量が同じである場合でも，貯蓄率が違えば，成長率が異なることを示したグラフである。ある二つの国において，資本装備率が同じ水準の k_1 であったとしよう。ただし，A 国では相対的に貯蓄率が高く，B 国では貯蓄率が低かったとしよう。

資本装備率と資本ストックの成長率の関係を表す右下がりのグラフは，貯蓄率の低い B 国では左下方に位置し，$s_1Ak^{\alpha-1}$ のようになる。貯蓄率の高い A 国では，資本装備率と資本ストックの成長率の関係を表すグラフは右上方に位置し，$s_2Ak^{\alpha-1}$ のようになる。ただし，$s_2>s_1$ である。

A 国と B 国の資本装備率は同じでも，労働の成長率と資本ストックの成長率

図6.2 条件付き収束性

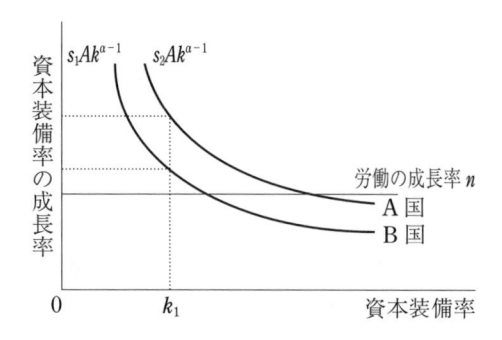

の乖離は，A国においてより大きい．したがって，初期時点の資本装備率や労働単位当たりの産出量が同じでも，A国のほうが高い経済成長を実現することができる．

6.2.3 保証成長率の理論

1単位の設備投資の増加は，総需要を拡大させる効果と，資本ストックの蓄積から総供給を拡大させる効果がある．この二つの効果は「投資の二重効果」と呼ばれている．

いま，国内総支出が消費と投資から構成される単純な経済を考えよう．総需要（国内総支出）を Y_d，消費を C，投資を I としよう．消費は総需要の関数で，$C=bY_d$ と表されるとしよう．ここで，b は第5章の5.1.2でみた限界消費性向である．したがって，Y_d は，

$$Y_d = bY_d + I$$

となり，この式を Y_d について解けば，

$$Y_d = \frac{1}{s}I, \quad s = 1-b \tag{6-7}$$

となる．ここで，1から限界消費性向 b を引いた値 s を限界貯蓄性向，もしくは単純に貯蓄率と呼ぶことにする．(6-7)式は投資の水準が総需要の水準を規定することを意味している．

一方，投資による資本ストックの蓄積は，総供給を規定する．1単位の資本ス

表6.3 保証成長率の導出

期間	投資 I	資本ストック K	総供給力 Y_s	総供給力の増加分 ΔY_s	総需要 Y_d	総需要の増加分 ΔY_d	投資の成長率 $\Delta I/I$	総供給力の成長率 $\Delta Y_s/Y_s$	総需要の成長率 $\Delta Y_d/Y_d$
t	50	1000	100	—	100	—	—	—	—
$t+1$	52.5	1050	105	5	105	5	5%	5%	5%
$t+2$	55.125	1102.5	110.25	5.25	110.25	5.25	5%	5%	5%

(注) 産出係数は0.1, 貯蓄率は0.5と仮定している。

トックで, 何単位の総供給が生み出されるかを決める係数は産出係数と呼ばれている。資本ストックを K, 総供給を Y_s とすれば, 産出係数は $v=Y_s/K$ となり, 総供給量は,

$$Y_s = vK \tag{6-8}$$

と表される。(6-8)式は, 総供給量が資本ストックの水準に規定されることを意味している。

表6.3は, 以上のような「投資の二重効果」を前提としたとき, 総需要と総供給がうまくバランスしながら経済が成長するための条件を示した仮説的数値例である。

いま, t 年の期首に資本ストックが1000単位だけ存在したとしよう。産出係数 v が0.1とすると, (6-8)式の関係から t 年には1000単位の資本ストックで100の総供給が生み出されることになる。

一方, t 年中に50単位の設備投資が行われたとしよう。貯蓄率を0.5とすれば, (6-7)式の関係から t 年の総需要は100となり, 初期時点で総供給と総需要はバランスしている。

t 年中に行われた設備投資は $t+1$ 年に資本ストックを増加させ, 生産を増加させる効果がある。単純化のため資本減耗を無視すれば, $t+1$ 年の資本ストックは1050単位となるので, $t+1$ 年の総供給は105単位となる。ここで, $t+1$ 年の総供給105単位にちょうど見合う総需要が生み出されるためには, 当該期間にどれだけの設備投資が行われる必要があるかを考えてみよう。(6-7)式を投資について解けば, $I=sY_d$ となるので, 105単位の総需要を生み出すためには, 52.5単位 (105×0.5) の投資が必要である。$t+1$ 年におけるマクロ経済の総需要と総供給が均衡するためには, 52.5単位の投資が必要となるのである。

さらに，$t+1$年の52.5単位の投資により，$t+2$年の資本ストックは1012.5単位となる結果，$t+2$年には110.25単位の総供給が生み出される。110.25単位の総供給に見合う総需要が創出されるために，$t+2$年に必要となる投資は55.125単位（110.25×0.5）となる。すなわち，$t+2$年にマクロ経済の総需要と総供給が均衡するためには，55.125単位の投資が必要となる。

ところで，表6.3から投資の成長率を計算すると，マクロ経済の総需要と総供給がバランスしながら経済が成長するためには，投資が毎年5%で成長していかなければならないことがわかる。投資の5%という成長率は，保証成長率とか必要成長率と呼ばれている。保証成長率は，表6.3の数値例を計算するさいに仮定した貯蓄率と産出係数の積に等しくなっている。すなわち，貯蓄率は0.5，産出係数は0.1であったから，その積は5%（0.05）となる。

このように，ハロッド・ドーマーの成長理論では，投資の保証成長率が，

$$投資の保証成長率 = 貯蓄率 \times 産出係数$$

というように表される。投資が保証成長率で成長していけば，総需要と総供給の成長率も保証成長率に一致する。

6.2.4 数式による導出

投資の保証成長率は，次のような数式を用いることでも導出される。(6-7)式と(6-8)式を増加分の形に書き直せば，

$$\Delta Y_d = \frac{1}{s} \Delta I \tag{6-9}$$

$$\Delta Y_s = v \Delta K$$

となる。資本減耗を無視しているので，資本ストックの増加は投資に等しい。したがって，

$$\Delta Y_s = vI \tag{6-10}$$

が成立する。総需要の増加分と総供給の増加分が一致しながらマクロ経済が成長していくためには，(6-9)式のΔY_dと(6-10)式のΔY_sが一致しなければならない。この条件は，

$$\frac{1}{s} \Delta I = vI \tag{6-11}$$

である。(6-11)式の両辺にsをかけて，さらに両辺をIで割れば，投資の保証成

長率を表す公式が，

$$\frac{\Delta I}{I} = sv$$

というように導出される。

6.2.5 ナイフエッジ定理

現実の経済では，投資の成長率が保証成長率に一致する必然性はまったくない。企業は独自の将来展望に基づいて投資計画を作成し，設備投資を行っている。投資の成長率が，ひとたび保証成長率から乖離すると，総需要と総供給の不均衡は時間を追って拡大する。表 6.4 は，このことを示した仮設的数値例である。記号の意味や表の見方は，表 6.3 とまったく同じである。

表 6.3 と同じように，t 年の総供給が 100 単位，需要が 100 単位でマクロ経済が均衡していたとしよう。何らかの原因で投資の成長率が保証成長率より高くなってしまったとしよう。例えば，投資が 10% で成長したとすると $t+1$ 年の投資は 55 単位（= 50×(1+0.1)）となる。$t+1$ 年の資本ストックは 1050 単位であるから総供給は 105 単位となる。一方，総需要は 55 単位の投資から 110 単位となる。$t+1$ 年には，総需要が総供給を 5 単位ほど上回り，需要超過経済となる。こうした状態では財の不足が発生し，企業はより多くの財を供給するために，いっそう投資を拡大するだろう。したがって，$t+2$ 年にはさらに投資の成長率が加速されることになろう。$t+2$ 年には，投資の成長率が 15% となり，63.25 単位（55(1+0.15)）の投資が行われたとしよう。すると，$t+1$ 年の資本ストックは 1105 単位，総供給は 110.5 単位となる。投資が 63.25 単位なので総需要は，126.5

表 6.4　保証成長率からの乖離

期間	投資	資本ストック	総供給力	総供給力の増加分	総需要	総需要の増加分	投資の成長率	総供給力の成長率	総需要の成長率
	I	K	Ys	ΔYs	Yd	ΔYd	$\Delta I/I$	$\Delta Ys/Ys$	$\Delta Yd/Yd$
t	50	1000	100	—	100	—	—	—	—
$t+1$	55	1050	105	5	110	10	10	5	10
$t+2$	63.25	1105	110.5	5.5	126.5	16.5	15	5.24	15

（注）産出係数は 0.1，貯蓄率は 0.5 と仮定している。

となる。その結果，需要超過はますます拡大し，$t+2$ 年には 16 単位の財の不足が発生する。

産出係数と貯蓄率の積で与えられる保証成長率を，現実の投資の成長率が上回ると，総需要の成長率は総供給の成長率を上回り，その乖離は時間とともに拡大していく。同じように，保証成長率を現実の投資の成長率が下回ると，総需要の成長率は総供給の成長率を下回り，その乖離も時間とともに拡大していく。

ハロッド・ドーマーの成長理論から導出されるこのような現象は，「ナイフエッジ定理」と呼ばれている。すなわち，総需要と総供給がバランスしながら経済が成長していくのは，ナイフの刃をわたるようなものだという意味である。ハロッド・ドーマーの成長理論は，ナイフエッジ定理が示すように，現実の市場経済は極めて不安定だから，財政・金融政策による持続的な市場経済への介入が必要であるということを主張している。

6.2.6　成長会計分析

多くの国は，持続的な経済活動の拡大を経験している。発展途上にある国ほど，拡大のテンポは速いことが知られている。先進国では，成長率が減速する傾向にあり，まれにマイナス成長に陥ることもあるが，ほぼ毎年経済規模は拡大している。

一国の経済成長は，労働や資本ストックなどの生産要素が増加したとき，生産性が向上したときなどに高まる。一国の経済成長率を，労働の増加による部分，資本ストックの増加による部分，生産性（全要素生産性）の向上による部分に分割して説明する分析手法は，「成長会計分析」と呼ばれている。

たとえば，1953 年から 1971 年の日本の高度経済成長期には，実質国民所得の成長率は 8.81% であったが，そのうち労働の増加によって説明される部分はおよそ 1.8%，資本ストックの増加によって説明される部分はおよそ 2.2%，生産性の向上によって説明される部分はおよそ 4.4% であった。

「成長会計分析」では，経済成長の多くの部分を生産性の向上が説明する場合が多いため，生産性の向上がどのような要因によるものなのかという問題に経済学者の関心が集まるようになっている。近年，注目をあびている「内生的経済成長理論」は，生産性の向上を実現する技術進歩がどのような要因に規定されているのかを中心に分析している。

第6章 経済成長

◈◈ [ベーシック用語] ◈◈◈◈◈◈◈◈◈◈◈◈◈◈◈◈◈◈◈

全要素生産性　成長会計分析　新古典派の成長理論　資本減耗　資本装備率
絶対的収束性　条件付き収束性　内生的成長理論　保証成長率　ナイフエッジ
定理

◈◈◈◈◈◈◈◈◈◈◈◈◈◈◈◈◈◈◈◈◈◈◈◈◈◈◈◈◈

――〈演習問題〉――――――――――――――――――――――

[問1]　ある年の経済成長率は5%で，人口増加率は2%であったとき，ある年の人口1人当りの経済成長率として正しいものはどれか。
　　(a) 7%　　(b) 3%　　(c) 6%　　(d) 10%

〈正解〉
　　(b) 3%。人口1人当りの経済成長率は，国内総生産の成長率（経済成長率）から人口増加率を引いたものなので，5%−2%=3%となる。

[問2]　新古典派の経済成長理論において，$A=1$, $\alpha=0.5$, 貯蓄率 $s=8\%$, 資本装備率 $k=4$, 労働増加率 $n=1\%$ のとき，短期的な資本装備率の成長率 $\Delta k/k$ と労働単位当りの生産量の成長率 $\Delta y/y$ の組み合わせとして正しいものはどれか。
　　(a) 3%, 1.5%　　(b) 4%, 1%　　(c) 6%, 2%　　(d) 5%, 4%

〈正解〉
　　(a) 3%, 1.5%。資本装備率 $\Delta k/k$ の短期的な成長率は $sAk^{\alpha-1}-n$ で表されたので，$\Delta k/k=0.08\times 4^{-0.5}-0.01=0.03$ (3%)。労働単位当りの生産量は $y=Ak^{\alpha}$ なので，その成長率は $\Delta y/y=\alpha(\Delta k/k)$ となる。したがって，労働単位当りの生産量の成長率は $\Delta y/y=0.5\times 0.03=0.015$ (1.5%) となる。

[問3]　新古典派の経済成長理論において，労働の成長率 n を8%(0.08)，$A=1$, $\alpha=0.5$, 貯蓄率 $s=0.4$ とするとき，長期均衡における資本装備率 k^* と労働単位当りの生産量 y^* の組み合わせとして正しいものはどれか。
　　(a) 20, 5　　(b) 25, 8　　(c) 25, 5　　(d) 30, 5

〈正解〉
　　(c) 25, 5。新古典派の成長理論では，長期的には資本装備率の成長率 $\Delta k/k$ はゼロとなるので，資本装備率の水準は $sAk^{\alpha-1}=n$ が成立するように決定される。したがって，$0.08=0.4\times k^{-0.5}$ が成立するので，長期均衡における資本装備率は $k^*=25$ となる。また，労働単位当りの生産量は $y=Ak^{\alpha}$ とあらわされるので，$y^*=25^{0.5}=5$ となる。

[問4] 産出係数を0.2,貯蓄率を0.6とするとき,保証成長率は何%となるか。

〈正解〉

　　保証成長率は,産出係数と貯蓄率の積なので12%（＝0.2×0.6）。

第III部
応用と政策

第7章 金融システム

7.1 貨幣の機能と金融取引

　ミクロ経済学の第3章で学んだように，競争的な市場経済システムでは，財の需給の調整は価格メカニズムによって行われる。市場から与えられる様々な財の相対価格の情報によって，市場参加者である家計は消費支出活動を行い，企業は資本や労働などの生産要素を雇用し生産活動を行っていて，貨幣が経済活動に携わるときには必要不可欠なものとはされなかった。競争的な市場経済システムでは，財の価格は全て相対的な交換比率として与えられていたにすぎないのである。しかし，高度に発達した現代経済の運行にとって貨幣は必要不可欠なものであり，とりわけ資金貸借を伴う金融活動では，現在の貨幣と将来の貨幣を交換するという契約に基づいた経済行為が行われる。

　貨幣とは，「一般的受容性を持った債務決済の手段」である。ここで，「決済手段」とは，財やサービスの売買によって生じる支払いや受取りを終らせたり，債権債務関係を清算する手段である。言い換えれば，債務の支払い手段として人々が受け入れてくれるという性格を有するものは，貨幣としての機能を持っていると定義するのである。

7.1.1 貨幣の機能

　経済学が貨幣の果たす機能として考えるのは，以下の三つの機能である。

　まず，第1は，経済取引に必要とされる情報を節約するという一般的な「交換手段（交換の媒介）」としての機能である。われわれは，この一般的な交換手段としての機能によって，どのような財の交換，あるいは取引にも貨幣を用いることができ，最終的な決済手段として利用することができる。

財の交換は，経済主体同士の間でお互いに欲しがっている物を保有している別の経済主体が存在しないと成立しない。リンゴを持ちながらバナナを求めている人は，バナナを持ちながらリンゴを求めている人を探しあてないと，交換は成立しない。すなわち，お互いの欲求がぴったりと一致しなければ，交換は成立しないのである。

　貨幣は，物々交換での経済主体間の取引におけるこうした「欲求の二重の一致」を不要にさせ，財・サービスの取引を時間的かつ空間的に分離させることを可能にしてくれる。資金の貸借には借り手の信用度（返済能力）に関する情報が必要とされるが，交換手段として人々が受け入れてくれる貨幣を媒介とする取引ではそのような必要性はなく，経済主体は一定の貨幣保有残高を維持しておけばよい。貨幣という交換の媒介となるものが存在すれば，財を購入する行為と財を販売する行為とが分離されるため，交換に必要な探索（サーチ）の費用を節約することができ，より効率的な財の交換プロセスが可能になるものと考えられる。現代の経済システムでは，現金以外にも支払（決済）を可能にする手段としての銀行や郵便局の預貯金が，重要な決済手段になっていて，貨幣の概念に含まれるべきものである。さらに，預金のうちでも企業が支払いを済ませるのに小切手を切ることができる当座預金は，定期性預金よりも貨幣としての性格が強いと考えられる。

　貨幣の第2の機能は，「価値尺度（計算単位）」としての働きである。一般に，財がn個存在するケースでは，経済主体にとって取引に必要とされる交換比率である相対価格の数は，n個の中から2個を取る組み合わせの数である$n(n-1)/2$であり，財の数が増加するにつれてnの2次関数であるこの交換比率の数は飛躍的に増大していく。例えば，財の数が10個であれば，交換比率はまだ45であるが，これが，10,000個に増えると相対価格は4,999万5,000にも増えてしまう。しかし，もしここで，経済を構成する経済主体が価値の基準と認める財を用いることにして，それとの交換比率ですべての財の価値を表すことにすると，必要とされる交換比率である価格の数は，財の数nで済むことになる。このような価値の基準となる財のことを一般に，「ニューメレール（価値尺度財）」と呼ぶ。価値尺度財としての貨幣が存在することによって，価格情報に関する客観的な尺度が提供されることになり，交換に伴う価格情報の収集・評価のコストを節約することが可能になるのである。貨幣は，価値の尺度として機能するため，財・サービスの交換比率に関する膨大な情報を節約し，交換プロセスをより

スムーズなものにすることができる。

　貨幣の第3の機能は，「価値の保蔵手段」としての役割である。貨幣は購買力を持つがゆえに，価値を蓄え，維持することができる。これは，貨幣が財・サービスを購入できる利便性に基づくものであると同時に，貨幣それ自体が名目的な価値を持つからである。もっとも，物価水準が持続的に上昇するインフレーションの状況では，物価水準の逆数として与えられる貨幣の購買力が低下してしまう。その意味においては，貨幣は価値の保蔵手段としては不完全なものであろう。価値保蔵機能を果たす多くの金融・実物資産が存在しており，いずれにせよ貨幣は，購買力を現在から将来へ移転させることを可能にするという意味において，異時点間の経済活動に重要な機能を担っている。このような貨幣の価値保蔵手段としての機能について，これまで経済学者によって，「貨幣とは，購買力の一時的住処」（フリードマン）であり，「貨幣とは，現在と不確実な将来との架け橋」（ケインズ）などと，評されてきた。

　こうした経済的機能を持つ貨幣のうち，とくに現金は，それによる支払いによって決済が最終的に完了するという意味で「支払完了性（ファイナリティー）」を持ち，その利便性から汎用性があり，かつ，匿名性を持つこと，の3点が指摘できる。

　現在，わが国で，厳密な意味でこの支払完了性という性質を持つのは，現金と（後に説明する）日銀当座預金だけである。金融機関同士の資金決済は，最終的にこの日銀当座預金を通じて行われる。

7.1.2 貨幣と流動性

　古典的な経済学では，貨幣の一般的交換手段としての機能が重視されるが，ケインズ経済学では，それとともに資産としての貨幣が持つ「流動性」という性質に注目する。ここで，資産の流動性とは，その資産が最終的な決済手段である貨幣に変換することができる容易さの度合い，と定義しよう。

　各種の金融資産は，貨幣と同様にその保有者にとって価値を保蔵するという機能を持っている。しかし，金融資産は最終的には貨幣と交換しなければ，財の購入には利用できないという意味において，交換手段としては一般には用いられない。金融資産の流動性の程度は一般に，満期（償還期限）の長さ，資産価値や収益（リターン）の安全性とリスク（危険度），ならびに金融市場がどれだけ整備

されているかという条件などに依存するものと考えられる。

7.1.3 通貨制度

われわれが経済活動を営んでいる現代の経済システムは，中央銀行が発行する紙幣が流通する「管理通貨制度」の下にある。いうまでもなく貨幣が貨幣として社会で受け入れられるためには，その価値が社会的に信頼されるものでなければならない。歴史的に見るとき，貨幣には商品や金属が用いられてきた。これらは，商品貨幣，あるいは，金属貨幣と呼ばれ，特に金属貨幣は，携帯や運搬に便利であって，かつ，素材が耐久性に富み，物理的な品質が一定であることが求められてきた。

本位貨幣制度の下では，発行される貨幣の量が金や銀など「正貨準備」の保有量に規定されており，銀行券の価値は正貨との兌換によって保証されていた。このうち，「金本位制度」とは，金属主義に基づく通貨制度であり，中央銀行が国内における通貨と金との交換（兌換）を保証する制度である。通貨の価値は中央銀行が保有する金によって保証されていた通貨制度である。金本位制度下で流通する通貨は，いつでも金と交換されることが保証されている「兌換紙幣」と呼ばれる。

現在，世界各国の通貨制度は管理通貨制度の下にあり，中央銀行は銀行券発行の裏付けとして金，銀などの正貨準備を保有することが義務づけられていない。すなわち，正貨兌換の義務を持っていない。貨幣はそれ自体として価値を持たないか，あるいは安い費用で印刷することができるため，額面の価値よりもはるかに低い価値しか持ち合わせておらず，金との兌換性がない。このため，管理通貨制度の下では，通貨は「不換紙幣」（あるいは信用貨幣，名目貨幣）と呼ばれ，法律によってその価値が保証されている。わが国では，発券銀行としての日本銀行だけが独占的に貨幣を発行する権限が与えられている（「日本銀行法」第46条）。

わが国で一般的な交換手段として通用している貨幣は，日本銀行が発行する日本銀行券と，政府（財務省）が発行する鋳造（補助）貨幣から構成される。日本銀行券と補助貨幣は，法律で「強制通用力」を付与された「法定貨幣（法貨）」と呼ばれる。日本銀行券は，法貨として無制限に通用する（「日本銀行法」第46条）。

銀行預金は，法律によってその価値が規定されているわけではないとはいっても，法貨との交換が銀行との契約によって保証されているため，社会的に決済手

段としての機能が信任されている。小切手を切ることができる当座預金や，各種の自動支払・引き落としができる普通預金も，現金に次いで貨幣としての役割を果たしているものと考えられる。

7.1.4 金融取引

　金融取引には，直接金融と間接金融との二つの形態がある。
　直接金融は，資金を必要とする企業が，金融機関を通さずに，株式や社債などの有価証券を発行して家計や機関投資家などから金融市場を通じて直接的に資金を調達することである。
　一方，金融機関を通じた資金貸借関係を間接金融という。金融仲介機関が，企業など資金調達を望む最終的借り手が発行する債務である本源的証券を購入する一方で，銀行預金，保険証書，投資信託証書などの間接証券を発行し，最終的な貸し手から資金を集める貸借関係をいう。とりわけ銀行預金は，間接証券として資金仲介の機能をはたすと同時に，決済サービスを提供してくれる。銀行預金は，返済や利子支払いが安全かつ確実な資産であり，分割可能性が高いために比較的小額でも購入が可能で流動性が高く，貨幣への交換が容易である，という特質が指摘できる。銀行預金は，預金保険制度によって一定額までその価値が保証されている。
　このように，安全で流動性の高い間接証券を作り出す金融仲介機関の経済機能は，「資産変換機能」と呼ばれる。

7.1.5 金融仲介機関の役割

　金融仲介機関は間接金融における資金の仲介業者であり，資産変換機能という独特の機能が発揮できるのには，幾つかの理由が考えられる。
　まず第1は，規模の経済を利用したリスクの削減である。金融仲介機関は，多数の預金者から集めた資金をもとに規模の経済を実現することで，保有資産の構成を十分に多様化することができる。投資家にしてみれば，間接証券の存在は，多様な資産へ投資を分散することでリスクを低めるうえで有効であろう。個人の投資家がこうした分散投資を行うには，それに必要な売買や債権の管理などに費用がかかってしまうし，何より専門的な知識が必要である。金融仲介機関は，自

ら間接証券を発行して資金を投資家から調達し，規模の経済を利用して保有する資産である貸出債権を分散投資することによって安全性の高い資産を作り出すことが可能になるのである。この資産変換の機能を通じて，金融仲介機関は，最終的貸し手（預金者）が負担するリスクを軽減し，流動性の増大を実現している。換言すれば，金融仲介機関は金融技術と専門知識を駆使して，預金と貸出の満期変換にともなう金利変動リスクを管理しているのである。

　第2は，情報の生産である。金融仲介機関は，借り手企業の信用度などの情報の収集・分析に専門的組織としての優位性を有しており，借り手が企画している投資プロジェクトや信用の度合いを審査することを，資金の借り手に対する「情報生産」という。金融仲介活動は，金融取引にかかわる「情報の非対称性」を削減しようとするものであり，これを克服することは，貸し手・借り手双方の厚生を高め，資金貸借関係の効率性を高めることに繋がる。

　一般に，取引される財の品質について当事者間に情報保有量の格差が存在するとき，これを解消するには二つの方法がある。情報優位者（借り手）がみずから情報を発信する（シグナル）やり方と，情報劣位者（貸し手）がみずから調査・解析することで借り手に関する情報を獲得する方法である。ここで考察している金融機関の独特な働きは，後者のやり方に対応している。

　資金貸借にかかわる情報の非対称性に関連していえば，次のような二つの問題が挙げられる。すなわち，リスクの高いより危険な借り手が金融機関から融資を受けるようになる「逆選択」の問題と，高い金利で融資を受けたために借り手企業が，期待収益が高いもののリスクの高い投資プロジェクトを行うようになる「モラルハザード」という問題が指摘されている。

　金融取引に関連する情報生産機能の特殊性を考えるとき，日本の銀行システムに独特な「メインバンク制度」は興味深い仕組みである。企業は通常，主要な取引先銀行と，決済や融資などに関して長期的な取引関係を結んでいる。その背景には，メインバンクが融資先企業の資金返済能力などに関する情報を効率的に生産し，企業をモニターし企業統治（コーポレートガバナンス）に貢献する働きがあるという点が高く評価されてきた。

7.2 貨幣供給

7.2.1 マネーサプライとハイパワード・マネー

　世界各国で用いられている「マネーサプライ統計（指標）」は，一国経済で流通する貨幣の量を把握するために作成されるものであり，様々な金融資産のうちどこまでを貨幣として分類するかで決まる。現在，わが国で決済手段として用いられている貨幣は，日本銀行の負債である日本銀行券と財務省発行の補助貨幣，ならびに民間金融機関の預金から構成されている。

　「マネーサプライ」は，物価や景気動向など，経済活動水準と密接な関係を持っているため，市場金利や金融機関の貸出動向などと同様に，金融政策の運営に重要な情報を与える経済変数である。以下の説明で見るように，マネーサプライ概念は，現存する様々な金融資産のどこまでを貨幣として定義するのが適当かという線引きの仕方に依存している。より詳しくいえば，マネーサプライは，民間部門（非金融部門）が保有する決済性のある貨幣総量であり，金融資産が貨幣として機能する度合いに応じて，以下に解説するように幾つかの定義が与えられる。

　わが国の中央銀行である日本銀行は，これまでの貨幣供給のデータ発表を改め，2008年6月から，新しいマネーストックの統計を発表している。したがって以下では，この新統計を解説する。

　現金通貨は，日本銀行券と貨幣流通高の合計であり，預金通貨は，要求払い預金（当座，普通，貯蓄，通知，別段，納税準備）から金融機関保有の手形・小切手を除いたものと定義される。さらに，預金は，預金通貨と準通貨（定期，据置貯金，定期積金などの定期性預金，外貨預金），CD（譲渡性預金）などを含む。

　貨幣概念に分類される預金勘定のうち，普通預金や当座預金のように，いつでも引き出しが可能な預金のことを「要求払い預金」といい，これは「預金通貨」と呼ばれる。以前の統計では，ゆうちょ銀行の通常貯金や信用金庫の普通預金は預金通貨には入らなかったが，今回の改訂により，それらも預金通貨に分類されている。

　現金通貨と全ての預金取扱機関の預金の合計を，M_1 という。定期預金などは，解約することで容易に現金に替えられるので，「準通貨」と呼ぶ。M_1 に準通貨を加えたものを，M_3 という。M_2 は，この M_3 からゆうちょ銀行や信用組合などの

貯金を除いたもので，現金通貨と国内銀行の預金通貨，準通貨ならびにCDから成る。CDは譲渡性預金と呼ばれ，流通市場が整備されている売買可能な大口定期預金である。さらに，M_3に，銀行発行普通社債，金融機関発行CP，金融債，国債・FB，債券現先，投資信託，金銭信託，外債などを加えたものが，広義流動性である。M_2は，2008年5月まで用いられた旧マネーサプライ統計のM_2＋CDにほぼ対応し，これがマネーサプライの指標であったが，日銀の統計見直しによって代表的な指標は，M_3に変更されている。

見直し後のマネーストック統計は，流動性の高い貨幣概念に対応するものから順番に，M_1，M_2，M_3，広義流動性の四つの指標から構成される。わが国に流通している通貨の定義は，以上のようである。

通貨発行主体である金融機関は，二つに分類される。日本銀行および銀行（除くゆうちょ銀行），外銀在日支店，信用金庫，信金中央金庫，農林中央金庫，商工組合中央金を国内銀行といい，預金取扱機関というときには，この国内銀行の他に，ゆうちょ銀行，信用組合，労働金庫，農協などを含んでいる。

表7.1には，マネーストック統計のデータを示してある。これにより，現在わが国で流通する貨幣の量を把握することができる。

次に，貨幣供給を理解する上で重要な概念である「ハイパワード・マネー（あるいは，マネタリーベース，ベースマネーとも呼ぶ）」について解説しよう。

ハイパワード・マネーは，民間部門（金融機関を含む）が保有する現金通貨と民間金融機関が保有する日銀預け金（準備預金）の合計である。後述するように，ハイパワード・マネーは，中央銀行である日本銀行のバランスシートにおけ

表7.1 マネーストック統計
(2015年8月，単位：兆円)

M_1	618.7
現金通貨	87.1
預金通貨	531.6
準通貨	572.7
CD	38.0
M_2	912.3
M_3	1229.3
広義流動性	1627.9

資料：日本銀行マネーストック統計

表7.2 日本銀行のバランスシート

(2015年9月，単位：兆円)

資　産		負　債	
貸付金	35.0	発行銀行券	91.9
国　債	311.7	準備預金	235.7
対外資産	6.4	政府預金	17.2
資産合計	368.3	負債合計	368.3

資料：日本銀行ホームページ（『営業毎旬報告』）

る主要な負債項目によって構成される。管理通貨制度の下で日本銀行は，バランスシートの資産勘定に見合った額のハイパワード・マネーを供給することができる。言い換えれば，日本銀行がバランスシート上で資産を取得し，その資産への支払いをするときにハイパワード・マネーが創出されるのである。

表7.2には，2015年9月時点における日銀のバランスシートが示されている。バランスシートの資産勘定には，日銀が保有する国債や日銀信用などが計上され，負債勘定は，発行銀行券（日銀券）や準備預金，政府預金の項目から構成されている。日銀の保有する資産は，国債が約85％を占めている最大項目であるほか，金融機関への貸出や対外（海外）資産などから構成されている。また，負債勘定のうち，発行銀行券が約92兆円，銀行が日銀に無利子で預け入れる準備預金が約236兆円，政府預金が約17兆円であり，金融緩和政策が行われているため，ハイパワード・マネーのうちその殆どが日銀当座預金であることが分かる。

日本銀行の主要な負債項目であるハイパワード・マネーは，次のような要因によって変化する。そして以下に説明するように，ハイパワード・マネーの受動的な変動は，日本銀行が裁量的に行う金融政策と事実上同じ効果を持っている。

第1に，日本銀行による様々な金融政策によって，ハイパワード・マネーに変動が生じる。債券・手形オペなどを通じた民間部門への日銀信用がそれである。日本銀行は，公開市場で直接に様々な有価証券を売買したり，民間金融機関に対して「基準貸付金利」（以前は，「公定歩合」）で貸出を行ったりするなどの活動を行っており，金融政策の遂行に伴ってハイパワード・マネーが増減する。例えば，国債などの有価証券を購入する買いオペレーションや日銀貸出を増やせば，それだけ市中に流通するハイパワード・マネーは増加することになる。

第2は，財政資金の受け払いである。日本銀行は，政府の銀行として政府の国庫業務や外国為替業務を行っている。財政活動は日本銀行を仲介になされるた

め，財政の収入と支出活動に伴う資金決済は，日本銀行が扱う政府当座預金勘定の増減として現われる。したがって，財政部門の経常的な収入・支出活動がハイパワード・マネー残高に影響するのである。

例えば，年度末の納税期には，政府に納入された租税収入が日本銀行の政府当座預金として増大する。これによって現金が民間部門から吸収されることになるので，日本銀行の金融政策のスタンスとはかかわりなく，市中に流通するハイパワード・マネーが減少し，金融引き締めと同様の効果が生じる。逆に財政支出がなされるときには，ハイパワード・マネーが増加し，金融緩和の効果がもたらされる。ここで，財政部門の支出活動に伴う現金預金の移動に関して，とくに，ネットでみて政府部門から民間部門へ現金・預金の移転があって財政部門の支払いが超過になっている状況を散超（あるいは払超）といい，逆に民間部門から政府部門へ現金・預金の移転があって財政部門の受け取りが超過している場合を，揚超という。

第3に，外国為替市場への「介入政策（平衡操作）」によっても，ハイパワード・マネーの変動が生じる。

例えば，日本の経常収支黒字の拡大によって円高・ドル安が生じているとしよう。財務省の指示に基づき，日本銀行は，外国為替市場に介入を行う。為替レートを適当な水準へ戻そうとするため，外国為替市場において相対的に高値になった自国通貨である円を売却して外国通貨（ここでは米ドル）を購入する円売り・ドル買い介入を行う。日本銀行による円売り・ドル買い介入政策は，銀行間市場である外国為替市場からドルを購入して円資金を供給することであり，この操作は，ドルを買うことの交換に円資金を支払うことになるため，市中に流通するハイパワード・マネーの増加要因になる。同様に考えると，為替レートが円安傾向にあるときには，日本銀行は，外国為替市場で外国通貨のドルを売却して自国通貨である円を買い支える円買い・ドル売り介入を行うため，ハイパワード・マネーが減少することになり，したがってマネーサプライの減少要因となる。ここで，介入政策に用いられる外貨建て資産のことを，とくに「外貨準備」という。

このように日本銀行は，金融政策，財政資金の受払い，外為市場への介入政策という三つの要因によって生じる短期的なハイパワード・マネーの変動をなだらかにするように，様々な「金融調節」を小刻みに行い，ハイパワード・マネー供給残高を安定的に保っている。

7.2.2 信用創造の理論

わが国の金融機関は,「準備預金制度」に基づき,各種の預金債務に対してある定められた比率によって,「準備預金」の保有を強制的に義務づけられている。もっとも実際には,預金準備率は,各種の預金債務ごとに異なっており,かつ1%程度の極めて低い水準である。

当初この準備預金制度は,中央銀行が現金と銀行預金との交換を法律によって保証し,銀行の流動性不足によって生じる支払い停止や銀行の倒産を防ぐことで,預金を重要な要素とする通貨制度の社会的信頼を維持し,預金者を保護することを目的とするものであった。

しかしながら,現在この制度は,「預金準備率操作」という形で銀行の与信(貸出)活動をコントロールするために用いられている。

以下では,「準備」という特殊な金融資産の存在が,銀行部門全体が供給する預金の額や貨幣供給量を決定する「信用創造」のメカニズムを説明しよう。

銀行貸出(あるいは預金)は,その一部が銀行組織の外で現金として保有されるケースを考察する。銀行貸出を受けた人は,その一部分を現金として保有し,貸出がすべて預金として銀行組織には環流しない状況を仮定しよう。マネーサプライは,現金通貨と一種類の預金だけからなると仮定し,ハイパワード・マネーは日本銀行によって完全に制御可能であるとする。民間非金融部門は,現金と預金を保有する。

記号を次のように定める。C:現金,D:預金,k:民間非金融部門の預金保有比率 ($0<k<1$),R:準備(日銀当座預金),α:預金準備率 ($0<\alpha<1$),H:ハイパワード・マネー,M:マネーサプライ。

マネーサプライは定義から,現金通貨と預金通貨の和であるから,$M=C+D$ であり,民間非金融部門は,預金と現金をそれぞれ預金 $D=kM$,現金 $C=(1-k)M$ の割合で保有するものとする。すなわち $k=D/(C+D)$ である。

金融機関は,現金を保有しないものとしよう。実際,これまでわが国の金融機関は,金利を生まない超過準備を殆ど保有していなかったので,金融機関は,保有する預金 D のうちの預金準備率 α の割合だけ準備を保有するものとして,$R=\alpha D$ とする。日本銀行の負債項目であるハイパワード・マネーは,定義から現金通貨と準備の和であるから,$H=C+R$ と表される。

以上から,ハイパワード・マネーとマネーサプライの関係として,

$$M = \frac{1}{[1-k(1-\alpha)]} \times H = m \times H \tag{7-1}$$

が得られる。この係数 m を，「貨幣乗数」（あるいは信用乗数，信用創造乗数）という。

この関係式は，マネーサプライがハイパワード・マネーの貨幣乗数倍の大きさで与えられることを示している。と同時に，貨幣乗数はハイパワード・マネー1単位の変化に対するマネーサプライの変化の割合を示している。

したがって，たとえば貨幣乗数が5であるときには，マネーサプライはハイパワード・マネーの5倍変動することになるので，金融政策によって，ハイパワード・マネーが1億円増加すると，マネーサプライは5億円増加する。

ここで得られた結果を増加分の形で書くと，マネーサプライの増加額は，ハイパワード・マネーに貨幣乗数を掛けた形で，次のように与えられる。

$$\Delta M = m \Delta H \tag{7-2}$$

また，マネーサプライの増加は，容易な計算によって，預金の増加額と現金の増加額との合計に等しいこともわかる。

上に示した導出過程から明らかなように，貨幣乗数は，民間部門の資産選択（ポートフォリオ）行動や預金準備率に依存している。ハイパワード・マネーは，日本銀行の負債であるため日本銀行にとって制御可能であるとしたので，マネーサプライとハイパワード・マネーの関係を示す貨幣乗数が安定的である限りにおいて，日本銀行は貨幣乗数を通じてマネーサプライをコントロールできることになろう。

信用創造に関する以上の結果から，次のようなことが分かる。

まず第1に，民間非金融部門の資産選択行動の変化から預金保有比率が上昇（低下）し，人々が現金よりも預金をより多く保有するようになると，貨幣乗数は増大（低下）する。これは，預金として銀行に預けられる額が大きくなればなるほど，銀行組織内で創造されるマネーサプライの額が大きくなることから従う結果である。

第2に，日本銀行の金融政策によって預金準備率が引き上げ（引き下げ）られると，貨幣乗数は低下（増大）する。これは預金準備率が高い（低い）ほど，民間金融機関が日本銀行に積む準備が多くなるため，一定の預金から貸付可能な額が小さく（大きく）なることの結果である。

7.3 貨幣需要

7.3.1 貨幣数量説

　古典的な貨幣需要の考え方である「貨幣数量説」についてまず解説しよう。古典的な貨幣需要理論によれば，ある一定期間に経済取引に用いられた貨幣の数量は，「フィッシャーの交換方程式」と呼ばれる関係式で表現される。

　記号を，M：マネーサプライ，P：物価水準，T：取引数量，V：貨幣の流通速度，と定めると，フィッシャーの交換方程式は，以下のように表される。

$$MV = PT \tag{7-3}$$

この式は，左辺に示される取引に用いられた貨幣の額と，右辺に示される取引総額とが恒等的に等しいことを表現する関係式である。

　この式はまた，貨幣の流通速度 V の定義式でもある。「流通速度」とは，1年間の経済全体の取引に対して，1単位の貨幣が何回使用されたかという回数を表しており，それと同時に経済主体がどれだけの貨幣を持とうとするかという選択によって決定される。

　フィッシャーの交換方程式において，名目取引額である PT を名目所得（名目 GDP に対応する）PY に書き換えると，次の「ケンブリッジ方程式」が得られる。

$$M = kPY \tag{7-4}$$

ここで，右辺の k は貨幣の流通速度 V の逆数に対応するもので，「マーシャルの k」と呼ばれ，人々が保有したいと考えている貨幣量と所得 Y との比率になっている。こうした古典的な貨幣需要の考え方では，貨幣は決済手段として取引・決済のためだけに保有されるのであって，金利水準には関係がないという前提に立っている。

7.3.2 取引動機

　貨幣需要に関する伝統的なケインズ理論に基づき，経済主体の貨幣保有の動機を「取引動機」と「投機的動機」に分けて説明しよう。

　まず第1は，財・サービスの取引支払に備えて保有される貨幣の需要であり，

これを取引動機による貨幣保有という。経済主体の支出と収入とは時間的にずれがあるため、支払いに備えていくらかの現金を保有しておかなければならず、取引動機は、貨幣の支払手段（一般的な交換手段）としての機能に対応する。取引需要に基づく貨幣需要は、経済主体の取引額の大きさに比例し、それはおおよそ所得の大きさに比例すると考えられる。以下では取引需要に基づく貨幣需要を、

$$L_1 = L_1(Y) \tag{7-5}$$

と表す。所得が増加すると、取引動機のために必要とされる貨幣保有量が増加するという意味で、取引需要を所得の増加関数と仮定する。

取引動機の貨幣需要をグラフで示すと、図7.1のように右上がりの直線で表現できる。取引動機の貨幣需要は、先に説明した貨幣数量説と同じ考えである。

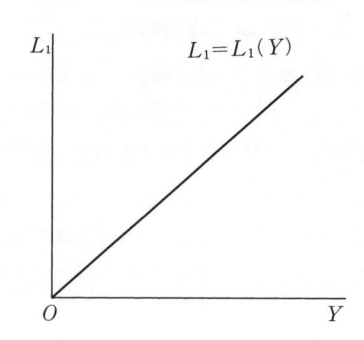

図7.1 取引動機の貨幣需要

7.3.3 投機的動機

2番目の貨幣需要である投機的動機による貨幣需要とは、貨幣以外の資産の価値に不確実性が存在するために貨幣を保有しようとする需要である。

資産選択（ポートフォリオ）の対象として現金と一種類の債券だけが存在する状況では、投機的動機による貨幣需要は、債券価格が将来下落して投資家が「キャピタルロス」を被る（このとき債券利回りは上昇する）であろうという予想から貨幣を持とうとする態度である。

この投機的動機は、したがって経済主体の資産価格の変動に対する期待に依存する。もし、投資家が、債券価格が下落することを予想する「弱気」の状態にあるときには、たとえ収益率が低くとも安全資産である貨幣の方が期待収益の高い

資産である債券よりも選好される。逆に，投資家が債券価格の上昇を予想する「強気」なときは，債券を選好するため貨幣需要は減退することになる。収益率が同じならば，リスクの小さい資産を選好する危険回避的な投資家にとってみると，危険資産である債券の収益に不確実性があるときには，資産保有の分散化，すなわち，ポートフォリオの多様化がなされるのである。

ケインズの貨幣需要理論の特徴は，資産価格の予期しない下落が生じるという不確実性を回避するために貨幣が需要されるという点である。このような理由によって人々が現金を需要するという考えを，「流動性選好説」という。投機的動機に基づく貨幣保有は，貨幣が一般的な交換手段としてだけではなく，流動性という有用性を持つため，価値の保蔵手段として保有されているという理由から生じるものである。

一般に，一定額の利子が支払われる債券（確定利付債券）の価格は，その利子の流列と額面の割引現在価値に等しく与えられ，金利とは逆方向に動くことが分かっている。したがって，債券価格は，金利が高い（低い）ときには，低く（高く）なっている。

投機的動機に基づく貨幣需要が債券価格の上昇とともに増加するのであれば，利子率と債券価格が逆方向に動くため，投機的動機の貨幣需要

$$L_2 = L_2(i) \tag{7-6}$$

は，利子率の減少関数となる。言い換えれば，資産の収益率が上昇するときには，貨幣に対する需要が減少するのである。図7.2に示されているように，投機的動機の貨幣需要は，一般に右下がりの曲線で表現される。

投資家は，利子率の高低に応じて貨幣と債券の保有比率を変化させるのである

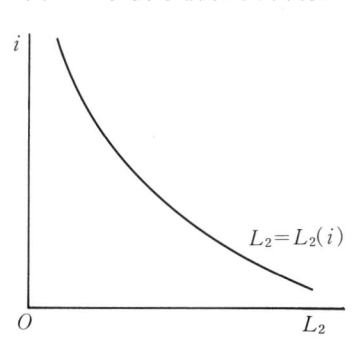

図7.2 投機的動機の貨幣需要

が，ある時点での債券の残高は一定であり，流動性選好説は，金融市場の均衡をストック（残高）の次元でとらえようとするものである。

このように，金融市場の均衡状態をフローではなくストックの視点からとらえようとするのは，金融市場の発展によって，様々な償還期限や流動性を有する金融資産が蓄積されてきたことと，金融資産の売買に伴う取引コストが低下し，投資家が短期間のうちに資産保有の構成を容易に変更することができるようになったためである。

7.3.4 流動性のわな

流動性選好説による貨幣需要関数を想定するとき，利子率が著しく低く，したがって債券価格が高く，誰もが債券価格の下落（このとき利子率が上昇する）を予想するような状況では，貨幣需要の利子弾力性は非常に大きくなる。言い換えると，金利の水準が下限に張り付き，投資家の誰もが債券価格の下落（したがって利子率の上昇）を予想して債券を手放し代わりに貨幣を保有しようとするとき，貨幣需要の利子弾力性が，（マイナスの）無限大となるような極限的状況が考えられる。このような状況は，ケインズによって「流動性のわな」と呼ばれた。第8章では，貨幣需要が流動性のわなにあるとき，金融政策が無効になることが示される。

◆◆ ［ベーシック用語］ ◆◆◆◆◆◆◆◆◆◆◆◆◆◆◆◆◆◆◆◆◆◆◆◆
債務決済手段　兌換紙幣　不換紙幣　法貨　直接金融　間接金融　資産変換機能　モラルハザード　逆選択　ハイパワード・マネー　マネーサプライ　取引動機　投機的動機　信用創造　流動性　日銀当座預金（準備預金）　マーシャルの k　貨幣の流通速度　貨幣数量説　流動性選好説　流動性のわな
◆◆◆◆◆◆◆◆◆◆◆◆◆◆◆◆◆◆◆◆◆◆◆◆◆◆◆◆◆◆◆◆◆◆

── 〈演習問題〉 ──────────────────────

問1　資産の流動性に関する問題に答えなさい。
(1) 資産の流動性とは何か，説明しなさい。
(2) 以下の資産を，流動性の高い順番に並べなさい。
　　　普通預金，現金，土地，定期預金，当座預金，株式，国債
(3) 貨幣保有の機会費用が金利であることを説明しなさい。

〈正解〉
(1) 本章 7.1.2 の説明を参照。
(2) 現金，普通預金，当座預金，定期預金，国債，株式，土地
(3) 貨幣を保有することによって失われる経済的損失は，預金や債券を保有していたら得られたであろう利子収入であるため。

問2 マネーストック統計に関する問題に答えなさい。
(1) わが国のマネーストック統計における M_1, M_2, M_3 並びに広義流動性の定義を述べなさい。
(2) クレジットカードやデビットカードがマネーストック統計に含まれないのはなぜか，説明しなさい。

〈正解〉
(1) 本章 7.2.1 を参照。
(2) 商品をクレジットカードで購入すると，1カ月後から数カ月後に預金口座から引き落とされ，かつ，預金は決済手段として使われ，マネーストック統計に入っているため。

問3 信用創造に関する問題に答えなさい。
(1) 銀行は超過準備をもたず，公衆の現金と預金の保有比率を 1：10，預金準備率を 1% とするとき，貨幣乗数（信用乗数）を求めよ。このとき，ハイパワード・マネーが 70 兆円であれば，マネーサプライはいくらになるか。さらに，ハイパワード・マネーが 1 兆円増加すると，マネーサプライはどれだけ増加するか求めなさい。
(2) 預金準備率の引き下げは，どのような経路によって景気拡張につながるか，説明しなさい。

〈正解〉
(1) 本章 7.2.2 で貨幣乗数を与える (7-1) 式に，$k=\frac{10}{11}$，$\alpha=0.01$ を入れて計算すると，貨幣乗数として 10 を得る。ハイパワード・マネーが 70 兆円のとき，これに貨幣乗数をかけて，マネーサプライは 700 兆円になる。さらに，ハイパワード・マネーが 1 兆円増加すると，これに貨幣乗数をかけることで，マネーサプライの増加は 10 兆円になる。
(2) 預金準備率の引き下げは，銀行の資金借入コストを下げて貸出を増加させるので，これによって企業の設備投資や家計支出が増加することが期待される。

[問4] 日銀の負債項目であるハイパワード・マネー（現金と日銀当座預金の合計）が変化するには，どのような理由が考えられるか。本文で説明されている日銀のバランスシートを参考にしながら，説明せよ。

〈正解〉

　　本章 7.2.1 の説明に基づき，①日銀の金融政策，②財政資金の受け払い，③外為介入，の三つの要因によってハイパワード・マネー供給が変動するメカニズムを纏める。

[問5] マネーサプライに関する問題に答えなさい。
(1) マネーサプライを 50 兆円，国内総生産（GDP）が 500 兆円のとき，貨幣の流通速度並びにマーシャルの k は，それぞれいくらになるか求めよ。
(2) ケンブリッジ方程式が成立していて，かつ，GDP がマネーサプライの影響を受けないとすると，貨幣供給の増加と GDP の増加の差はどこに現れてくるか。

〈正解〉
(1) 貨幣の流通速度は，GDP をマネーサプライで割ることで 10 と求まる。また，マーシャルの k は流通速度の逆数なので，0.1 である。
(2) 物価上昇率（インフレ率）。

第8章 財政金融政策

8.1 総需要管理政策

　経済政策とは，市場経済システムが解くべき二つの課題である効率的な資源配分と公平な所得分配を実現するため，何らかの方法で市場メカニズムの導く結果に，政府部門が裁量あるいはルールによって介入することである。

　無論，現実には経済のミクロの側面に対しても様々な政策が施されている。ミクロ経済学を扱った第3章で学んだ「市場の失敗」は，市場機構（マーケットメカニズム）の機能不全であり，外部性や独占，寡占市場での不完全競争がもたらす非効率性はその典型的な事例である。

　これに関連していうと，現在盛んに議論されている規制緩和を促進しようとする動きは，民間部門の取引環境を自由にすることでより効率的な資源配分を実現しようとするものである。

　このほかにも，景気循環変動の安定化と経済成長，失業の解消，インフレーションやデフレーションの回避など，わが国にとって現実の経済政策の視点から解決すべき課題は山積みになっている。しかし，本章ではとくに，財政金融政策による総需要管理政策に関わる側面に限定して解説を進めていくことにする。

　総需要を管理するマクロ安定化政策の目標には，次のようなものがある。

　まず第1に，与えられた資源や資本，労働などの生産要素を最も効率的に使用したときに達成可能な生産量である完全雇用水準を実現することである。一国経済が，潜在的に産出が可能な生産量を実現できていないとき，「デフレギャップ」が存在するという。言い換えれば，生産要素が充分に使われずに残っている不完全雇用が発生しているものと考えられ，これは生産要素が効率的に利用されていないことを意味している。

　第2に，物価水準を安定させることである。これは，わが国で流通する通貨で

ある円の価値を維持・安定させることと同じことである。持続的に一般物価水準が上昇するインフレ過程では，通貨価値が下落してしまう。管理通貨制度の下で，通貨というものが不可欠なものとして使用される市場経済を維持運営していくとき，通貨価値の安定は，各国の中央銀行にとって最も重要な政策目標になっている。

第3は，マクロ経済の安定化である。短期的な景気循環変動を滑らかにしたり，一国経済の潜在的な生産能力を高めるため，企業の設備投資活動を促進して資本ストックを増やすことや，経済成長を高めることなども挙げられる。

伝統的なケインズ経済学の考え方に基づくとき，経済全体の総需要の大きさによって決定される国内総生産（GDP）の水準は，必ずしも完全雇用水準と一致するとは限らない。したがって，完全雇用の生産量を達成するのに政府が自ら総需要を管理する積極的な政策運営が必要となる。より広く考えれば，市場経済の価格メカニズムが実現する結果は完全なものではないので，政府は多様な経済目標を達成すべく，裁量的に介入することが正当化されるのである。

さらに，経済のグローバル化が進み，諸外国との貿易取引や資本取引が活発になった現在，国際収支の大幅な赤字や黒字といった対外収支の不均衡を是正することや，変動為替レート制の下で短期的に大きく変動する為替レートの安定（対外的にみた自国通貨価値の安定）も重要な政策課題である。

マクロ経済の安定化政策の具体的手段には，財政政策と金融政策があるので，以下順番に解説していく。

8.2 財政政策

財政（公共）部門が果たす経済的機能は，公共的な財を供給したり，マクロ経済の安定に向けて政策的に対応することである。

現代の経済システムは混合経済と呼ばれ，わが国の国民経済計算（SNA）における財政支出は，国内総生産（GDP）のおよそ2割を占めるなど，政府支出や活動から見た一国経済に占める公共部門のウエイトは相当な規模になっている。中央政府・地方政府を併せた公的部門は，国民から租税（国税，地方税，直接税，間接税）を徴収したり，公債（国債，地方債）を発行することで公共支出のための財源を賄い，公的な便益が広く国民に及ぶように活動を行っている。

8.2.1 財政の経済的機能

　財政機構の果たす経済的機能は，次のように整理できる。これらは上述したマクロ安定化政策の目標と重複するところがあるが，とくに財政の働きに関連する項目を整理することにしよう。

　まず第1は，資源配分に関わる機能であり，民間企業では供給が不可能な「公共財」を供給することである。公共財の範疇に分類されるものは，国防，警察による治安の維持，司法制度，社会資本，教育，消防などの公共サービスなどであり，そのほか電気・ガス・水道などの公益事業も加えられることもある。こうした公共財には，民間企業が供給する財（私的財）とは著しく異なった性質がある。すなわち，公共財はそれがひとたび供給されてしまうと，代価を支払わない経済主体にも便益が及んでしまい，これを消費する人を排除することができないという性質（非排除性）と，消費する人たちの間で消費活動が互いに競合することがないという性質（非競合性）を持っている。

　このような理由から公共財は，民間企業が生産の担い手である市場メカニズムに任せておくと，十分な供給がなされないため，公共部門である政府が市場の不完全性を補うことを目的に国民から租税を強制的に徴収して供給する財である。ミクロ経済学で学んだように，公共財が市場の失敗の例として指摘されるのは，そのためである。

　第2は，所得の再分配機能である。市場メカニズムが達成する所得分配の結果は，必ずしも公平なものではない。市場メカニズムの効率性に関する「厚生経済学の基本定理」が教えるような効率的な資源配分が実現されても，資産保有の状態や就業の機会といった制約により，人々に経済活動の結果実現する経済状態は公平なものとなる必然性は無い。経済の発展・拡大とともに所得・資産の面での不平等性が高まってくるにつれ，税金を徴収するなどの形で政府が何らかの所得移転を伴う介入を行い，所得のより公平な分配を実現することが求められる。

　第3は，財政政策によるマクロ経済の安定化と成長の促進である。財政支出は総需要の構成項目の一つとして国内総生産（GDP）の決定に重要な役割を持っており，短期的には，第6章で学んだ乗数メカニズムにみるように，公共支出の総需要拡大効果が期待できる。そしてさらに，市場メカニズムがもたらす景気循環や変動を除去することも，重要な政策目標としているのである。政府は積極的に

公共投資を行ったり，民間設備投資・家計消費を促進するため各種の租税政策（増税や減税，各種の控除項目の変更など）を行う。

8.2.2 財政支出と歳入

(1) 財政支出

わが国政府予算は，「一般会計」，「特別会計」と第2の予算と呼ばれる「財政投融資計画」からなる。

一般会計予算の支出面を主要経費別分類でみていくと，公共事業費，社会保障費，文教・科学振興費，地方財政関係費，などから構成されていて，国民の生活水準向上に貢献するような費目が中心となっている。歳出面の特徴として，公共事業への支出や人口高齢化に伴う社会保障関連経費の増大，並びにバブル崩壊後の景気対策がなされることが指摘できる。

このうち，公共事業への支出は，ケインズ経済学に基づく裁量的な総需要管理政策の考えに基づくものである。景気対策として高度経済成長期には，一般会計予算は15〜25%の大幅な伸びが見られたが，バブル崩壊後の90年代に入り財政事情が厳しくなってきたため，国債の償還や利払いに充てられる国債費の割合が増えている。景気状況に応じて，補正予算や追加予算が組まれることもある。

郵貯他からの資金調達で賄われる財政投融資では，政策金融という独特の機能が行われている。様々な政策目的実現のため，金利，融資期間，担保条件などを優遇して資金の個別的，選択的供給が行われる。これは，専ら専門の政府金融機関による資金供給であり，わが国の高度経済成長や住宅政策に貢献してきたことが評価されている。

ここで，わが国の一般会計における歳出面を概観しておこう。平成26年度一般会計予算の歳出額は，95兆8,823億円であり，このうち，一般歳出の項目である社会保障関連に30兆5,175億円，公共事業費に5兆9,675億円，文教・科学振興費に5兆4,421億円，防衛費に4兆8,848億円が計上されている。この他，地方交付税交付金が16兆1,424億円，国債費が23兆2,702億円となっている。社会保障費，国債費，および地方交付税交付金等の三大経費で，一般会計予算全体の約7割を占めている。

国債費，および地方交付税交付金は，政府が自らの裁量で支出金額を操作出来

ないため，義務的経費といい，社会保障関係費，公共事業関係費，文教及び科学振興費などを裁量的経費という。高齢化社会を迎えたわが国では，一般会計歳出の中で最大規模のものは社会保障であり，次いで赤字財政を反映した国債費が占めている。

(2) 財政収入（歳入）

政府部門の歳入項目には，直接税，間接税などの租税収入と，財源不足を補うために発行される公債（国債）がある。以下では，「直接税」，「間接税」，「国債」について説明していく。

直接税は，納税者が国や地方公共団体に直接納める税であり，これには，法人税，所得税などがある。

代表的な直接税である所得税は，すべての所得を合算して総合課税することを原則としており，人的控除として配偶者控除，基礎控除，扶養控除などの所得控除が与えられ，これに累進的な税率が適用される。「累進課税」の構造は，公平性（水平的公平性と垂直的公平性）・効率性・簡素性という三つの租税原則のうち，垂直的公平性という租税原則を実現する。

所得税率の累進構造は，「ビルト・イン・スタビライザー（自動安定化装置）」と呼ばれる景気安定化の効果を持っている。これは，好況時には所得が増えることによって税支払いが増大し，この税支払いの増加が可処分所得の増加を緩和することで，消費や投資を抑制して景気の加熱を和らげる効果を持つためである。逆に不況時には，所得水準が低下するとともに税支払いが減少するため，景気回復に貢献する効果が期待される。好況，不況の双方の局面において，所得税率の累進構造が，景気変動の影響を緩和する役割を果たすものと考えられる。

インフレによる名目所得の上昇が税負担を増すという点は，一方でデメリットになる。名目所得の上昇が続いた結果生じるこのようなデメリットには，所得税率を引き下げるか，あるいは課税最低限を引き上げるという形での「インフレ調整減税」がなされる。

間接税は，納税者と税負担者とが異なる税であり，納税者が税を財・サービス価格に上乗せして転嫁し，最終的な購入者が税負担者になるようにして徴収される税である。代表的な間接税には，消費税，酒税，関税などがある。

このうち，消費税はわれわれの日常生活にもっとも身近な間接税であり，一部の製品を除き，原則としてすべての財・サービスの取引に課税される。

わが国において1989年の税制改革で導入された「消費税」は，欧米諸国の付加価値税をモデルにしたものであり，消費税額分は販売価格に上乗せされ，租税の転嫁によって，最終的に財を購入した消費者に帰着して負担される仕組みになっている。

わが国の税制には，クロヨンと呼ばれる租税負担の不公平（捕捉率の格差）が依然として残されており，こうした欠陥を除くために，課税ベースの拡大が求められる。

わが国財政の歳入は，第2次大戦前には間接税収入が中心であったが，戦後，1949年のシャウプ勧告によって直接税中心の税制が敷かれた。高度経済成長期には直接税を中心に自然増収があったが，石油ショック以後の景気後退と財政規模の拡大によって，1975年から赤字国債の発行が継続的に行われるようになった。80年代後半には，バブル経済と呼ばれた景気拡大に伴う増収が続いたため，90年には，赤字国債の発行をゼロにすることができた。しかし，バブル景気が崩壊した後の厳しい景気後退で大幅な歳入欠陥が生じたため，1994年度予算から再び赤字国債が発行されるようになった。

一般会計の歳入面を概観しておこう。平成26年度一般会計予算のうち，歳入総額は95兆8,823億円であり，そのうち所得税，法人税，消費税などの租税及び印紙税収入は50兆10億円で，歳入の5割程度にとどまっている。租税及び印紙税収入の内訳は，所得税が14兆7,900億円，法人税が10兆180億円，消費税が15兆3,390億円，となっている。歳入の残りのうち，国債などの公債金収入は41兆2,500億円に達し，歳入の約半分を占めている。この公債金収入のうち，建設公債は6兆20億円，赤字国債（特例公債）は，35兆2,480億円である。

このように一般会計予算は，税収が落ち込む一方，公債金収入は過去最大になっている。公債金収入への依存度が高いことは，将来世代に税負担を残すものとして注意が必要である。

（3） 国債発行の現状

財政部門が，租税収入を上回る財政支出を行うときには，国家の借用証書である国債を発行して収入を補わなければならない。財政赤字を賄うのに発行される国債には，主に「建設国債」と「赤字国債（特例公債）」がある。

建設国債は，財政法第4条で規定され，その収入が公共事業費，出資金，貸付金などに支出されるなど，主に社会資本を形成するために行われる公共事業の財

源として発行されるものである．また，赤字国債は，政府の経常的な支出を賄うことを目的とする国債である．建設国債を発行してもなお財源が不足するときに発行され，発行年度ごとに特例公債法を制定してから発行されるものである．

　わが国では，国債の発行に際して，赤字国債の発行を原則的に禁止して建設国債を原則とし，国債の日銀引受けが禁止されている（財政法第5条）．国債の日銀引受け禁止は，マネーサプライの増加によるインフレーションの発生を防ぐためのものであり，発行された新規の国債は，民間の金融機関が引き受けたり，一般投資家に売却されるなど，市中消化されることを原則としている．

　建設国債の発行による財政支出は，社会資本を残すことで，将来の世代に便益を及ぼすことが期待されるが，赤字国債を発行することで支出されたものはその時点で消費されてしまうので，利子支払いと元本償還の財源負担を，将来の世代に転嫁するものと考えられる．

　現在，一般会計予算の公債依存度は4割程度で，国債の発行残高は膨大な額に達している．国債の殆どを占める建設国債と特例国債の残高は，平成27年度末でそれぞれ266兆円，531兆円と見込まれ，これらを合計した残高はおよそ800兆円である．債務残高は，（財政の持続可能性を示す指標になる）対GDP比率でおよそ160%にも達することが予想されている．これは，国民1人当たり約638万円の借金を抱えていることに相当する．勤労者世帯の平均年間可処分所得がおよそ511万円であることを考えれば，いかに莫大な額の赤字を抱えているかが認識できよう．持続可能な財政運営を行うには，この債務の対GDP比率を低下させていくことが求められる．

　こうした公債残高の累増の原因を見てみると，90年代は公共事業関係費が主たる要因であったが，近年，わが国で急速に進んでいる高齢化に伴う社会保障関係費の増加が主要因になっている．景気悪化による税収の落ち込みも指摘できよう．

　このような厳しいわが国の財政事情は，先進国でも最悪のランクに入るものであるといってよい．赤字国債の累積が財政の自由度を奪うことになることは，こうした数字を見るだけでも容易に理解することができるにもかかわらず，わが国ではこれまでのところ財政再建は思うように捗っていない．

　国債発行による金融市場からの大量の資金調達は，本章8.5で見るように，（クラウディングアウト効果によって）資金需給の逼迫を招いて金利上昇をもたらし，民間設備投資や消費を減らすことでマクロ経済の活動水準の低下が懸念さ

れる。

　財政赤字による膨大な国債発行残高が累積していくと，財政の破綻を防ぐため，いずれは財政歳出の削減と増税が求められる。緊縮財政への転換は，財政政策の自由度を奪い，マクロ経済へのマイナス効果によって景気後退につながる可能性がある。

　また，日銀が大量に国債を引き受ければ，マネーサプライの増加からインフレーションが生じて円の通貨価値が下落してしまう。すなわち，円の減価（円安になる）をもたらす可能性がある。さらに，国債の大量発行によって国債の格付け（ソブリン格付け）が下がれば，国債価格の暴落と金利上昇が生じる危険性がある。

　そこで，財政健全性の指標として，債務の累積を示すストックの指標や，毎年度の収支を示すフローの指標を挙げておこう。

　ストックの指標である債務残高対 GDP 比は，一般政府や地方政府が抱えている借金の残高を，国内総生産（GDP）と比較して考える指標である。

　また，フローの指標に，「プライマリーバランス（基礎的財政収支）」概念がある。これは，

$$\text{プライマリーバランス} = \text{租税収入} - (\text{歳出総額} - \text{国債費})$$

と表され，租税などの収入から，国債費を除いた歳出総額を引いたものとして定義される。プライマリーバランスは，ある時点で必要とされる政策的な経費を，その時点の税収等でどれだけ賄えるかを示している指標である。定義式から分かるように，プライマリーバランスが均衡していれば，財政支出を新たな国債発行に頼らずにその年度の税収などで全て賄うことができる。国債残高を減らすには，プライマリーバランスが将来黒字化していくことが必要である。

　2014 年度のプライマリーバランスは，赤字幅がおよそ 18 兆円になるとの推計値が内閣府から発表されている。このように赤字幅が膨らんだのは，金融危機に対応するための景気対策で歳出が膨らんだのに加えて，税収が急減したのが主因であり，この数字からもわが国の財政再建が依然として険しいことが分かる。

8.3 金融政策

　金融政策とは，中央銀行が行う経済政策の総体を意味し，各種の金融政策手段を用いてマクロ経済に働き掛けようとするものである。

　金融政策には，総需要管理政策としてだけではなく，金融市場や決済システムの安定性を図ったり，信用秩序を維持すると同時に預金者の保護などを目的とする「預金保険制度」など，様々なミクロ的な政策が存在する。とりわけ，これまで戦後一貫してわが国の金融行政においては，各種の競争制限的な規制措置として預金金利規制，業務分野規制，参入規制などが施されてきたが，これらは，近年の金融自由化により撤廃されてきた。護送船団方式と呼ばれる金融機関全体を保護する政策が無くなり，経営効率の劣る金融機関が次々と破綻するという事態が現実のものとなっいま，信用秩序と金融機関の健全な経営の維持を目的とするプルーデンス政策が重要視されている。

　1970年代以降，わが国の金融政策の目標は，短期金融市場金利であるコールレートや，M2+CDに代表されるマネーサプライであったといわれている。とくに石油ショック以後，失業とインフレが同時に発生するスタグフレーションを経験したわが国では，物価の安定を金融政策の主要な目標として政策運営が行われてきた。

　金融政策には，日銀による債券・手形オペレーションである「公開市場操作」，日銀準備預金の預け入れ率を操作する「準備率操作」，さらに「貸出政策」などがある。現在日本銀行は，公定歩合操作を中心として金利メカニズムを通じて経済全体に流通する資金量や金利をコントロールしようとするこれまでの姿勢から転換し，貸出ではなく，国債や短期国債，手形など債券・手形を売買するオペレーションを中心とする金融政策を行っている。以下ではこれらを順番に解説していくことにしよう。

8.3.1 債券・手形オペレーション

　「債券・手形オペレーション」とは，金融機関だけではなく事業法人などの経済主体も参加できる金融市場である公開市場（オープンマーケット）において，日本銀行が各種の債券や手形（具体的には，国債，手形，CP（コマーシャルペ

ーパー））などを直接売買することである。

　これによって日本銀行は，市場のハイパワード・マネー供給残高を調節し，市場金利に影響を及ぼすことができる。金利の変動は，資金調達コストに影響を及ぼすことを通じて銀行貸出に作用し，マネーサプライの変動を通じて民間経済主体の設備投資活動や支出活動に影響が及んでいくものと考えられる。

　日本銀行が公開市場で各種の債券を購入する操作を，「買いオペレーション（買いオペ）」という。買いオペによる資金供給によって，公開市場にハイパワード・マネーが供給されると，銀行組織の中では信用創造の拡張がなされてマネーサプライが増加して金融緩和がなされるため，経済に拡張的効果が及ぶことが期待される。これとは逆に，日本銀行が，国債や手形などを市場に売却する「売りオペレーション（売りオペ）」による資金吸収を行うと，ハイパワード・マネーが減少することで金融引き締めの効果が期待される。

　このように，公開市場操作はハイパワード・マネーに直接的に影響を与えるもので，機動性に富んだ政策手段であり，各種の金融市場の発達とともに公開市場操作は，現在日本銀行にとって最も重要で中心的な政策手段となっている。

8.3.2　貸出政策

　わが国で金利の完全自由化が行われた1994年以降，市場の金利体系が日銀の市中銀行への貸出金利である公定歩合には必ずしも連動することがなくなり，近年の日銀の金融政策は，先に挙げた各種のオペレーションが主たる政策手段になっている。欧米諸国の中央銀行が採用しているように，日銀も銀行間金利である無担保コール翌日物金利を政策金利として採用し，これをコントロールするようになっている。第7章で考察した日銀のバランスシートにおける貸付金の項目のほとんどは，手形買入から変更された共通担保オペレーションという形での日銀貸出になっている。

　各国の中央銀行は，民間企業や個人とは直接には取引を行うことはなく，銀行の銀行として金融機関に対して貸出を行っている。この貸出に伴う金利を一般に「公定歩合」といい，これを変更することは，銀行が貸出のために必要な資金調達のコストに有意な影響を与え，銀行貸出の態度を変化させるものと考えられてきた。日銀は現在，この公定歩合による貸出をやめており，短期的な資金需要に対しては，「基準貸付金利」による貸出を行っている。

日銀の低金利政策（ゼロ金利政策）を反映して，2015年10月時点における政策金利である無担保コール翌日物金利を0〜0.1%で推移するように維持しており，また，基準貸付金利は0.3%に設定されている。

8.3.3 準備率操作

第7章第2節の信用創造の項で説明がなされたように，金融機関は準備預金制度に従って様々な預金残高の一定割合を「日銀当座預金（準備預金）」として無利子で積まなければならないことになっている。このため，例えば日本銀行が預金準備率を引き上げると，銀行は積まなければならない準備預金が不足することになり，コール市場と呼ばれる（銀行間の）短期金融市場において資金を調達しようとする。預金準備率が引き上げられた結果，預金創造プロセスが縮小して銀行貸出が抑制され，金融引き締めの効果がもたらされる。逆に，預金準備率が引き下げられると，銀行の保有する準備に余裕が生じる結果，銀行貸出が増え，金融緩和の効果が及ぶのである。公開市場操作は，直接的にハイパワード・マネーの量に影響するが，準備率操作は，信用創造メカニズムにおける貨幣乗数（信用乗数）を通じてマネーサプライに影響を及ぼすのである。

8.4 $IS=LM$ 曲線

8.4.1 財市場の均衡条件：IS 曲線

経済理論で用いられる「比較静学分析」とは，経済変数の間に存在する因果関係である経済理論モデルにおける与件（パラメータ）あるいは外生変数の変化が，モデルの体系の中で決まってくる内生変数に与える効果の分析である。ほとんどの経済分析が，この比較静学分析という手法によって行われているといっても過言ではない。本節で説明する $IS=LM$ 分析は，この比較静学分析の一つである。$IS=LM$ 分析では，考察の対象となるモデルにとって外生変数である財政支出やマネーサプライの変化が，内生変数である生産量や利子率に与える効果が考察される。

インフレが無く物価水準が変わらないと仮定すれば，以下の分析では，名目変

数と実質変数を区別する必要はない。さらにここでは，海外との取引が無い閉鎖経済を考察の対象とする。用いられる記号を次のように定める。

Y：所得水準，$C(Y)$：消費関数，$I(i)$：投資関数，i：利子率，G：財政支出（外生的），$S(Y)$：貯蓄関数，$T(Y)$：政府税収

第5章で学んだように，総需要の構成項目のうち，民間部門の最終消費をあらわす消費関数は，所得が増えると消費が増えるという意味でフローである所得水準の増加関数である。設備投資である投資関数は，民間企業の投資プロジェクトから得られる収益を表わす資本の限界効率が与えられたとき，利子率が上昇すると投資は減少するという意味で，利子率の減少関数である。政府支出の水準は，完全に政府がコントロールすることが可能であるような（モデルの外から与えられる外生的な）政策変数である。

このような仮定のもとで財市場の均衡条件は，(8-1)式の右辺にある消費C，投資Iおよび財政支出Gの合計から構成される経済全体の総需要が，左辺の総供給に等しいという条件であり，以下のように表される。

$$Y = C(Y) + I(i) + G \tag{8-1}$$

民間貯蓄Sは，その定義から，所得Yから消費Cと税収Tを除いた残りなので，以下のようになる。

$$S(Y) = Y - C(Y) - T(Y) \tag{8-2}$$

したがって，財市場の均衡条件は，

$$S(Y) + T(Y) = I(i) + G \tag{8-3}$$

と書き換えられる。

すなわち，財市場の均衡は，民間貯蓄Sと税収Tの和が，民間設備投資Iと財政支出Gとの和に等しい状態と読み換えることができる。この式は，財市場が均衡しているときの生産水準Yと利子率iとの組み合わせを示しており，IS曲線は，(8-1)式を満たすような生産水準Yと利子率iとの組み合わせである。財市場の均衡条件から，財市場が超過需要になっていて，$Y<C+I+G$のときは，貯蓄と税収の合計が投資と政府支出を上回る状態に対応し，$S+T<I+G$となっている。逆に財市場が超過供給になっていて，$Y>C+I+G$であるときは，$S+T>I+G$と置き換えて，それぞれ理解することができる。

縦軸に利子率を，横軸に生産水準を取ると，このように定義されたIS曲線は，図8.1に示されるように右下がりになる。これは，所得水準が増大（減少）すると貯蓄が増大（減少）し，この増大（減少）した貯蓄と等しい投資を導くために

は，利子率が低下（上昇）しなければならないからである．

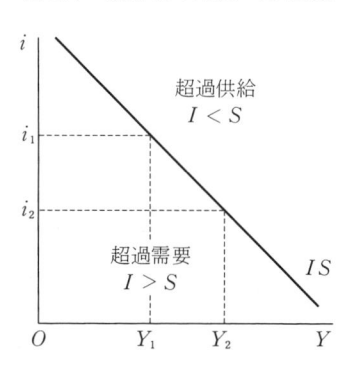

図 8.1　財市場の均衡：IS 曲線

```
     i
     │
     │╲
     │ ╲    超過供給
     │  ╲    I < S
  i₁ ┤---╲
     │    ╲
  i₂ ┤-----╲---╲
     │    │ ╲  │╲
     │ 超過需要  ╲
     │  I > S   ╲  IS
     │    │    │ ╲
     └────┴────┴──╲──
     O    Y₁   Y₂   Y
```

8.4.2　財市場の不均衡と調整過程

　財市場の均衡条件を満たす IS 曲線上にない領域は，どのような状況であろうか．IS 曲線の上側の領域をまず考えてみよう．この領域では，ある特定の所得水準に対して財市場を均衡させる水準よりも高い利子率が対応するため，貯蓄が投資を上回っている．すなわち，財市場は供給が需要を上回る超過供給の状態になっているものと考えられる．逆に，IS 曲線の下側の領域では，財市場は需要が供給を上回る超過需要になっている．図 8.1 に示されているように，横軸に生産 Y と縦軸に利子率 i をとった平面において，IS 曲線の上側では財市場が超過供給にあり，下側では超過需要にあるというように領域を分割することができる．

　次に財市場が不均衡であるとき，短期的には不均衡の調整が価格ではなく数量によって行われるとすれば，財市場が超過需要にある IS 曲線の下側では，企業が生産を増やし販売量を拡大している状況と考えられ，グラフでは右方向に生産水準の上昇圧力が働いている．財に対する需要の動きに対して，企業は短期的には価格によってではなく，数量，すなわち在庫水準の調整によって対応するものと想定するのである．財市場が超過供給にある IS 曲線の上側では，生産が販売量を上回り，在庫の積み増しが進んでいるため，企業が生産を減らそうとしている状況であり，グラフでは左方向に生産水準の下落圧力が生じているものと考えられる．

8.4.3　IS曲線のシフト

次に，IS曲線がシフト（移動）する要因を説明しよう。

まず第1は，安定化政策の一つである財政支出（G）の変化である。財政支出が増大する（縮小する）ことは，総需要管理政策として拡張的な（緊縮的）政策がとられていることを意味する。財政支出が拡大されれば，利子率が一定であると，財市場に超過需要（供給）が発生し，均衡を回復するにはいかなる利子率水準に対しても生産が増大（縮小）することが必要になる。このため，図8.2にみるようにIS曲線は右上方（左下方）にシフトする。財政支出が拡大されるとIS曲線は，ISからIS′にシフトし，財政支出が縮小されるとIS曲線は，ISからIS″にシフトする。

第2は，民間設備投資の限界効率の変化である。例えば，技術革新がなされたりして投資プロジェクトから得られる期待収益の増加が予想されると，企業の投資意欲が増す。このため投資関数が上方にシフトし，IS曲線は右上方にシフトする。逆に，投資プロジェクトから得られる期待収益が低下して企業の投資意欲が弱まるときには，投資関数は下方シフトし，これによってIS曲線は左下方にシフトする。このように，投資の限界効率の変化によってIS曲線がシフトして財市場の均衡条件に有意な影響が生じるのは，投資関数が企業の主観的な投資マインド（アニマルスピリット）に依存しているからである。

この他に，限界貯蓄性向の変化や税率の変化も，IS曲線のシフト要因である。

以上の結果から，総需要の構成項目が増大するとIS曲線は右上方にシフトし，経済に拡張的な作用を及ぼす。逆に総需要が減少すると，IS曲線は左下方にシ

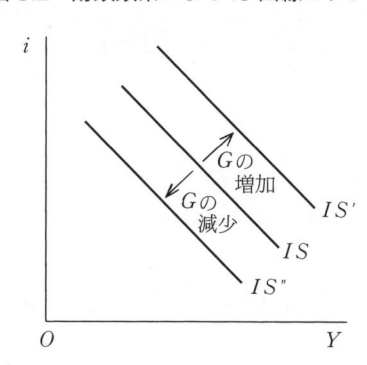

図8.2　財政政策による IS 曲線のシフト

フトして，経済に縮小的な作用をもたらす。

8.4.4 貨幣市場の均衡条件：LM曲線

取引動機，投機的動機による貨幣需要をひと纏めにして貨幣需要関数を考える。前章では，貨幣需要を取引動機と投機的動機とに分けて説明してきたが，現実には個人にとって保有する貨幣を保有動機に基づいて二つに厳密に分けられるというものではない。貨幣保有のコスト（機会費用）が利子率であることを考えれば，利子率が上昇すると貨幣需要は減少するものと考えられる。したがって，貨幣需要関数は所得水準の増加関数であると同時に，利子率の減少関数であるとする。

貨幣供給量が一定のとき，LM曲線は貨幣市場を均衡させる所得水準Yと利子率iとの組み合わせである。記号を，M：貨幣供給量，$L(Y, i)$：貨幣需要関数，と定めると，貨幣市場の均衡条件は，次のようである。

$$M = L(Y, i) \tag{8-4}$$

このようにして得られるLM曲線の上の点は，その定義から貨幣市場を均衡させる所得水準Yと利子率iとの組み合わせである。図8.3には，縦軸に利子率，横軸に所得がとられ，LM曲線が示されている。

一般にLM曲線は右上がりである。これは，所得水準が増大（減少）すると取引動機による貨幣需要が増大（下落）するが，貨幣供給量が一定のままであれば，貨幣市場が均衡するには投機的動機による貨幣需要が減少（増大）しなけれ

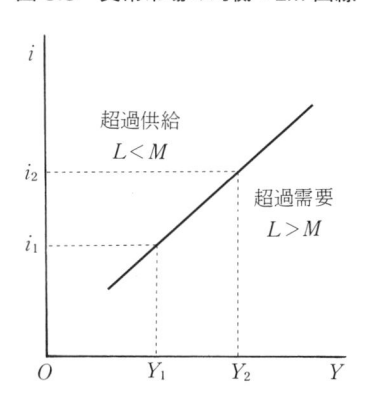

図8.3 貨幣市場の均衡：LM曲線

ばならず，これには，利子率が上昇（下落）しなければならないからである。

8.4.5 貨幣市場の不均衡と調整過程

さて，この LM 曲線上の点では貨幣市場が均衡しているわけだが，それでは LM 曲線上にない点では，貨幣市場はどのような状態になっているだろうか。

まず，LM 曲線の上側では，貨幣市場を均衡させる所得水準に対して利子率が高すぎるため貨幣需要が小さく，したがって貨幣市場は供給が需要を上回る超過供給の状態になっている。逆に，LM 曲線の下側では，貨幣市場を均衡させる所得水準に対して利子率が低すぎるため貨幣需要が大きすぎ，貨幣市場は需要が供給を上回る超過需要の状態になっている。

次に，貨幣市場が不均衡の状態にあるとき，需給不均衡の調整がどのようになされるのかを考えてみよう。貨幣市場が超過需要の状態にある LM 曲線の下側では，貨幣市場が超過需要になっているため，人々は債券よりも貨幣をより多く保有しようとしているため，債券に売りの圧力がかかり，したがって債券価格が下落し，利子率が上昇しているものと考えられる。利子率が変化することで貨幣市場の需給不均衡の調整がなされるとすれば，LM 曲線の下側の領域では，利子率の上昇圧力が働いているものと考えられる。逆に貨幣市場が超過供給の状態になっている LM 曲線の上側の領域では，債券市場に超過需要が生じていて，債券価格が上昇し，利子率の下落圧力が働いているものと考えられる。

8.4.6 LM 曲線のシフト

LM 曲線のシフトをもたらす要因について解説しよう。貨幣供給量が変化すると貨幣市場にどのような変化が起きるのであろうか。貨幣供給量が増加すると貨幣市場で超過供給が生じるため，これを解消するには所得水準が増大して取引動機の貨幣需要が増大するか，あるいは利子率が下落することによって投機的動機の貨幣需要が増大しなければならない。したがって，貨幣供給量が増加するとき，LM 曲線は右下方向にシフトする。貨幣供給量が減少するときには，いまとは逆に，LM 曲線は左上方向にシフトする。

中央銀行による何らかの金融政策によってマネー・サプライが増減する状況は，こうした LM 曲線のシフト（移動）によって表現される。図 8.4 には，貨幣

図 8.4　金融政策による LM 曲線のシフト

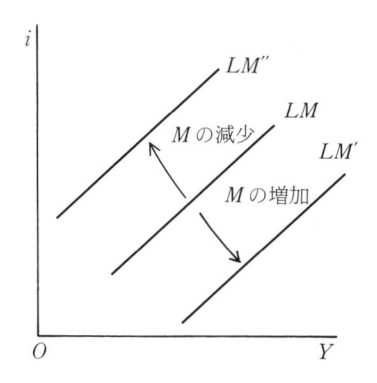

供給量が変化したときの LM 曲線の動きが示されている。金融緩和政策によってマネー・サプライが増加するときには，LM 曲線は LM から右下方にある LM′ にシフトし，金融引き締め政策によってマネー・サプライが減少するときには，LM 曲線は LM から左上方にある LM″ にシフトする。

8.5　IS＝LM 曲線と財政金融政策の効果

8.5.1　IS＝LM 曲線

　ここまでに導出された IS 曲線と LM 曲線によって，財政金融政策の効果を整理してみよう。IS＝LM 分析では，物価が一定である短期的状況を想定しており，財に対する需要と供給の不均衡の調整は数量によってなされると考える。IS＝LM 分析とは，内生変数である生産量と利子率が，投資需要の利子弾力性，貨幣需要の所得弾力性・利子弾力性などをパラメーターとし，外生変数である貨幣供給量と財政支出によって決定される体系である。

　財市場と貨幣市場が同時に均衡する状態を表現する IS＝LM 曲線は，図 8.5 のように表わされる。IS 曲線と LM 曲線を同一平面上に書くと，その交点が均衡の生産水準 Y^* と利子率 i^* である。そして，均衡の生産量と利子率は，IS 曲線あるいは LM 曲線の少なくともどちらかに影響を与える外生変数の変化（ショック）があれば，それに応じて変化する。貨幣供給量の変化を伴う金融政策は，

図 8.5　*IS=LM* 曲線

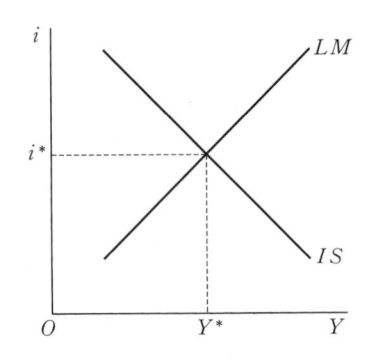

貨幣市場へのショック要因と見なせるし，財政支出の変化である財政政策の発動は，財市場へのショックと考えることができる。現実には政策運営によるショック以外にも，これまで述べてきたそれぞれの曲線をシフトさせる様々なショック要因が両方の市場に常に作用している。以下ではしかしながら，裁量的政策の効果を考察するに当たって，金融政策と財政政策をそれぞれ独立に発動したときの効果を見ていくことにする。

ところで，*IS=LM* 曲線の交点は，所得も利子率もともに財市場と貨幣市場の双方を均衡させる水準であるが，こうして得られる生産水準は，必ずしも生産要素をフルに雇用したときに実現できる潜在的な生産水準の完全雇用生産量と一致しない。失業した労働者が残され労働市場に不均衡を伴ったまま，財市場と貨幣市場だけが均衡するという状態が起こりうる。労働市場において，人々が現行の賃金で働きたいと思っているにもかかわらず，雇われないという非自発的失業が生じているということである。このような状況を「不完全雇用均衡」と呼び，労働市場に残された不均衡によって，潜在的に経済が供給可能な水準を下回る生産水準しか実現されていないことを意味している。このとき，GDP ギャップが存在しているともいう。

不完全雇用均衡が生じる原因を，ケインズの経済学では，市場の不完全性のひとつである名目賃金の硬直性に求める。労働市場の需給不均衡が賃金の調整によってクリアーされないかぎり，総需要の水準を適当にコントロールして完全雇用を実現するように，財政金融政策の発動が求められるのである。

「ティンバーゲンの定理」により，一般に，複数の独立した政策目標を同時に

達成するには，少なくとも政策目標と同数の独立した政策手段が必要である。$IS=LM$ 分析では，政策担当者は，生産量と利子率という二つの政策目標に対して財政政策（財政支出のコントロール）と金融政策（マネーサプライのコントロール）という二つの政策手段を有しているため，望ましいと考える政策目標の水準を達成することが可能である。ケインズ的な考え方による裁量政策は，ハーベイロードの前提と呼ばれる政府部門の情報優位性に基づく考え方に依拠していて，民間部門よりも情報優位にある政府部門が積極的な介入を行うことが正当化される。

8.5.2 財政政策の効果

財政政策とは財政支出水準や税率の変化であり，IS 曲線のシフトによって表現できる。財政支出の拡大と減税による景気拡大政策によって，IS 曲線は右上方へシフトする。一方，財政支出の縮小と増税による景気引き締め政策は，IS 曲線の左下方へのシフトによって表現される。減税や増税は，財政支出の増減と同じなので，以下では，財政支出の効果だけを検討する。

当初経済の均衡が Y_0, i_0 にあったとしよう。図8.6で示されているように，財政支出の拡大によって，IS 曲線は IS から IS' にシフトするため，LM 曲線の位置が変わらなければ，生産水準は Y から Y' に増大し，利子率は i から i' に上昇する。このように，利子率の上昇を伴いながら生産が拡大することが財政支出増加の効果である。また財政支出が縮小されると，IS 曲線は IS から IS'' にシフト

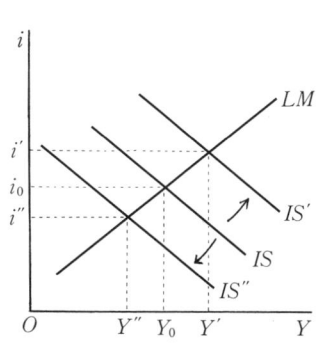

図8.6 財政政策の効果

するため，このときも LM 曲線の位置が変わらなければ，生産水準は Y から Y'' に減少し，利子率は i から i'' に下落する。

財政支出の拡大は，LM 曲線の位置が変わらない限り，生産を拡張させる効果を持ち，利子率に対してもこれを上昇させる効果を持つ。また，財政支出が縮小されるときはこれとは逆に，LM 曲線の位置が不変である限り，生産は減少し，利子率も下落することがわかる。言い換えれば，財政政策の発動は生産量と利子率とを同方向に変化させる。

ここで財政支出の増加に伴って利子率が上昇するのは，所得の増大によって取引動機による貨幣需要が増大し，マネーサプライが一定のままで貨幣市場が均衡するには，利子率の上昇によって投機的動機による貨幣需要が減らなければならないからである。

また，財政支出が拡大されると，$IS=LM$ 分析においては，利子率の上昇によって民間設備投資が減少し，当初期待された乗数効果が削減される。この現象を，「クラウディングアウト効果」という。すなわち，財政支出の拡大は民間投資を削減することになり，その分，当初期待される財政支出の景気拡大効果が相殺されてしまう。

8.5.3 金融政策の効果

金融政策とは，様々な金融政策手段を用いて生じるマネーサプライの変化のことである。いま，金融緩和政策によって LM 曲線が LM から LM' へと右下方にシフトするとき，IS 曲線の位置が変わらない限り，生産は増大し，利子率は下落する。当初均衡が Y_0, i_0 にあったとしよう。図 8.7 で示されるように，金融緩和政策によって生産水準は Y から Y' に増大し，利子率は i から i' に下落する。

このように，金融緩和政策は生産水準を増大させる効果を持つ一方，利子率を低下させる効果を持つ。これは，マネーサプライが増大することによって貨幣市場に超過供給が生じて利子率が低下し，投資が促進されることで生産が増大するというメカニズムとして理解される。

逆に，金融引き締めが行われて LM 曲線が LM から LM'' へと左上方にシフトすると，IS 曲線の位置が不変である限り，生産水準は減少し，利子率は上昇することがわかる。生産水準は Y から Y'' に減少し，利子率は i から i'' に上昇する。金融引き締めは生産水準を縮小させる効果を持ち，利子率に対してはこれを

図 8.7 金融政策の効果

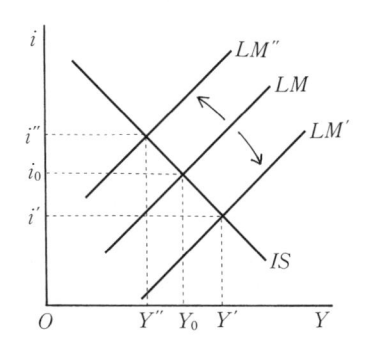

上昇させる効果を持つことになる。

◈◈ ［ベーシック用語］◈◈◈◈◈◈◈◈◈◈◈◈◈◈◈◈◈◈◈◈
総需要管理政策　比較静学　公共財　直接税　間接税　自動安定化装置（ビルト・イン・スタビライザー）　プライマリーバランス（基礎的財政収支）　公定歩合　公開市場操作（オープンマーケット・オペレーション）　準備率操作　非自発的失業　不完全雇用均衡　ティンバーゲンの定理　クラウディングアウト効果
◈◈◈◈◈◈◈◈◈◈◈◈◈◈◈◈◈◈◈◈◈◈◈◈◈◈◈◈◈◈

―――〈演習問題〉―――――――――――――――――――――

問1　IS-LM 曲線の問題に答えなさい。
(1) 生産水準（GDP）を Y, 限界消費性向を 0.8, 独立消費を 80 とする消費関数を, $C = 0.8Y + 30$ とし, 独立投資を 160, 利子率を i として, 投資関数を $I = 160 - 20i$, 財政支出を 50, とするとき, 財市場の均衡条件を表わす IS 曲線を求めよ。ただし, 利子率はそれが 10% のとき, $i = 10$ の値をとるものとする。
(2) 財政支出の拡大, 企業の投資意欲（これは投資の限界効率によって表わされる）や家計の貯蓄意欲（限界貯蓄性向）の変化によって, IS 曲線はどのように移動（シフト）するか, 論ぜよ。
(3) 貨幣供給量を 300, 貨幣需要関数を $L = 0.5Y - 10i$ とするとき, 貨幣市場の均衡条件を表わす LM 曲線を求めよ。さらに, 貨幣供給の変化によって LM 曲線はどのように移動（シフト）するか, 論ぜよ。
(4) (1), (3)で求めた IS 曲線と LM 曲線とを組み合わせて, 均衡の生産（所得）水準と利子率を求めよ。

(5) 1100の生産水準（GDP）を金融政策だけで達成するとき，日銀は貨幣供給量をいくらにすればいいか。

〈正解〉
(1) 消費関数，投資関数を加え合わせて Y について解くことにより，IS 曲線として，$Y=1200-10i$ が求まる。
(2) 右上方に移動（シフト）する。
(3) 貨幣供給と貨幣需要を等しいとおくことにより，LM 曲線として，$Y=20i+600$ が求まる。また，貨幣供給量の増加によって，LM 曲線は右にシフトする。
(4) 上記の IS 曲線，LM 曲線を連立方程式として解くと，均衡の生産量 $Y^*=1000$，並びに利子率 $i^*=20$ が求まる。
(5) 生産水準（GDP）が1100のときの金利水準を IS 曲線から求め，これと $Y=1100$ としたものを LM 曲線に代入して，$M=450$ を得る。

問2 次の文章のうち正しいものはどれか。
① 公定歩合の引き下げ（金融緩和）によって，LM 曲線は左にシフトする。
② 日銀による売りオペレーションによって，LM 曲線は右にシフトする。
③ 日銀による預金準備率の引き上げによって，LM 曲線は左にシフトする。
④ 政府の財政支出拡大によって，IS 曲線は右にシフトする。
⑤ 政府の減税によって，IS 曲線は左にシフトする。

〈正解〉
　　　正解は④・・・内需拡大につながる財政支出の拡大政策によって，IS 曲線は右にシフトする。①では，金融緩和によって LM 曲線は右にシフトする。②では，金融引き締め政策になり，LM 曲線は左にシフトする。③では，これも金融引き締め政策になるので，LM 曲線は左にシフトする。⑤では，減税によって内需が拡大するので，IS 曲線は右にシフトする。

問3
① 公共投資が金利の上昇を伴いながら民間投資を減らす効果を何というか。
② 新規発行の国債を日銀が引き受けると，どのような効果が生じるか。
③ 貨幣需要関数が流動性のわなの状態にあるとき，有効性を持たないのはどの政策か。

〈正解〉
① クラウディングアウト

② LM 曲線が右にシフトして，財政支出の拡大効果をさらに強め，GDP の拡大に繋がる。

③ 金融政策

第9章
労働市場とフィリップス曲線

　本書第Ⅱ部マクロ経済学では，まず第4章において，国民経済計算の概念規定を行ったあと，第5章で，ケインズ経済学の考え方に従い，消費関数や投資関数の議論を展開したうえで，短期における国内総生産（GDP）の決定メカニズムを論じた。さらに第6章では，時間を通じた経済の動きを描写する経済成長理論を考察した。第7章では金融システムについて解説を行い，第8章では財政金融政策の効果を論じた。そこで，続く本章では，これまでのマクロ経済学の議論を前提に，労働市場とフィリップス曲線の問題を取り上げる。

9.1　労働市場

　本節では，マクロ経済学の標準的テキストで説明されるように，労働需要（「古典派の第1公準」）を導き出し，次に，労働者の主体均衡から労働供給（「古典派の第2公準」）を導出したうえで，労働市場の部分均衡分析を行う。
　労働市場は，生産要素の一つである労働サービスが取引される市場である。労働者は，自分の労働サービスを雇い主である企業に提供し，それと交換に賃金を得る。一方，雇い主側である企業は，機械設備（固定資本ストック）や土地等の生産要素などと共に労働を受け入れて，生産活動を行う。
　しかし，労働サービスを取引する労働市場で何らかの機能不全が発生すれば，労働者が職に就くことができず失業が発生し，マクロ経済の活動が停滞することになる。本章9.2で解説するように，景気動向指標の一つである失業率は，鉱工業生産指数，景気動向指数，機械受注実績，有効求人倍率などとともに，一国経済の景気の動きを知る尺度の一つとして重要な指標として理解されている。
　労働市場には，ミクロ経済学が想定していない法制度面での特徴がある。とりわけ次の3点を指摘することができよう。すなわち，第1は，最低賃金法による

「最低賃金」の取り決めである。第2は，労働者は労働組合を結成し，雇用者と賃金その他の条件について独占的な交渉を行うことである。第3は，失業した労働者は，「雇用保険」から失業給付を受けられることである。これらは，後に賃金の硬直性について論じる際にも指摘される点ではあるが，他の市場には見られない労働市場に固有の制度的特徴であり，本来は経済的に立場の弱い労働者を守るためのものであった。しかし現在は，労働市場の機能に無視しえない影響を与えることが知られている。

また，近年の労働市場の変化に目を転じてみると，21世紀に入り，日本経済の労働市場は，大きな変革期にある。少子高齢化と生産力人口の減少という人口構造の変化がそれであり，また，経済のグローバル化によって国境を越えた資本や労働の移動が活発化し，一方で，急速な技術革新や規制緩和，さらに，産業構造の変化と非正規労働者の増加が進んでいることが指摘できよう。

一国経済をマクロ経済の視点から鳥瞰して，財を生産するマクロ生産関数を想定すると，国内総生産（GDP）は，生産要素である労働，資本ならびに生産性（技術進歩）を示す全要素生産性（TFP）によって規定される。生産要素としての労働は，GDP生産の源と見なすことができる。

経済成長理論を扱った第6章でみたように，生産関数をコブ・ダグラス型とし，記号を，K：資本ストック，N：労働，A：技術進歩（全要素生産性）とすると，マクロの生産関数は，次のように書ける。

$$Y = AK^{\alpha}N^{1-\alpha} \tag{9-1}$$

すでに解説がなされているように，この関数は，新古典派経済学が通常仮定する生産関数である。

与えられた資本，労働を所与の技術のもとでフルに雇用したときに達成される水準を「潜在GDP」，あるいは，「完全雇用GDP」という。また，労働生産性は，資本装備率，技術水準，人的資本などによって規定される。

以下では，労働に対する需要と供給を部分均衡分析のフレームワークでみていくことにしよう。

9.1.1　労働需要

労働は，様々な財・サービスを生産するに際して必要とされる生産要素として需要されるので，「派生需要」と呼ばれる。

労働に対する需要を導出するため，ここではまず資本ストックの水準を一定としておき，生産要素投入として労働のみを考える。企業は生産物市場で完全競争下にあり，生産に用いられる生産技術を表現する生産関数，並びに財（アウトプット）価格，賃金（インプット価格）などは，所与という仮定をおいておく。

企業の利潤極大化問題の必要条件から，労働需要を表す式を導出しよう。記号を次のように定めよう。Y：GDP（国内総生産），K：資本ストック，N：労働投入，$Y=f(K,N)$：生産関数，p：生産物の価格，w：名目賃金，w/p：実質賃金。ここで，「実質賃金」とは，財の価値で測った賃金水準のことをさす。

企業の利潤極大化行動を，次のように定式化する。企業の利潤は，収入から費用を差し引いたものなので，企業利潤$\Pi=pY-wN$と書ける。企業の利潤最大化問題を解くことにより，その必要条件から，労働需要を表す式を得る。すなわち，この式の労働Nに関する1階微分をとり，極大化の必要条件（2階条件）が満たされているものとして，1階条件として以下の(9-2)式を得る。企業は，利潤を極大化するために，(9-2)式を満たすように雇用量を選択するのである。ここで，「労働の限界生産力（限界生産物）」とは，第3章で学んだように，追加的に1単位の労働投入を増やしたときに得られる生産物の増加分のことをいう。

企業の主体均衡では，(9-2)式のように，左辺の労働の限界生産物が，右辺の実質賃金に等しくなるように労働需要が決まるものと考えられる。あるいは，労働の限界生産物に財の価格を乗じた「労働の限界価値生産物」が，名目賃金に等しいと言い換えることができる。

$$限界生産物：f'(N)=\frac{\Delta Y}{\Delta N}=\frac{w}{p}：実質賃金 \qquad (9\text{-}2)$$

生産要素としての労働の限界生産力が，生産の増加とともに逓減するという仮定（限界生産物逓減の法則）の下では，労働需要は，実質賃金の減少関数になる。すなわち，賃金が高くなるにつれて，企業の労働需要は減少していくものと考えられる。逆に，財価格に比べて賃金が低下すれば，実質的に生産コストが低下するため，労働需要が増大する。

横軸に労働需要，縦軸に限界生産物と実質賃金をとるグラフで(9-2)式表現すると，労働需要曲線は右下がりの曲線として表現できる。このような労働需要の考え方を，ケインズは「一般理論」において「古典派の第1公準」と呼んだ。

市場での労働の同質性を仮定しておくと，個別企業の労働需要関数を集計することで，(9-3)式のような市場の労働需要関数N^dが導出される。個別の労働需要

関数の性質が集計によっても保持されるものとすると，市場全体の労働需要関数も実質賃金の減少関数になって，賃金の上昇に伴って市場の労働需要は減少するものと考えられる。

$$N^d = N^d\left(\frac{w}{p}\right) \tag{9-3}$$

9.1.2 労働供給

　伝統的ミクロ経済学では，家計の労働供給は，様々な賃金率に対してどれだけの労働サービスを供給するかによって規定される。労働供給量の決定は，予算制約の下，労働時間とレジャー（余暇時間）との選択問題として定式化される。ここで，賃金率とは，労働量1単位当たりの報酬をさす。

　ミクロ経済学で学んだ家計の最適化行動を援用すると，労働サービスを提供する家計は，財の消費（c）と余暇（l）に依存する効用関数 $u = u(c, l)$ を，予算制約のもとで最大化すると考えられる。家計の予算制約式では，1日24時間のうち，余暇の時間（l）を引いた残りが労働時間になり，それに実質賃金を乗じたものが実質所得 Y になる。したがって，予算制約式は，$Y = \left(\frac{w}{p}\right)(24 - l)$ と書くことができる。この制約条件下で家計が効用最大化を図ることから，労働供給関数が導出される。

　ミクロ経済学で学ぶように，価格変化に対する消費者の主体均衡の変化には，代替効果と所得効果が伴う。賃金の変化には，実質賃金が上昇することで所得が増すため，労働時間を減らして余暇を増やすという所得効果と，実質賃金が上昇することにより，一般的な財の価格が安くなる一方余暇の価格が相対的に上昇するので，働く時間を増やすことになる代替効果が生じる。消費者行動の理論では，所得効果が代替効果を上回らないことが通常仮定されるので，実質賃金が上昇すると労働供給量が増大するものと考えられる。

　このような労働供給関数の考え方を，ケインズは「一般理論」において「古典派の第2公準」と呼んだ。

　労働需要を扱ったときと同様に，ここでも労働の同質性を仮定すると，個別家計の労働供給関数を集計することで，市場の労働供給関数が導出できる。個別の労働供給関数の性質が保持されているものとすると，市場の労働供給関数 N^s も

実質賃金の増加関数になる。労働供給は，以下の(9-4)式で与えられるように，実質賃金の増加関数となる。すなわち，賃金が高くなるにつれて市場の労働供給は増大していくものと考えられる。

$$N^s = N^s\left(\frac{w}{p}\right) \tag{9-4}$$

以下では，わが国の労働供給に関するデータを概観しておこう。

総人口のうち，「労働力人口」と呼ばれるのは，15歳以上の人口のうち労働力となる人々で，実際に仕事に就いている就業者と完全失業者の合計である。わが国で働く人の数を示す労働力人口は，戦後一貫してほぼ右肩上がりで増えてきたが，近年は減少傾向にある。また，「労働力人口比率」は，（労働力人口）÷（15歳以上人口）で与えられる。「就業率」は，15歳以上の人口に占める就業者の割合をいう。また，「非労働力人口」とは，15歳以上の人口のうち，就業者と完全失業者以外の者をいう。

一方，「完全失業者」とは，調査期間中に，仕事に就いていないが，仕事があればすぐに始められる状態で，求職活動をしていた人をさす。「完全失業率」は，労働力人口に占める完全失業者の割合をいう。

総務省『労働力調査』によると，わが国の労働力人口は，2015年には6,603万人であった。労働力人口比率は59.6%であり，就業率は57.6%である。一方，完全失業者は222万人に達し，完全失業率は，3.3%と高く，雇用情勢の厳しさを表している。

わが国の失業率は，これまで先進諸外国の中でも低かったが，これは日本の雇用慣行が低い失業率につながっていたものと理解されている。1960～80年代には1～2%台と低い傾向が続き，わが国では，不況期でもあまり失業率が上昇することは無かったが，90年代半ば以降，失業率は上昇し，5%を超す水準にまで達するようになった。

この背景には，長期不況（バブル崩壊後の失われた20年）による非正規労働者の増加などに見られる労働市場の構造変化があり，さらに2008年のリーマンショック以降，欧米諸国を始めとして金融危機により景気後退が続いたため，雇用情勢が悪化しているものと考えられる。

また，高度経済成長期以降，わが国労働市場の特徴を示すキーワードとして使われてきた，「終身雇用」，「年功序列賃金体系」，「企業別労働組合」という仕組みは，バブル経済の破綻以降崩壊しつつある。

わが国では，2009年に，戦後初めて労働力人口比率が6割を下回った。こうした現象は，少子高齢化による総人口の減少と，厳しい雇用情勢のもとで，就業意欲を喪失して求職活動を諦めてしまった人が増えたためである。

高齢化に伴うわが国労働力人口の減少は，諸外国との比較でも際立っており，マクロ経済の潜在的成長率を押し下げる要因になることが懸念される。また，仕事に従事する人が減ることから，家計の収入が減少し，個人消費が停滞する懸念もある。

9.1.3 労働市場の均衡

労働市場の均衡状態は，これまでに導出してきた労働需要の(9-3)式と労働供給の(9-4)式を等しいとおいて表現できる。均衡条件は，(9-5)式のように表される。これまでに導出された労働に対する需要曲線と供給曲線を一つのグラフに書いてみると，図9.1のようになる。

$$N^d\left(\frac{w}{p}\right) = N^s\left(\frac{w}{p}\right) \tag{9-5}$$

図9.1において，労働需要と労働供給が一致する雇用のレベル N^* を，「完全雇用水準」という。このとき，均衡の賃金水準 $\left(\frac{w}{p}\right)^*$ のもとで，働きたいと考えているすべての労働者は働くことが可能であり，働きたくても働くことができな

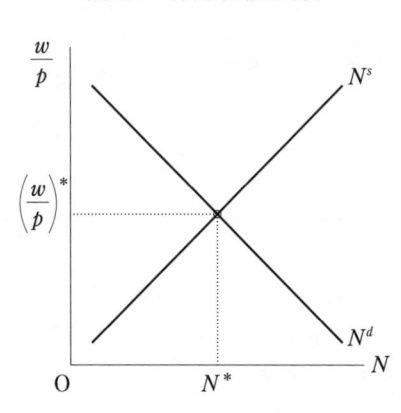

図9.1　労働市場の均衡

い失業者は存在しない。

　さらに，労働サービスへの需要と供給を等しくするように賃金が伸縮的に動くことで調整を行う完全競争市場を想定する。図に示されるように，右下がりの労働需要関数と，右上がりの労働供給関数の交点は，均衡の労働量と賃金を表している。

　このようにして決まる雇用量の下での産出量水準を，「完全雇用産出量（GDP）」という。この水準が，しばしば総需要管理政策の目標になるものであり，経済の活動水準がこのレベルを下回るとき，「GDPギャップ」（あるいは，「デフレギャップ」）が生じているという。財市場が需要不足でGDPギャップが発生しているとき，労働市場は超過供給の状態にあり，失業が発生していることになる。

　現実に観察されるのは，名目賃金が伸縮的に労働の需給を調整する役割を果たさず，必ずしも労働市場の不均衡を解消するものではないということである。名目賃金は，しばしば（下方に）硬直的であり，失業を伴う。

　労働市場に対する見方は，学派によって異なっている。古典派経済学では，完全情報，完全競争，伸縮的な賃金調節を仮定する。ケインズ経済学では，古典派経済学とは異なった見方を主張して，労働市場では不完全競争，不完全情報，硬直的賃金が仮定される。ケインズ経済学では，労働供給は，実質賃金ではなく名目賃金の関数なので，労働者が「貨幣錯覚」をもっていることが仮定されていて，そのために名目賃金は下方硬直性を持つことになる。言い換えれば，労働者は，不況でも現行の名目賃金に固執するため，結果として名目賃金は下方硬直性となると考える。

9.2　失業とUV分析（ベバリッジ曲線）

　本節では，失業とUV分析（ベバリッジ曲線）の問題を扱う。まず失業に関連する諸概念として，失業率，未充足求人率，有効求人倍率などを解説し，次に労働市場のミスマッチを表すベバリッジ曲線を提示する。

　本章9.1.3で示したように，労働需要と労働供給が一致した状態を「完全雇用」といい，これに基づいて総生産量が決まってくる。労働サービスを提供する労働者サイドからみると，現行の賃金のもとで働きたいと思っている人が全て雇われ

る状態を，完全雇用と言い換えることができる。このもとで生産されるGDP（国内総生産）のことを，先に書いたように完全雇用産出量（GDP）といい，非自発的失業がないもとでの総生産量を与えることになる。財政金融政策というマクロの総需要管理政策の一つの目標は，この完全雇用GDPを達成することである。

9.2.1 失業とは

　失業とは，労働者が働く意思があるのに仕事に就けない状態のことをいう。わが国では，失業の定義を総務省が与えている。それによれば，「失業者」とは，仕事がなくて調査期間中少しも仕事をしなかった者のうち，就業が可能でありこれを希望しかつ仕事を探していた者，及び仕事があればすぐ就ける状態で過去に行った求職活動の結果を待っていた者である。

　失業は，以下に示すように，職探し（ジョブサーチ）の難しさや賃金の硬直性，さらにマクロ経済の需要不足によって発生する。

　労働市場の需給状態に関連する指標に，失業率，未充足求人率，有効求人倍率などがある。

　総務省の統計により，わが国の失業率は，

$$\text{「完全失業率」} = (\text{完全失業者} \div \text{労働力人口}) \times 100 \ (\%)$$

と定義される。但し，「労働力人口」＝就業者＋完全失業者である。これは，働きたくとも働けない人々の割合で，労働の超過供給を示す指標である。

　これに関連して，「未充足求人率」は，企業の労働需要に対して充足されない割合を指し，これが高いと労働需要が高く，人手不足になっていることを示している。

　「有効求人倍率」は，（求人数）÷（求職者数）で求められ，これが1以上のとき，求人が求職を上回り，労働市場が超過需要にあることを示している。逆に，これが1を下回るときは，労働市場が超過供給の状態にあることを示している。

　労働市場に対する考え方が学派によって異なることを前節で述べたが，ケインズ経済学は，名目賃金の硬直性とともに，失業の原因を主として有効需要の不足に求め，古典派経済学は，賃金による需給調整能力の欠如に求める。

　失業は，本来その労働者が生産活動に従事していたら得られたであろう生産が行われていないという意味において，経済的損失を伴う社会問題でもある。

さて，このように定義される失業は，以下の三つの形態に分類される。

第1は，「摩擦的失業」，あるいは「構造的失業」と呼ばれるもので，職種，地域，労働の特殊性などに起因するミスマッチや職探しなどによって生じる失業をいう。これらは，労働者の能力や選好が偏在していること，労働者が地理的にすぐには移動できないこと，さらに，求人情報が平等に行き渡らないなど情報の不完全性等から生じる失業である。摩擦的失業や構造的失業は，労働市場が均衡しているときでも発生する失業である。

第2は，「自発的失業」といい，労働者が現在の賃金で就業可能な仕事が自分には適さないと認識し，自発的に働かないことによって生じる失業をさす。

第3は，「非自発的失業」，あるいは，需要不足失業と呼ばれるものであり，労働者が市場で成立している現行の賃金で働きたいと思っていても，有効需要の不足によって働けないでいる失業のことをいう。1930年代の世界大恐慌を経験したケインズが提示した失業概念はこの概念であって，労働市場が不均衡であるために発生している失業と考えられ，総需要管理政策によって解消すべき失業として捉えられる。

もう一つの重要な失業の概念に自然失業率がある。「自然失業率」は，M. フリードマンが提示した概念で，市場メカニズムが決定する失業率と定義される。ここでは議論の簡単化のため，上記の摩擦的失業と自発的失業との和と理解しておく。

以上から，失業は，雇用のミスマッチによって生じる構造的なものと，需要不足による循環的要因に基づく失業とに大別することが可能である。

これまで，失業の定義を与えてきたが，こうした失業が発生する原因には，次の三つが考えられる。

第1には，マッチングに時間がかかることである。これによって発生するものが摩擦的失業に対応し，求人と求職者とのあいだのマッチングに時間がかかることから生じる失業である。

また，生産業間，地域間での需要構造の変化によっても失業が発生し，これを部門間シフトによる失業と理解する。労働者が部門間を移動するのに時間がかかる以上，摩擦的失業は消えない。これらは，労働者の能力の異質性，移動可能性，求人情報の不完全性などによって発生するものと考えられる。

第2は，賃金の硬直性である。賃金は労働の需給を調整するように充分に伸縮的ではなく，現実には，たびたび市場均衡水準と比較して高止まりすることによ

って，労働市場では失業が発生する。賃金の硬直性が生じる原因として，①最低賃金法，②労働組合の独占力，③効率的賃金（これらについては，後述する9.3を参照），などが考えられる。

第3は，失業後の一定期間，雇用されていたときの賃金の一部の給付を受ける失業保険（雇用保険）制度の存在である。失業保険の充実は，一方では企業側の解雇を容易にすると同時に，失業者の求職のインセンティブ（誘因）を引き下げるので，失業率を引き上げる効果を持つと考えられる。この他にも，最低賃金制度は，労働者が就職しても良いと考える留保賃金を引き上げ，失業率を引き上げる効果を伴うであろう。セーフティーネットの拡充は，失業率を上昇させるものであり，他方，労働市場の流動性を高めることも予想される。

さて，これまでの議論を踏まえ，労働市場がある種の定常状態にあり，失業が増加も減少もしないような状態をみてみよう。L：労働力人口，E：就業者数，U：失業者数，と記号を定めると，労働力全体は，$L=U+E$ となる。

失業率に変化がないとして，さらに，s：離職率，f：就業率，とすると，労働市場への流入と流出が等しい状態を均衡として，

$$s \times E = f \times U$$

という関係式を得る。

ここで，$E=L-U$ なる関係から，$f \times U = s \times (L-U)$ であり，これから，$\dfrac{U}{L} = \dfrac{s}{s+f}$ を得る。これは，自然失業率ないしは構造的失業を表している。

この式から，離職率 (s) が下がれば自然失業率は下がり，就業率 (f) が上がれば自然失業率は下がることが分かる。労働市場の何らかの不完全性によって発生する失業の改善には，マクロ総需要のコントロールとともに，離職率や就業率を改善する政策が必要である。

9.2.2 UV分析・ベバリッジ曲線

人手不足の度合い（欠員率，未充足求人率）と失業率との関係から，労働市場を捉えたものを，「UV曲線」，あるいは，「ベバリッジ曲線」という。人手不足の度合い（欠員率）は，求人数から就業者数を引いた未充足求人を指している。

ベバリッジ曲線をグラフで表現すると，横軸に未充足求人率 (V)，縦軸に失業率 (u) をとるとき，図9.2に見るように，原点に凸の右下がりの曲線で与え

られることが経験的に知られている。

　ベバリッジ曲線が右下がりになるのは，次のような理由による。すなわち，労働市場が超過需要の状態で逼迫しているときには未充足求人が多く，したがって失業率は低い。逆に，労働市場が超過供給の状態であるときには，失業率が高く，未充足求人が少ないという逆の状態が起きているためである。ベバリッジ曲線は，労働市場の超過供給を表す失業率と，超過需要を表す未充足求人率とがトレードオフの関係にあることを示している。

　ところで，労働市場が完全であれば，労働の超過需要と超過供給が同時に発生するようなことはなく，ベバリッジ曲線は，縦横両方の軸に重なる形になるはずであるが，現実にそのようなことはない。換言すれば，伸縮的賃金により労働市場の均衡が達成されれば，労働需要と労働供給は一致するはずであるが，現実の労働市場は不完全で，摩擦的失業や構造的失業が存在しているため，労働需要と労働供給が必ずしも常に一致せず，失業と欠員とが併存している。

　また，ベバリッジ曲線の左上方部分は，失業率が高く欠員率が低いため景気悪化局面に対応し，労働需給も悪化しているものと見ることができる。逆にベバリッジ曲線の右下部分は，失業率が低く欠員率が高いため，労働需給が改善されている景気拡大の局面に対応しているものと考えられる。

　原点から引いた45度線とベバリッジ曲線との交点は，労働の需要と供給が一致して労働市場が均衡している状態に対応している。このような点における失業率は，先に分類した失業のうち，構造的失業ないしは自然失業率に対応する。

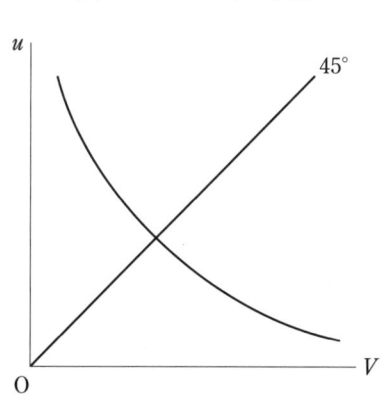

図9.2　ベバリッジ曲線

労働市場で雇用のミスマッチが増すと，構造的失業・摩擦的失業が拡大しているものと考えられるので，ベバリッジ曲線は右上方に移動して原点から離れていく。一方，構造的失業が縮小してミスマッチが減っていけば，ベバリッジ曲線は左下方に移動して，原点に近づいていくものと考えられる。

9.3 不完全市場としての労働市場

　本節では，ニューケインジャンの考え方に基づき，不完全競争と不確実性を応用する労働市場モデルを提示する。
　ニューケインジャンによると，賃金の硬直性を説明するには幾つかの理論仮説がある。これらは，労働市場の不完全性と不確実性概念を利用したモデルに基づくものである。すなわち，不完全競争理論や不確実性の経済学の仮定を援用することで，賃金の硬直性や非自発的失業を説明するものである。
　賃金が硬直的になり，したがって失業が発生する原因としてニューケインジャンが提示する理論仮説には，①暗黙の雇用契約，②インサイダー・アウトサイダー仮説，③効率的賃金仮説，の三つがある。これらを順に見ていく。
　①　暗黙の雇用契約
　この仮説は，ニューケインジャンの主張のうち，最も早い時期から主張された仮説である。労働者（家計）は，危険に対して回避的であろうとするものと仮定しておくと，景気変動に呼応した伸縮的で不安定な賃金よりも，低くとも安定的な賃金を受け入れる傾向がある。一方企業は，危険に対して中立的であると仮定すると，景気循環に左右されない賃金を容認するという傾向を持つ。このような前提に立つとき，企業と労働者の暗黙の了解のもとに，賃金が硬直的ないしは安定的になるという帰結が得られる。
　暗黙の雇用契約では，現実に雇用の変動よりも賃金変動の方が小さいことに注目し，賃金契約においてある種の保険契約が成立しているものと理解している。賃金契約が契約として明示的になされるのではなく，暗黙のうちに労働者と企業との間に契約がなされるものと考えるところに特徴がある。
　この仮説の主張するところに従うと，長期的に名目賃金が硬直的になり，短期的には労働の需給が一致しないこと，すなわち非自発的な失業が発生することが説明可能になる。

② インサイダー・アウトサイダー仮説

この仮説は，労働組合の存在に注目する。労働組合とは，各種の労働条件や賃金水準について，雇用主（経営者）と法的な交渉を行う労働者の団体組織である。労働組合は通常，労働組合が無い場合よりも高い賃金やより良い労働条件を要求する。そして，組合に所属する労働者（組合員）に対して高い賃金の提供を独占的に交渉する力をもっている。交渉によって得られた賃金が均衡の賃金より高ければ，失業が生じる。

労働組合の果たしている役割に注目するこのような考え方は，「インサイダー・アウトサイダー仮説」と呼ばれ，労働市場は，雇用条件に関して交渉を行う企業と組合だけが参加者になる内部市場と，交渉者以外の外部市場に二分される。企業に雇用されている組合の労働者は，インサイダーである組合員であり，彼らは，自分達に有利な賃金交渉をするなどして，アウトサイダーである非組合員を排除する。このような交渉過程の結果，市場では賃金の硬直性が発生することになる。

③ 効率的賃金仮説

企業と労働者の間には，労働効率や同質性に関して情報の非対称性があり，とりわけ賃金と労働効率との関係に注目することが必要になる。

効率的賃金仮説では，労働者の労働意欲（努力水準）が実質賃金の水準に依存することに注目する。企業の生産関数において，努力水準は賃金の関数である。

したがって，実質賃金を切り下げると労働者の努力水準が低下するため，仮に労働市場で非自発的失業が存在していても，企業にとって賃金を引き下げて雇用を拡大することが必ずしも利益にならない可能性があることになる。さらに，高い賃金により，優れた能力の労働者を集めることができたり，離職を防ぐことができたりするなどのメリットがあるから，企業にとって，均衡の賃金よりも高い賃金を労働者に支払うことが有利なことがある。こうしたモデル分析によって実質賃金の硬直性が説明される。この結果，均衡の賃金水準を上回る賃金が成立することになり，非自発的失業が生じることになる。

ここで，わが国の近年における雇用形態の変化（労働市場の変化）を見てみよう。非正規社員が増えていることは，広く知られているところである。平成22年度版『労働経済白書』では，労働者派遣制度を巡る規制緩和などで企業が非正規社員（パート，派遣など）の割合を増やしたため，所得格差が拡大していることが指摘されている。派遣労働者などの非正規社員の割合は，2000年代に入り

上昇傾向を強め，労働者全体の3割を超える規模となった。白書では「人件費を抑えたい大企業が，正規社員より非正規社員の採用を拡大したのが主な要因」と分析している。

9.4 フィリップス曲線，インフレーションと失業

本節では，労働市場とインフレーションとの関係について解説するため，インフレと失業の関係を示す「フィリップス曲線」を取り上げる。マクロ経済学を扱う第Ⅱ部第4章以降において，財の一般的価格水準である物価の変動を明示的に捉えることはなかったが，フィリップス曲線を導入することによって，失業と物価の持続的上昇であるインフレーションの間に存在するトレードオフ関係を見ていく。さらに，人々のインフレ期待を織り込んだフィリップス曲線を導出し，そこから得られる政策的含意を見ていく。

9.4.1 フィリップス曲線

イギリスの経済学者フィリップスは，1950年代におけるイギリスの長期統計データから，名目賃金の上昇率と失業率との間に安定的な負の相関関係があることを指摘した。すなわち，労働の需給が緩く失業率が高いときには名目賃金の上昇は低く，逆に，労働の需給がタイトで失業率が低いときには名目賃金の上昇は高いという，失業と賃金上昇率とのトレードオフ関係を見出した。これを「フィリップス曲線」という。後に示すように，この関係式に修正を加えると，インフレーションと失業とのトレードオフ関係を得ることができる。

ただし，フィリップス曲線によって示された賃金上昇率と失業のトレードオフ関係の経済理論的な基礎付けは，必ずしも充分なものではない。後に行われてきた実証研究により，実はフィリップス曲線そのものの形状や位置は常に安定的なものではなく，度々シフト（移動）することなどが明らかになっている。

記号を，$\frac{\Delta w}{w}$：賃金上昇率，u：失業率，u_n：「自然失業率」（NAIRU「インフレ非加速的失業率」）とすると，フィリップス曲線は次のような式で表現される。

$$\frac{\Delta w}{w} = f(u - u_n), f' < 0, f(u_n) = 0 \qquad (9\text{-}6)$$

賃金上昇率と失業の関係を表すフィリップス曲線は，縦軸に賃金上昇率を取り，横軸右方向に失業率をとると，右下がりの曲線になる。

さて，よく知られているように，物価と賃金には一定の関係がある。企業の価格設定に「マークアップ方式」を仮定すると，名目賃金の上昇率と物価上昇率（インフレ率）との間にも一定の関係を導き出すことが可能になり，これによって，失業率とインフレ率との間にもトレードオフの関係があることが示される。マークアップ方式では，財の価格は費用（ここでは賃金水準）に一定の利潤率を上乗せした形で設定されるので，フィリップス曲線にこの関係を用いると，賃金上昇率ではなく，インフレ率と失業率のトレードオフ関係が明らかにされるのである。

記号を，π：インフレ率（物価上昇率），θ：生産性上昇率，とすると，インフレ率は，賃金上昇率から生産性上昇率を引いたものなので，

$$\pi = \frac{\Delta w}{w} - \theta \tag{9-7}$$

となる。このことから，生産性上昇率を上回る賃金上昇率が実現すると，インフレが生じることが分かる。議論の簡単化のため，ここでは生産性上昇率をゼロとしておくと，直ちにインフレ率と失業率との関係が導き出せる。この関係式は，「物価版フィリップス曲線」と呼ばれ，(9-8)で与えられる。図9.3に見るようにインフレと失業にトレードオフがあることが示される。

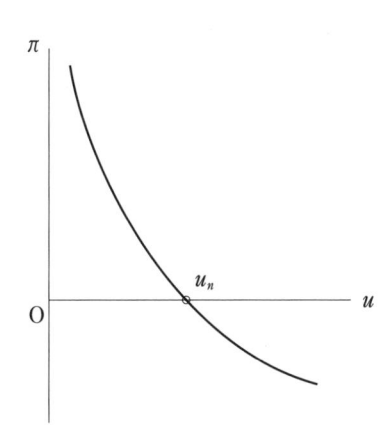

図9.3 フィリップス曲線

$$\pi = f(u - u_n) \tag{9-8}$$

この式から，景気拡大を図って失業率を下げようとするとインフレ率が高まり，逆に景気過熱を抑えようとしてインフレ率を下げようとすると失業が増大してしまう，というトレードオフ関係があることが分かる。フィリップス曲線が示す関係が成立するかぎり，インフレと失業の両方を同時に下げることができないという含意が得られ，フィリップス曲線は，マクロ経済において実現可能なインフレと失業の組み合わせを示すものとして理解された。

9.4.2 自然失業率仮説

ところで，インフレーションが生じる経済では，物価上昇によって名目賃金の価値の目減りが生じるため，経営者と労働組合との賃金交渉において，労働者が関心を持つのは名目賃金ではなく実質賃金である。事実，人々のインフレ期待の変化によって，フィリップス曲線そのものが移動することが現実のデータ分析から確認されてきた。

したがって，上記のフィリップス曲線ではインフレの現象を捉えるには不十分であり，将来発生するインフレーションに対する予想である「期待インフレ率」を含んだ，「期待修正フィリップス曲線」が提唱された。

民間経済部門のインフレ期待をフィリップス曲線に導入すると，期待インフレ率を明示的にすることが求められ，さらに，裁量的政策によって期待インフレ率が政策の運営にともなって変化していくことが，M. フリードマンによって指摘された。このような考え方を，「自然失業率仮説」という。

この仮説では，パラメータとして入ってくる人々の期待インフレ率の変化に応じて，フィリップス曲線がシフト（移動）することが強調された。すなわち，失業と賃金上昇率との関係を示していたフィリップス曲線は，その右辺に期待インフレ率を加えた形で，(9-9)式のように与えられることになった。π^e を民間部門の期待インフレ率とすると，(9-8)式で与えられる物価版フィリップス曲線は，次のように書き換えられる。

$$\pi = f(u - u_n) + \pi^e \tag{9-9}$$

人々のインフレ期待を織り込んだ(9-9)式の物価版フィリップス曲線は，長期的には安定した右下がりではないことが実証分析によって次第に明らかにされてきた。そして，短期的には，政府の景気拡大政策が発動されると，民間部門の期

待形成の遅れからインフレと失業のトレードオフが残存するが，人々の貨幣錯覚が修正されてインフレ期待と現実のインフレ率とが一致する長期の均衡状態では，現実の失業率は自然失業率に等しくなってしまう。このような状態のフィリップス曲線を，「長期フィリップス曲線」といい，政府の景気拡大を目的とする裁量的マクロ政策（財政・金融政策）は，その有効性を失ってしまうことが，合理的期待形成仮説を奉じる T. サージャントや R. ルーカスといった研究者から主張された。すなわち，インフレと失業のトレードオフは，長期においてフィリップス曲線が垂直になることで消失し，ケインズ的裁量政策の有効性が否定されるのである。

9.4.3 オークン法則

フィリップス曲線と関連したオークン法則を紹介しておこう。これは，アメリカのデータをもとに発見された経験則に基づく関係で，その発見者であるオークンにちなんで「オークン法則」と呼ばれているものである。これは，マクロの生産関数に関連するもので，失業率が低ければ低いほど生産水準が完全雇用水準に近づくことを意味している。

Y_f を完全雇用 GDP，Y を現実の GDP とすると，オークン法則は次のような式で表される。

$$\frac{Y_f - Y}{Y_f} = g(u - u_n), g' > 0 \tag{9-10}$$

(9-10)式に与えられるように，オークン法則は，GDP ギャップ（$Y_f - Y$）と失業率ギャップ（$u - u_n$）との間の相関関係を示すもので，失業率の上昇とともに，GDP ギャップが増大することを示している。

完全雇用 GDP が一国経済の潜在的 GDP に対応すると考えれば，この式の左辺は，GDP ギャップ率（需給ギャップ率）に対応し，オークン法則は，GDP ギャップ率と失業率との関係を示しているものと考えられる。

(9-10)式を線形の式と見なすとき，失業率ギャップに掛ける係数を「オークン係数」と呼ぶ。この係数は，失業率の低下（改善）によってどの程度 GDP を拡大できるかを示している。オークン係数が大きいほど，小幅な失業率の改善でも，GDP をより大きく拡大することが可能になることを意味している。

◆◇ [ベーシック用語] ◇◆◇◆◇◆◇◆◇◆◇◆◇◆◇◆◇◆◇◆◇◆◇◆◇

古典派の第1公準，第2公準　　労働力人口　　完全失業者　　UV分析　　ベバリッジ曲線　　失業率　　未充足求人率　　有効求人倍率　　摩擦的失業　　構造的失業　　自発的失業　　非自発的失業　　自然失業率　　最低賃金　　効率的賃金仮説　　失業保険　　暗黙の雇用契約　　インサイダー・アウトサイダー仮説　　フィリップス曲線　　オークン法則　　自然失業率仮説

◆◇◆◇◆◇◆◇◆◇◆◇◆◇◆◇◆◇◆◇◆◇◆◇◆◇◆◇◆◇◆◇◆◇

―――〈演習問題〉―――――――――――――――――――

問1　労働市場の均衡に関する問題に答えなさい。

(1) 記号を，N：労働，w：(名目) 賃金，とし，労働需要を，$N^d = 10 - w$，労働供給を，$N^s = w$，とするとき，競争的労働市場の均衡の労働量と賃金を求めよ。

(2) いま，政府によって，(1)で得られた均衡賃金よりも1だけ高い水準に最低賃金が設定されたとしよう。そのときの失業を求めよ。

〈正解〉

(1) 労働需要と労働供給を等しいとおいて，均衡の労働と賃金を求めればよい。すなわち，$N^d = 10 - w = N^s = w$ から，$N^* = 5$，$w^* = 5$ となる。

(2) $w = 6$ のときの労働需要は4で，労働供給は6なので，(非自発的) 失業は2となる。

問2　失業率などに関する問題に答えなさい。

(1) 失業者数 $U = 5$（万人）で，失業率が5%であるとき，就業者数 E（万人）を求めよ。またこのとき，全体の労働力人口はいくらになるか。

(2) 離職率 s を0.01，入職率 f を0.2とするとき，均衡失業率（自然失業率）はいくらになるか。

〈正解〉

(1) 定義より，失業率は，失業者数を失業者数と就業者数の合計である労働力人口で割ることから求められるので，$U/(E+U) = 0.05$ (5%) のとき，$E = 95$（万人）となる。また，労働力人口 L は，$95 + 5 = 100$（万人）になる。

(2) 本章9.2.1の解説から，$u = U/L = s/(s+f) = 0.047$ が従うので，失業率はおよそ5%となる。

問3　失業とインフレーションのトレードオフを示すフィリップス曲線が，次のように与えられているとしよう。テキスト本文と同じように，記号を，π：インフレ率（物価上昇率），u：失業率，π^e：期待インフレ率（物価上昇率）とするとき，

$$\pi = a - u + \pi^e$$

(1) 自然失業率（u_n）を求めよ．

(2) 期待インフレ率がゼロのとき，失業率 $u=5\%$ を実現するのには（裁量的マクロ政策によって）インフレ率をいくらに誘導すればいいか．

〈正解〉

(1) 自然失業率は，現実のインフレ率と期待インフレ率とが一致する状態の失業率であるから，フィリップス曲線の式において，$\pi=\pi^e$ として，失業率について解けばよい．よって，$u=a\%$ となる．

(2) $\pi^e=0$ のとき，$u=5\%$ とするには，$\pi=0+a-5$ から，インフレ率を $a-5$ に誘導すればいい．

問4 ベバリッジ曲線に関する問題に解答せよ．

(1) 未充足求人率と失業率との関係を表すベバリッジ曲線が，通常右下がりになるのはなぜか．

(2) 失業と未充足求人とが同時に存在するのはなぜか．

〈正解〉

(1) 労働市場が逼迫しているときには未充足求人が多く，一方で失業率は低い．逆に労働市場が超過供給の状態のときには，反対の現象が起きるため．

(2) 伸縮的賃金により労働市場の均衡が達成させるとき，労働需要と労働供給は一致するはずであるが，現実の労働市場では，失業と欠員とが併存している．これは，労働需要と労働供給が必ずしも一致していないことを示し，その背後に，摩擦的失業や構造的失業が存在していることを意味している．

問5 労働市場で名目（貨幣）賃金が硬直的になる理由を説明せよ．

〈正解〉

名目賃金の硬直性を導く仮説として本章9.3に挙げられている，①最低賃金法，②労働組合とインサイダーとアウトサイダーの存在，③効率的賃金仮説（＝賃金が労働生産性に影響する），の三つの仮説を用いて説明すればよい．

第10章 国際経済

10.1 対外経済取引と国際収支表

　貿易の拡大に加えて，資本や労働の移動性も高まっており，各国の経済はますます緊密に結び付くようになってきている。この章では，考察の対象を海外との経済取引に拡張して，貿易や国際貸借の経済的意義，資本移動が活発な下での為替レートの決定，為替レート変化が国内総生産の短期での決定に与える影響，について解説する。

　まずは，海外との経済取引を包括的かつ体系的に記録した国際収支表の基本構造を，実例を参照しながら説明する。

10.1.1 対外経済取引の分類

　製造メーカーによる自動車や半導体の輸出，大手小売業の食料品の輸入，個人の海外旅行，金融機関の外国証券の取得など，日本の企業や家計が行っている対外経済取引は実に多様である。

　こうした多様な取引をその内容に応じて分類し，一定期間（最短期間は1カ月）になされた対外経済取引を包括的かつ体系的に記録したものが国際収支表である。対外経済取引は，大きく，モノやサービスの輸出入などを対象とする経常取引と海外との貸借を対象とする資本・金融取引とに分類される。対外経済取引は，厳密には，経済活動の本拠地が国内にある居住者と海外にある非居住者との間の取引と定義されている。ただ，ここでは，簡単に日本と海外という言葉で代用することにする。

　表10.1は2014年の日本の国際収支表である。これを参照しながら，国際収支表の基本構造と日本の国際収支の最近の特徴についてみていこう。

表 10.1　2014 年の日本の国際収支　　　　（兆円）

経常勘定	収支	（輸出・受取）	（輸入・支払）
貿易・サービス	−13.5	91.4	104.9
貿易	−10.4	74.1	84.5
サービス	−3.1	17.3	20.4
第一次所得	18.1	24.8	6.7
投資収益	18.2	24.8	6.6
第二次所得	−2.0	1.8	3.7
経常収支	2.6		
資本移転等収支	−0.2	0.0	0.2
金融勘定	収支	資産	負債
直接投資	11.8	12.8	1.0
証券投資	−5.0	12.1	17.1
金融派生商品	3.6	−37.7	−41.3
その他投資	−5.9	11.7	17.6
外貨準備	0.9	0.9	
金融収支	5.5		
誤差脱漏	3.1		

注：四捨五入のため収支がその内訳の差と一致しない場合がある。
資料：日本銀行。

（1）経常収支

　経常取引には，モノやサービスの輸出入や所得の受取・支払いなどが計上される。

　モノやサービスといった商品の取引のうち，自動車など目に見えるモノ（財）の輸出入は貿易取引と呼ばれ，その輸出額から輸入額を差し引いた金額（差額）が貿易収支である。表 10.1 から，2014 年の財の輸出額は 74.1 兆円，輸入額は 84.5 兆円であり，輸出額から輸入額を差し引いた貿易収支は 10.4 兆円の赤字であったことがわかる。

　目に見えない商品であるサービスの取引には，輸送，旅行，知的財産権等使用料などがある。企業活動のグローバルな展開，海外旅行など消費活動の国際化が進展する中で，こうしたサービス取引の重要性が高まってきている。2014 年のサービス収支は 3.1 兆円の赤字と，輸入額が輸出額を上回っている。

　貿易・サービスの輸出入に加えて，経常取引には労働に対する報酬（雇用者報酬）と金融資産が生む利子・配当（投資収益）が第一次所得収支として記録され

る。利子や配当の海外からの受取はプラスで，海外への支払いはマイナスで計上される。2014年の第一次所得収支はプラス18.1兆円で，黒字幅は貿易・サービス収支の赤字幅を上回っている。また，表から第一次所得収支の大部分が投資収益収支で占められていることも見て取れる。このように投資収益が大幅な受取超過となっている背景には，日本の債権大国化がある。1981年以降経常収支黒字が恒常化し，海外への貸出が累積したことで，対外資産から対外負債を差し引いた対外純資産は2014年末で367兆円に達している。こうした巨額な対外純資産を保有していることが，大幅な第一次所得収支の黒字をもたらしているのである。

経常収支は，こうした貿易・サービス収支と第一次所得収支に，無償援助など第二次所得収支を加えたものであり，2014年は2.6兆円の黒字であった。

なお，国際収支表における貿易・サービスの輸出入は，第4章で学習した国民所得勘定における輸出入に対応しており，支出面からみた国内総生産の構成要素となっている。また，国内総生産に要素所得の受払いを加味したものが国民総生産であることも学習したが，この要所所得の受払いは国際収支表の第一次所得収支に対応している。

(2) 金融収支

金融取引には，直接投資や証券投資といった資本の貸借が計上される。資本の貸借は，それが自国の資産であるか，負債であるかによって区別され，例えば，日本の投資家が海外の債券を1億円取得した場合には，資産の項目にプラス1億円と計上される。反対に，日本の投資家が海外の債券を1億円売却した場合には，資産の項目にマイナス1億円と計上される。また，海外の投資家が日本の株式を1億円購入する場合には，負債の項目にプラス1億円と記される。そして，対外資産の増加額から対外負債の増加額を差し引いた値が金融収支である。

表10.2には，資本の流出と流入の具体例が示されている。ここで，例えば資本の流出は，日本の投資家が海外株式を購入する場合（資産が増加する場合）だけではなく，海外の投資家が保有していた日本株式を売却する場合（負債が減少する場合）にも生じることに注意しよう。

海外債券の購入など対外資産を増加させる取引あるいは海外借入の返済など対外負債を減少させる取引は資本を流出させる取引であり，金融収支を計算する時にはプラスで扱われる。逆に，海外債券の売却など対外資産を減少させる取引あ

表10.2　資本の流出入の例

海外への資本の流出	日本への資本の流入
対外資産の増加 　対外直接投資 　海外株式，債券の購入 　外国政府への貸付	対外資産の減少 　海外株式，債券の売却 　外国政府への貸付の返済
対外負債の減少 　海外投資家による日本株式，債券の売却 　海外からの借入の返済	対外負債の増加 　対内直接投資 　海外投資家による日本株式，債券の購入 　海外からの借入

るいは海外からの新規借入など対外負債を増加させる取引は資本を流入させる取引であり，金融収支を計算する時にはマイナスで扱われる。

　表10.1をみると，2014年中の金融収支は5.5兆円の黒字であったことがわかる。これは，資本の海外への流出額が日本への流入額を5.5兆円だけ超過していたことを示している。形態別にみると，直接投資や金融派生商品では流出額が流入額を超過し，証券投資（債券や株式への投資）やその他投資（預金や貸出など）では流入額が流出額を上回っていた。また，外貨準備はプラス0.9兆円で，この額だけ外貨準備が増加したことを示している。

10.1.2　経常収支と金融収支

　表10.1において，経常収支と金融収支の合計額に資本移転等収支と誤差脱漏を加えると，ゼロとなることが確認できる。いいかえれば，国際収支の基礎を理解する上では捨象することが可能な資本移転等収支と誤差脱漏を除くと，金融収支ないし資本の純流出額（流出額―流入額）は経常収支と一致する。これは，実際になされた対外経済取引を記録する国際収支表では，必ず成り立つ恒等関係である。この点を次に考えてみよう。

　例えば，日本からアメリカに自動車が輸出される場合を考える。このとき，もちろん，アメリカの輸入業者は日本の自動車メーカーに対して代金の支払いを行うことになる。ここで，日本メーカーがアメリカに開設している銀行口座への振込みという形で支払いがなされる場合には，日本の対外資産が輸出金額分だけ増加する。あるいは，アメリカの輸入業者が日本に保有している預金を取り崩すな

どして，輸出代金を日本で支払う場合には，日本の対外負債が輸出金額分だけ減少する。ここで，対外資産の増加ないし対外負債の減少は，どちらの場合も海外への資本の流出であり，金融収支にはこの輸出に相当する金額が黒字で記される。

　このように，商品の輸出や所得の受取にはそれに相当する額の資本の流出が，また，商品の輸入や所得の支払いには資本の流入が伴うことになる。したがって，経常収支と資本の純流出額は必ず一致することになる。

　なお，海外から借り入れた資金によって海外の株式を購入するなど，経常取引とは直接に関係のない資本取引も広範になされている。しかし，こうした対外資産と対外負債を同額変化させる両建て取引では，資本の出入りは差し引きゼロとなる。ここでの例では，海外借入に伴う対外負債の増加と，海外株式の購入に伴う対外資産の増加が，それぞれ同額だけ生じるため，金融収支に与える効果は差し引きゼロである。

　これより，国際収支表では，会計上の恒等関係として，以下の式が成り立つ。
　　　　　経常収支＝金融収支
あるいは，
　　　　　経常収支＝資本の流出額－資本の流入額

　この関係は，例えば，経常収支の赤字国では，赤字額だけ資本の流入額が流出額を超過することで経常収支赤字が賄われていること，を示している。すなわち，国際的な貸借がなされることで，モノやサービスなど経常取引の収支が常にバランスしている必要はなくなる。この点は，預金を取り崩したり新たな借入れをすることで所得を上回る支出を行ったり，逆に所得の一部を支出せずに預金を積み増したり既存の借入れを返済したりしている，家計の収支の場合と同様である。

10.2 貿易の利益

外国と貿易を行うことにはどのような利益があるのか。この節では，外国と商品交換を行うことの利益を，国ごとの生産技術の違いに着目したリカード・モデルを利用して解説する。また，貿易収支の不均衡を現在財と将来財の交換という視点から考察する。

10.2.1 比較優位の原理

工業品と農産物という2種類の商品を想定して，貿易の利益を考える。輸送など貿易に要する諸費用や関税などの存在は捨象する。また，通常は，国際間の商品交換もドルなど国際通貨を介してなされているが，ここでは通貨の利用は捨象して，貿易を商品と商品が直接的に交換される物々交換として記述する。

まず，自国の生産に関する技術的条件を次のように仮定する。

① 工業品と農産物は，ともに労働を唯一の生産要素として生産される。
② 工業品1単位の生産には労働を1単位，農産物1単位の生産には労働を2単位，それぞれ投入する必要がある。
③ 国内に賦存する労働の総量は200単位で，労働が国境を越えて移動することはない。

表10.3は，このように仮定された技術的条件の下で，200単位の労働によって生産可能な工業品と農産物の生産量の組合せをいくつか例示している。例えば，それぞれの生産に労働が100単位ずつ投入されると，工業品100単位と農産物50単位が生産される。

図10.1は，横軸に工業品の生産量，縦軸に農産物の生産量をとっており，工業品と農産物の生産可能な組合せを表した線分 AB は生産フロンティアと呼ばれている。例えば，労働200単位をすべて工業品の生産に充てる場合には，工業品と農産物の生産量はそれぞれ200単位，0単位であり，これが図の点 A に対応している。また，それぞれの生産に労働を100単位ずつ充てた時の生産量が点 C である。労働200単位を最大限利用して生産を行う時，工業品と農産物の実現可能な生産量の組合せはこの AB 上の点で網羅されている。工業品の生産を1単位やめて，その生産に携わっていた労働1単位を農産物の生産に充てると，農産物

表10.3 労働投入量と生産量（自国）

労働投入量		生産量	
工業品	農産物	工業品	農産物
200	0	200	0
150	50	150	25
100	100	100	50
50	150	50	75
0	200	0	100

図10.1 生産フロンティア

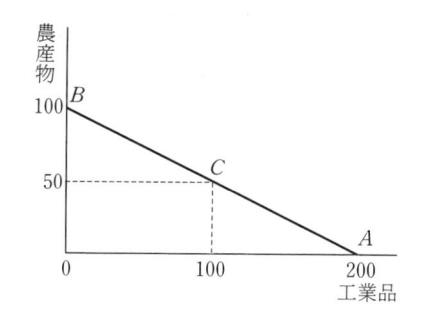

1/2単位が生産されることから，生産フロンティア AB の傾きの絶対値は 1/2 となっている。

ここでまず，外国と貿易がなされない場合を考えると，消費は自国で生産された生産物に限られるため，工業品と農産物の実現可能な消費の組合せも線分 AB 上の点となることは容易に理解されよう。

次に，生産技術が異なる外国との間で貿易を行う場合を考えよう。外国では，賦存する労働の総量は 600 単位で，工業品 1 単位の生産には労働を 5 単位，農産物 1 単位の生産には労働を 4 単位，それぞれ必要としている，と想定する。表 10.4 は，外国で生産可能な工業品と農産物の生産量の組合せを幾つか例示している。

さて，このように生産技術の異なる自国と外国との間で，工業品 1 単位と農産物 3/4 単位とが交換されるとする。このとき，農産物で測った工業品の相対価格は 3/4 で，自国は工業品を 1 単位輸出すれば農産物を 3/4 単位輸入すること，あるいは逆に，農産物を 1 単位輸出すれば工業品を 4/3 単位輸入することができ

表 10.4 労働投入量と生産量（外国）

| 労働投入量 || 生産量 ||
工業品	農産物	工業品	農産物
600	0	120	0
300	300	60	75
0	600	0	150

図 10.2 自国の生産と消費

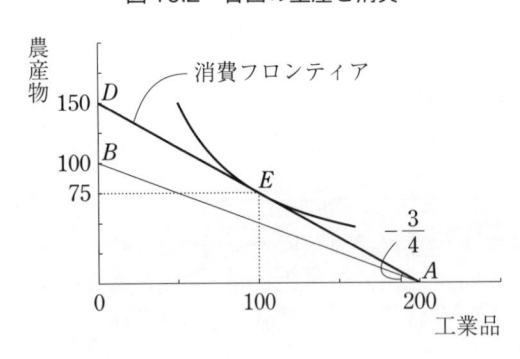

る。

ところで，自国の生産技術の下では，工業品の生産を1単位犠牲にすることで得られる農産物は1/2単位であった。これに対して，外国との貿易では，工業品を1単位輸出すれば農産物を3/4単位輸入できる。これは，工業品の生産を犠牲にして農産物を生産するよりも，工業品を生産，輸出して，農産物は輸入するほうが有利であることを意味する。

図10.2には，貿易が行われる時の工業品と農産物の生産量，消費量，および貿易量が示されている。線分 AD は，外国と貿易を行うことで可能となる工業品と農産物の消費量の組合せ（消費フロンティア）であり，その傾きの絶対値は貿易での農産物の工業品に対する交換比率3/4になっている。最適な消費の組合せは，同一の効用をもたらす工業品と農産物の消費の組合せを描いた無差別曲線と消費フロンティアとの接点で示される。自国では，労働はすべて工業部門に投入され，工業品が200単位生産される（点 A）。このうち100単位を輸出することで，農産物を75単位輸入することができ，家計は工業品100単位と農産物75単位をそれぞれ消費することが可能となる（点 E）。線分 AB 上の点で表される

図 10.3 外国の生産と消費

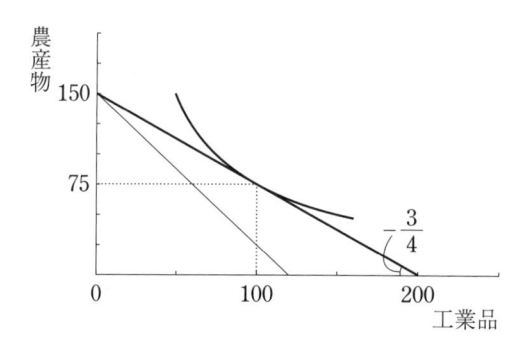

```
農
産
物
150
 75
  0        100       200   工業品
                       -3/4
```

自給自足の場合の消費の組合せと比べて，家計はより高い水準の効用を達成できる．これが貿易の利益である．

　自国と同様に，外国も自国との貿易から利益を得ている．外国の生産技術の下では，農産物の生産を1単位犠牲にすると得られる工業品は4/5単位，これに対して，自国との貿易では，農産物を1単位輸出すれば工業品を4/3単位輸入できる．図10.3で示されているように，外国においても，自給自足の場合と比べて，より高い効用が実現している．

　このように，貿易の利益はどちらの国にも生じるが，各国が享受する利益の程度は輸出品と輸入品との交換比率に依存する．輸出1単位と交換可能な輸入量が多いほど，その国が享受する貿易の利益は大きくなる．貿易における交換比率の決定については，オファーカーブという考え方を用いて説明がなされている．

　これまで説明してきたリカード・モデルでは，貿易の利益の源泉を，生産技術の違いによって自国と外国でそれぞれ得意とする生産物が異なっている点に求めている．ここで「得意」という場合，それは労働1単位あたりの生産量の絶対額についてではない．表10.3，表10.4に掲げた数値例では，工業品と農産物どちらの生産においても，自国の生産性が外国の生産性を上回っているが，その場合でも，両国とも貿易の利益を得ている．貿易の利益をもたらすのは，生産技術の絶対的な優位性ではない．工業品1単位の生産に必要な労働を農産物の生産に投入する時，自国では1/2単位，外国では5/4単位，それぞれ農産物が生産されると仮定した．この下では，自国では外国に比べて相対的に工業品の生産性が高く，外国では相対的に農産物の生産性が高くなっている．自国では工業品の生産に相対的な優位性があり，自国は工業品に比較優位を持つという．一方，外国は

農産物に比較優位を持っていることになる。貿易の利益はこうした比較優位によって説明される。

ところで，リカード・モデルでは労働を唯一の生産要素としているが，実際には労働，資本，土地など複数の生産要素が考えられる。そして，これら生産要素の賦存量の違いによって，生産技術が同じであっても，各国の比較優位を説明することができる（ヘクシャー=オリーン・モデル）。また，規模の経済性を仮定すると，生産技術や生産要素の賦存が同じであっても，生産量の規模が比較優位をもたらす要因となる。このように，比較優位を引き起こす要因については幾つかの重要なモデルが存在するが，比較優位の考え方自体は貿易を理解する上で最も基本的な概念である。

10.2.2 異時点間の交換

10.2.1で想定した物々交換経済では，工業品100単位の価値と農産物75単位の価値が同じで，貿易収支は均衡している。しかし，物々交換のように貿易収支がつねに均衡している状況は現実には極めて例外的である。ここでは，ある時点での輸出額と輸入額が必ずしも一致しない状況を，やや耳慣れない表現であるが，異時点間の交換として考えてみる。

簡単化のために，現在と将来という2期間のみを考える。財は1種類しかないものとし，自国における生産量は，現在が200単位，将来が90単位と仮定する。将来の生産量は現在の時点で確実にわかっているものとする。

さて，各時点で輸出と輸入が一致する状況では，家計の消費可能量は現在が200単位，将来は90単位と，この国の生産量に制約される（この状況は，図10.4の点Aで示されている）。しかし，家計はできるだけ，現在の消費量と将来の消費量を平準化したいと望んでいるとしよう。

ここで，国際貸借によって，海外との間で現在の財と将来の財とを交換できるとしてみよう。そのときの現在財と将来財との交換比率を，現在財1単位に対して将来財1.2単位であるとする。これは，国際貸借における利子率が，財で測って20%であることを意味する。

表10.5は，こうした国際貸借をすることで，自国の家計が消費可能となる現在財と将来財の組合せをいくつか例示している。例えば，現在財の生産量200単位のうち10単位を消費せずに海外に貸し出すと，将来時点では利子を含めて12

図 10.4　現在財と将来財の生産

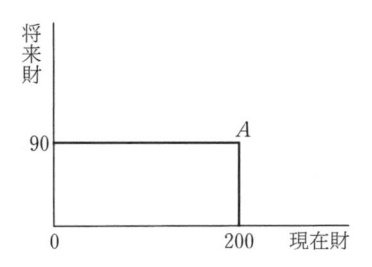

```
将来
財
        A
90 ┌─────────┐
   │         │
   │         │
 0 └─────────┴──
   0        200  現在財
```

表 10.5　国際貸借

消費	現在時点 輸出−輸入	貸借	将来時点 元利返済	消費	輸出−輸入
200	0	0	0	90	0
190	10	−10	12	102	−12
210	−10	10	−12	78	12
0	200	−200	240	330	−240
275	−75	75	−90	0	90

（注）現在時点の貸借は，符号がプラスのとき海外からの借入れ，マイナスのとき海外への貸出し。将来時点の返済は，符号がプラスのとき海外からの元本と利子の受取り，マイナスのとき海外への元本と利子の支払い。

単位の返済を海外から受け取る。したがって，将来財の消費量は，自国での生産量 90 単位にこの返済 12 単位を加えた 102 単位となる。

また，海外から現在財を 10 単位借り入れると，将来時点では海外に 12 単位の返済をする必要があるため，現在財と将来財の消費量はそれぞれ 210 単位，78 単位となる。

図 10.5 において，線分 BC は，家計が消費可能な現在財と将来財の組合せを示している。この線分は，自国の生産量を示す点 A を通り，その傾きの絶対値は，現在財に対する将来財の交換比率 1.2 となっている。この線上の各点では，国際貸借を契約通り実行することができ，現在財と将来財の消費量の組合せは実現可能である。この線分 BC は，現在と将来の 2 期間にわたる予算制約線と呼ばれる。

最適な消費の組合せは，同一の効用をもたらす現在財と将来財の消費の組合せを描いた無差別曲線と予算制約線との接点で与えられる。図では，現在財と将来

図 10.5 異時点間の交換

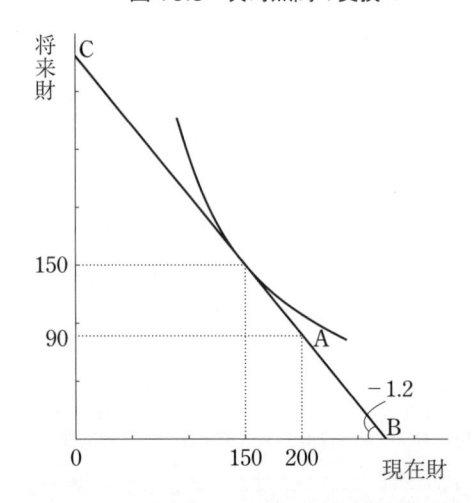

財をともに 150 単位消費することが実現可能な選択の中で最適となっている。これは，次のような国際貸借（異時点間の交換）を行うことで実現される。現在時点では，自国の生産量 200 単位のうち消費するのは 150 単位とし，残り 50 単位は貯蓄して海外に貸し出す。将来時点では，この貸出に対する返済として，利子を含めて 60 単位を海外から受け取る。これに，自国での生産量 90 単位を合わせた 150 単位が将来時点での消費量となる。

こうした国際間での現在財と将来財の交換によって，自国の貿易収支は，現在では輸出が 50 単位超過して黒字，将来では輸入が 60 単位超過して赤字となる。また，経常収支は，現在は貿易収支と同額の 50 単位の黒字，将来は貿易収支の赤字 60 単位に利子の受取り 10 単位を加えて 50 単位の赤字となる。

現在財と将来財の交換によって，家計の現在と将来の消費量は平準化されており，したがって，その経済的厚生は高まっている。

ここでは，国際貸借がもたらす経済的利益と，その背後で生じる各時点での貿易収支の不均衡を，時間を通じた望ましい消費パターンの選択という要因から説明した。国際貸借がなされる経済的要因としては，この他，各国間での投資の収益率の相違なども重要である。いずれにしても，貿易収支あるいは経常収支の不均衡という事象を，異時点間の交換という視点から考えることができる。

10.3 対外経済取引の金融的側面：国際資本移動と為替レート

対外経済取引の金融的側面からの分析では，各国で異なった通貨が使用されていることが重大な意味をもつ。ここでは，内外資産の選択行動と為替レートの決定，為替レート変化が国内総生産の決定とマクロ経済政策の有効性に与える効果，について考察する。

10.3.1 外国為替取引と為替レート

各国で使用されている通貨は，例えば，日本では日本銀行券などの現金や円建ての銀行預金，アメリカではドルで表示された現金や預金であり，国ごとに異なっている。このため，日本の輸出業者がアメリカに商品を輸出する場合には，日本の輸出業者が代金として受け取ったドルを円に交換するか，あるいはアメリカの輸入業者がドルを円に換えて日本の輸出業者に支払わなければならない。このように，国際間では通貨の交換が必要となる。

外国為替取引はこうした異なった通貨の間の交換であり，それを行う場が外国為替市場である。外国為替市場は，狭義には銀行間市場を指し，これに銀行と企業や個人が取り引きする対顧客市場を含めたものが広義の外国為替市場である。

ニュースなどで報道される為替レートは，この銀行間市場で決まっている相場である。世界の主要な外国為替市場は，ニューヨーク，ロンドン，東京などであるが，取引は電話やコンピュータ・ネットワークを介してなされ，国内だけではなく海外との取引も盛んに行われている。現在，世界中の外国為替取引は一体化しており，グローバルな市場が形成されている。

二つの通貨の間の交換比率が為替レートである。例えば，1ドル＝100円とは，ドル1単位が円100単位と交換されることであり，したがって，円・ドル為替レートは，円で測った1ドルの値段（価値）を表している。これは，円で測ったジュース1缶（1単位）の値段を110円というのとまったく同様である。

こうした為替レートを定めるための制度には，大別して変動為替レート制と固定為替レート制がある。

変動レート制の下では，為替レートはその時々の外国為替市場の需給に応じて決定される。円売り・ドル買いはドルに対する需要を，円買い・ドル売りはドル

の供給を意味する。そこで例えば，円に対するドルの供給が需要を超過しているときには，ドルの値段である円・ドルレートは低下することになる。1ドル＝100円から1ドル＝90円への為替レートの低下（円高・ドル安）は，円で測ったドルの価値の減少を意味しており，ドルの円に対する減価という。逆に，1ドル＝110円への為替レートの上昇（円安・ドル高）は，円で測ったドルの価値の増加を意味し，ドルの円に対する増価という。

固定レート制は，あらかじめ基準となる相場（平価）を公的に設定し，通貨当局が外国為替市場介入などによって為替レートの変動を一定の狭い範囲に収めようとする制度である。1971年までのブレトン・ウッズ体制の下では，平価が1ドル＝360円に設定され，為替レートをその上下1％の範囲内に維持することが取り決められていた。現在，主要な先進国は変動レート制を採用しているが，それ以外の諸国では，米ドルなど主要通貨に対して自国通貨の交換比率を固定している国も多い。また，1999年に導入された単一通貨ユーロは，平価の変更ができないといった点で，固定レート制をさらに一歩進めた制度として考えることも可能である。固定レート制を学習する意義は，現実を分析する上でも失われていないといえよう。

ただし，どちらの為替レート制度を前提するにしても，1960年代までと現在とでは，国際経済の金融的側面を分析する枠組みは大きく異なっている。なぜなら，1960年代までは為替管理や資本取引規制が広範になされていたが，現在では，為替・資本取引の自由化が進展し，資本のグローバルな移動が活発になっているからである。日本でも，為替取引を原則自由とする新外為法が施行されたのは1980年末であった。

そこで，以下では，国際資本移動が外国為替の需給や為替レートの決定にどのような影響をもたらしているのか考えることにしよう。

10.3.2 内外資産の選択行動と為替レート

国際資本移動は，変動レート制における為替レートの決定や，固定レート制の運営にどのような影響を及ぼすのであろうか。為替レートは，先に述べたように，その時々の外国為替市場での需給に応じて決定される。したがって，為替レートの変動は，外国為替の需給がどのような要因によって決まるかを考えることで分析できる。

外国為替の需給に影響する要因の一つとして，貿易取引が考えられる。例えば，日本からアメリカへの輸出を考えると，ドルで代金の支払いがなされる場合には，日本の輸出業者が受け取ったドルを円に交換しようとするであろう。また，支払いが円でなされる場合には，アメリカの輸入業者が円を調達するために，ドルを円に交換しようとするであろう。いずれにしても日本からアメリカへの輸出にともなって，外国為替市場では円買い・ドル売り（ドルの供給，円の需要）が生じる。

こうした貿易取引に伴う外国為替の売買は，かつては為替レートを決めるもっとも重要な要因であった。しかしながら，現在では，貿易取引に伴う外貨の売買に比べて，資産取引に伴う売買の比重がいちじるしく高くなっている。最近では，日本の低金利を背景として，一般の家計も金利のより高い外貨建ての預金や債券を活発に取得している，と伝えられている。このような内外資産の選択では，その取引規模は短期間の間に大量であり，これより貿易取引に伴う外国為替の需給に比べて，資産取引に伴う需給の比重が高まっている。

短・中期的な為替レートの変動は，現在では，投資家による内外資産の選択行動を通じてもたらされていると考えられている。そこで，日本の投資家による円建て資産とドル建て資産の選択について，より立ち入って考えてみよう。

いま，円資産，ドル資産それぞれの利子率は確定しているものとする。日本の投資家が1年間ドル資産に投資するためには，現在の為替レートで投資資金を円からドルに交換した上で，ドル資産を購入することになる。1年後には，利子収入も含めた資金をドルで回収するが，これを1年後の為替レートによって円に交換することになる。

これを数値例で考えてみよう。円資産の利子率を2%，ドル資産の利子率を6%，現在の為替レートを1ドル＝100円と仮定する。1年後の為替レートは，現時点では不確実であるが，投資家は1ドル＝98円と予想しているとしよう。

この場合，1万円を円資産で運用したときの1年後の資産額は，次のように計算される。

$$10,000(¥) \times (1+0.02) = 10,200(¥)$$

これに対して，ドル資産で運用した場合は，以下のようになる。

$$10,000(¥) \div 100(¥/\$) \times (1+0.06) \times 98(¥/\$) = 10,388(¥)$$
$$\hspace{2.5cm} \uparrow \hspace{3cm} \uparrow$$
$$\hspace{1.5cm} \text{現在の為替レート} \quad \text{1年後の予想為替レート}$$

したがって，円建てで測ったドル資産の予想収益率は，次のようになる．
$$(10{,}388/10{,}000 - 1) \times 100 = 3.88 (\%)$$

この例では，ドル資産に投資した場合の1年後の資産額が，円資産に投資した場合のそれよりも大きくなっている．1年後の為替レートが不確実であることから，日本の投資家にとってドル資産の投資にはリスク（危険）が伴う．

しかし，このリスクを考慮しても，予想収益率のより高いドル資産のほうが円資産より魅力的であるならば，投資家は円資産からドル資産へと運用資産を変更しようとするであろう．投資家がドル資産へ乗り換えるには，円をドルに交換する必要があるため，外国為替市場ではドルへの新たな需要が生じる．これは，現在の為替レートを円安・ドル高に変化させることになる．

1年後の予想為替レートが変化しないとするならば，現時点における円安・ドル高はドル資産の予想収益率を低下させ，ドル資産への乗り換えのインセンティブを低下させることになる．表10.6の①から⑤は，円利子率を2％，ドル利子率を6％，1年後の予想為替レートを1ドル＝98円と前提して，現在の為替レートを変化させたときの円建てで測ったドル資産の予想収益率を例示している．投資家が円資産からドル資産へ乗り換えようとすることに伴って，現在の為替レートが1ドル＝100円から1ドル＝101円へと円安・ドル高に変化すると，ドル資産の予想収益率は3.88％から2.85％へと低下する．

投資家が円資産からドル資産への乗り換えをどこまで進めるかは，為替レート変動のリスクに対する投資家の態度に依存する．投資家がリスクには無頓着で予想収益率の違いだけに関心を払うとき，この投資家はリスク中立的と呼ばれる．

表10.6 円建てで測ったドル資産の予想収益率

	ドル金利 (%)	予想為替レート (¥/$)	現在の為替レート (¥/$)	円建てで測った予想収益率 (%)
①	6.00	98	96	8.21
②	6.00	98	98	6.00
③	6.00	98	100	3.88
④	6.00	98	101	2.85
⑤	6.00	98	102	1.84
⑥	5.00	98	100	2.90
⑦	7.00	98	100	4.86

この場合は，ドル資産の予想収益率が円資産の収益率と一致するまで，現在の時点で円安・ドル高が進むであろう。一般的には，資産選択にあたり，投資家は収益性と並んでリスクも考慮すると考えられ，為替レート変動のリスクを伴うドル資産には，円資産を上回る予想収益率を要求するであろう。リスクを伴う資産に対しては，それを償うだけのより高い収益率を要求するとき，投資家はリスク回避的と呼ばれる。

いずれにしても，現在の為替レートが円安・ドル高へと調整され，ドル資産の予想収益率が低下していく過程で，投資家が円資産とドル資産の魅力を同等とみなした段階で，それ以上，円資産からドル資産へ乗り換えようとはしなくなるであろう。その時点で，外国為替市場の需給は均衡し，為替レートも均衡水準に達することになる。

以上の議論から，円の利子率の低下は，現在の為替レートを円安・ドル高に変化させる要因となることが導かれる。円利子率の低下は，円資産と比べたドル資産の相対的な魅力を高めるため，ドル資産への乗り換えを促すことになるからである。同様にして，ドルの利子率の低下は，為替レートを円高・ドル安に変化させる要因となる。

ここまでは，投資家の資産選択行動によって，変動レート制の下での為替レートの決定を考えてきた。内外資産の選択が活発になされるとき，固定レート制の下では，どのようなことが生じるのであろうか。

固定レート制の下では，通貨当局が為替レートを一定に維持している。ここで，固定レート制が現在の平価で維持されると市場が予想しているとき，現在の為替レートと将来の予想為替レートは一致する。このとき，外貨建て資産の予想収益率はその資産の利子率に一致することになる。したがって，固定レート制の下では，内外の利子率の一致が外国為替市場の均衡条件となる。自国の利子率が外国の利子率より高い場合には，為替レートに自国通貨高の圧力が生じる。この状況は内外利子率が一致するまで継続するため，通貨当局は固定レートを維持するために自国の利子率を海外の利子率に一致させざるをえないのである。

戦後のブレトン・ウッズ体制の下で，日本は1ドル＝360円の固定レート制を採用していたが，この時期，日本とアメリカの利子率は一致していなかった。しかしこれは，資本移動が厳しく制限されていたことによるのである。資本移動が活発な現在では，固定レート制を採用すると，自国の利子率を為替レートを固定している相手国の利子率から乖離させることはできなくなる。これは，自国の経

済状況に応じて利子率を変更することができないこと，したがって，金融政策の自律性が失われることを意味する。

10.3.3 為替レートの変動と国内総生産

短・中期において，為替レートが内外資産の選択行動の結果として決定されるとき，為替レートの変動は国内生産活動や金融・財政政策の効果にどのような影響を及ぼすのであろうか。

円が外国通貨に対して減価すると（円安になると），日本製品は外国製品に対して割安化すると考えられる。例えば，1台200万円の日本製乗用車は，1ドル＝100円のときは2万ドル，1ドル＝125円では1.6万ドルである。また，1kgあたり20ドルのアメリカ産牛肉は，1ドル＝100円のときは2,000円，1ドル＝125円では2,500円である。逆に，円の外国通貨に対する増価（円高）は，日本製品を増価前に比べて割高にする。

このように，為替レートの変化は，内外生産物の相対価格を変化させる。これは，貿易・サービスの輸出入に影響を及ぼす。日本の輸入は，第5章では，日本の所得水準の関数と考えたが，これに加えて，日本製品に対する外国製品の相対価格にも依存する。日本の輸出は，海外の輸入であることから，同様に考えて，海外の所得水準と相対価格とに依存すると考えられる。そこで，円の減価によって以前より日本製品が割安化すると，日本の輸出は増加し，輸入は減少すると通常は考えられる。輸出から輸入を控除した純輸出は，有効需要の一項目である。したがって，円の減価は，純輸出の増加による有効需要の拡大をもたらし，国内総生産を拡大させると考えられる。反対に，円の増価は純輸出を減少（輸出を減少，輸入を増加）させ，国内総生産を縮小させる。

円の減価→純輸出の増加（有効需要の拡大）→国内総生産の拡大

次に，第8章では，金融・財政政策の変更が利子率を変化させることを学習した。具体的には，景気浮揚のための金融緩和政策は国内の利子率を低下させる。これに対して，財政拡張政策は利子率を上昇させる。こうした政策変更に伴う利子率の変化は，10.3.2で学習したように，円建て資産と外貨建て資産の間の資産選択に影響を及ぼし，為替レートを変化させる。

日本の金融緩和政策による円利子率の低下は，円建て資産から外貨建て資産への乗り換えを促す。これに伴う円の減価は，純輸出を増加させ，国内総生産を拡

大させる要因となる。これに対して，財政支出の拡大は円利子率を上昇させ，円の増価を引き起こす。円の増価による純輸出の減少は国内総生産を縮小させる効果をもち，財政拡大の景気浮揚効果を減殺する。かみ砕くならば，公共事業の拡大は，建設業の生産を増加させ，それが乗数メカニズムを通じて経済全体の生産水準を高める。しかし，これに伴う利子率の上昇は円高を引き起こし，輸出産業への需要が減少する。これは，乗数メカニズムを通じて経済全体の生産水準を低下させる効果をもつことになる。

金融・財政政策の変更が利子率を変化させ，それによる為替レート変化が純輸出を介して国内総生産に与える効果は，マンデル＝フレミング効果と呼ばれている。政策の変更によって，最終的に国内総生産の水準がどの程度変化するかは，将来の為替レートの予想や資本の移動性に関する仮定に依存しており，より厳密な分析が必要である。このように，貿易と資本の取引で海外に開かれた経済に関して短期でのマクロ経済均衡を分析する場合，投資家の内外資産の選択行動にともなう為替レートの変動と実物的な経済活動との関連を考察することが，重要なポイントとなっている。

◈◈ ［ベーシック用語］◈◈◈◈◈◈◈◈◈◈◈◈◈◈◈◈◈◈◈◈◈◈◈
経常収支　金融収支　資本の流出と流入　リカード・モデル　比較優位　異時点間の交換　国際貸借　変動為替レート制　固定為替レート制　通貨の増価と減価　内外資産の選択行動　マンデル＝フレミング効果
◈◈◈◈◈◈◈◈◈◈◈◈◈◈◈◈◈◈◈◈◈◈◈◈◈◈◈◈◈◈◈◈

―― 〈演習問題〉――

問1　国際収支表に関する記述として妥当なものを，以下の(a)～(d)の中から選びなさい。
(a) 貿易収支が黒字であるならば，経常収支も必ず黒字となる。
(b) 投資家が外国の国債を保有することで受取った利子は，国際収支表の資本取引に計上される。
(c) 経常収支が黒字である時，資本の流出額が流入額を超過している。
(d) 米国の投資家が保有していた日本国債を1億円売却すると，それは国際収支表の金融収支を1億円赤字化させる。

〈正解〉
　　(c)。(a)について，貿易収支が黒字であっても，サービス収支，所得収支，あるい

は経常移転収支の状況次第で経常収支は赤字となることがありうる。(b)について，利子・配当所得の受払いは資本取引ではなく，経常取引のなかの所得取引に計上される。(d)について，海外投資家が保有する日本の金融資産は日本にとっては対外負債で，対外負債を減少させる取引は金融収支を黒字化させる取引である。

[問2] 10.2.1 の数値例で，工業品 1 単位と農産物 4/5 単位が交換される時，自国の工業品と農産物の輸出入量として考えられる組み合わせを，以下の(a)〜(d)の中から選びなさい。

	工業品の輸出	農産物の輸入
(a)	120 単位	100 単位
(b)	100 単位	80 単位
(c)	100 単位	120 単位
(d)	80 単位	100 単位

〈正解〉

(b)。工業品 1 単位と農産物 4/5 単位が交換されるとき，工業品を 100 単位輸出すれば，農産物を 100×4/5＝80 単位輸入できる。

[問3] 10.2.2 の数値例で，家計の選好が著しく現在の消費に偏っており，現在財を 220 単位消費することを選択したとする。この時，将来財の消費量，現在と将来の輸出入量はそれぞれ何単位となるか。

〈正解〉

将来財の消費量 66 単位，現在の輸入量 20 単位，将来の輸出量 24 単位。現在財の生産量が 200 単位の下で，消費量を 220 単位とすると，この国は現在時点で外国から 20 単位の借入れをし，20 単位の輸入を行う。将来時点では，利子率が 20% の下で，元本と利子合わせて 24 単位の返済が必要になる。将来財の生産量 90 単位から 24 単位を控除した 66 単位が将来財の消費量となる。また，生産量と消費量の差額 24 単位の輸出がなされる。

[問4] 円とドルの 1 年もの利子率がそれぞれ 5%，10%，現在の為替レートが 1 ドル＝110 円，投資家が予想する 1 年後の為替レートが 1 ドル＝105 円，とする。この時，円建てで測ったドル資産の予想収益率は何 % であるか。リスク回避的な日

本の投資家は円資産とドル資産のどちらをより魅力的と考えるか。

〈正解〉

　　　ドル資産の予想収益率は5%，円資産をより魅力的な投資対象と考える。現在の為替レートが1ドル＝110円の時，1万円をドルに交換すると1/110万ドル，このドル資金を利子率10%で1年間運用すると，1年後のドル建て資産額は(1/110)×(1＋0.1)万ドル，これを1年後の予想為替レート1ドル＝105円で円換算すると，(1/110)×(1＋0.1)×105＝(1＋0.05)万円である。したがって，予想収益率は5%である。これは円資産の収益率と同じであるため，リスク回避的な投資家は，為替リスクの無い円資産を選好する。

問5　変動レート制の下で金融政策の変更が為替レートに与える影響として妥当なものを，以下の(a)〜(d)の中から選びなさい。
(a) 日本で金融緩和政策が採られると，円の利子率が低下し，円は増価する。
(b) 日本で金融引き締め政策が採られると，円の利子率が低下し，円は減価する。
(c) 日本で金融引き締め政策が採られると，円の利子率が上昇し，円は減価する。
(d) アメリカで金融引き締め政策が採られると，ドルの利子率が上昇し，円は減価する。

〈正解〉

　　　(d)。(a)について，円の利子率が低下すると，円は減価する。(b)と(c)について，日本で金融引き締め政策が採られると，円の利子率は上昇し，円は増価する。

第11章 数学を利用した経済分析の基礎

本章では，テキストに頻繁に登場する経済学の基本的な関係式や概念を，数式や数学の知識を使って解説する。

11.1 変化率の積の近似計算

ある変数 P について，現在の値を P_0，1年後の値を P_1，その間の変化率を g_p とする。このとき，P_1 は P_0 と g_p を使って次のように書ける。

$$P_1 = (1+g_p)P_0 \tag{11-1}$$

例えば，P が1年間に2%増加するならば，$g_p = 0.02$，$P_1 = (1+0.02)P_0$ である。

変数 Q についても，現在と1年後の値，その間の変化率を同様に定義する。

$$Q_1 = (1+g_q)Q_0 \tag{11-2}$$

次に，変数 V は P と Q の積とする。例えば，P を価格，Q を販売量とすると，V は売上高である。V についても，現在と1年後の値，その間の変化率を同じように定義する。

$$V_1 = (1+g_v)V_0 \tag{11-3}$$

$V = P \times Q$ であるから(11-3)式は $P_1 Q_1 = (1+g_v)P_0 Q_0$ と書ける。これを(11-1)，(11-2)式を使って書き換えると，$(1+g_p)(1+g_q)P_0 Q_0 = (1+g_v)P_0 Q_0$ となる。したがって，

$$(1+g_v) = (1+g_p)(1+g_q) \tag{11-4}$$

である。この式の右辺を展開すると，$(1+g_p)(1+g_q) = 1 + g_p + g_q + g_p g_q$ であるが，変化率同士の積 $g_p g_q$ の絶対値は，多くの場合，変化率 g_p や g_q の絶対値に比べて無視して良いほどに小さい。例えば，$g_p = 0.02$，$g_q = 0.03$ とすると，$g_p g_q = 0.0006$ である。このような場合には，(11-4)式は近似的に，

$$g_v \approx g_p + g_q$$

と書くことができる．価格，販売量と売上高の例であれば，売上高の変化率は価格の変化率と販売量の変化率の和に近似的に等しくなる．

11.2 名目値の変化率と実質値の変化率

　生産額，消費額，外国との輸出額や輸入額など，多くの経済指標はその時々の市場価格で表した金額で計測される．こうした各時点の市場価格で評価した名目値から，物価の変化の影響を取り除いて，基準時点の物価水準で評価した金額が実質値である．実質値を利用することで，物価の変動に左右されない，時間を通じた経済活動の数量的な変化を把握することができる．

　ここでは，名目値と実質値それぞれの変化率と物価の変化率との関係を確認する．次の数値例では，1年間に実質生産額が2%，物価が10%，したがって名目生産額は12.2%，それぞれ増加している．

	実質生産額	物　価	名目生産額 (実質生産額×物価)
T年（基準年）	10,000	1.0	10,000
$T+1$年	10,200	1.1	11,220

　$T+1$年の実質生産額と物価をそれぞれのT年の値と増加率を使って書くと，次のようになる．

　　　実質生産額：$10{,}000 \times (1+0.02)$

　　　物価：$1.0 \times (1+0.1)$

　　　名目額＝実質額×物価であるから，$T+1$年の名目生産額は，

　　　$\{10{,}000 \times (1+0.02)\} \times \{1.0 \times (1+0.1)\}$

　　　　　$= 10{,}000 \times 1.0 \times (1+0.02) \times (1+0.1)$

　　　　　$=$ T 年の名目生産額 $\times (1+0.02+0.1+0.002)$

名目生産額の増加率は，正確には12.2%であるが，近似的には実質生産額の増加率2%と物価の増加率10%を合計した12%にほぼ等しい．このように，

　　　名目額の変化率 ≈ 実質額の変化率＋物価の変化率，あるいは

実質額の変化率 ≈ 名目額の変化率 − 物価の変化率

である。

〈演習問題〉

問1 現在と1年後のGDPをそれぞれ，Y_0, Y_1 とする。この間の経済成長率が5%であるとき，Y_0 を使って Y_1 を表しなさい。

〈正解〉

$Y_1 = (1+0.05)Y_0$。GDPの変化率を g_Y とすると，$Y_1 = (1+g_Y)Y_0$。そして，成長率が5%であれば，$g_Y = 0.05$ である。

問2 価格の変化率が −2%，販売量の変化率が3%であるとき，売上高の変化率はおよそいくらか，計算しなさい。

〈正解〉

1%。売上高の変化率は，価格の変化率（−2%）＋販売量の変化率（3%）に近似的に等しい。

問3 消費の増加率が名目で1%，実質で3%であるとき，物価の変化率はおよそ何%であるか，計算しなさい。

〈正解〉

−2%。物価の変化率は，名目額の変化率（1%）−実質額の変化率（3%）に近似的に等しい。

問4 国内総生産＝1人当たり国内総生産×人口，である。1人当たり国内総生産と人口の成長率がそれぞれ2%，1%であるとき，国内総生産の成長率はおよそ何%であるか，計算しなさい。

〈正解〉

3%。国内総生産，1人当たり国内総生産，人口の変化率をそれぞれ $g_Y, g_{Y/O}, g_O$ とする。国内総生産＝1人当たり国内総生産×人口より，$(1+g_Y) = (1+g_{Y/O})(1+g_O)$。したがって，$g_Y \approx g_{Y/O} + g_O$ であるから，国内総生産の変化率は1人当たり国内総生産の成長率（2%）＋人口の成長率（1%）に近似的に等しい。

11.3 指数法則

累乗（冪）は，ある数 a を何度か掛けて得られる数である。例えば，この数 a を n 回掛けた累乗は a^n と表される。また，この掛け合わせた回数 n を指数と呼ぶ。指数の計算には，幾つかの重要な法則がある。

- $a^m \times a^n = a^{m+n}$

    たとえば，$a^2 = a \times a, a^3 = a \times a \times a$ であるから

    $a^2 \times a^3 = (a \times a) \times (a \times a \times a) = a^{2+3} = a^5$

- $(a^m)^n = a^{m \times n}$

    たとえば，$(a^2)^3 = (a \times a) \times (a \times a) \times (a \times a) = a^{2 \times 3} = a^6$

- $(a \times b)^n = a^n \times b^n$

    たとえば，$(a \times b)^3 = (a \times b) \times (a \times b) \times (a \times b) = a^3 \times b^3$

- $a^{-n} = 1/a^n$

    $a^1 \times a^0 = a^{1+0} = a^1$ から $a^0 = 1$ と定義される。

    そこで，$a^{n+(-n)} = a^n \times a^{-n} = a^0 = 1$。したがって，$a^{-n} = 1/a^n$。

11.4 コブ＝ダグラス型関数

労働や資本など生産要素の投入量と生産量の間の技術的な関係が生産関数である。また，消費量と消費者の効用の関係を表したものが効用関数である。こうした関数については，その形を特定化することでより詳しい分析がされる。最も頻繁に利用される関数形として，コブ＝ダグラス型関数がある。

いま，資本 K 単位と労働 L 単位を投入して生産がなされ，生産物 Y 単位が得られたとする。この関係をコブダグラス型関数であらわすと，次のようになる。

$$Y = AK^\alpha L^\beta \tag{11-5}$$

ここで，A, α, β は正の定数で，A は技術水準を表している。

コブ＝ダグラス型関数では，生産要素 K, L にかかる指数の合計 $(\alpha + \beta)$ を 1 と想定している場合が多い。たとえば，$Y = K^{0.4}L^{0.6}$ について考えてみる。

いま，資本と労働の投入量をそれぞれ K_0, L_0 とし，そのときの生産量を Y_0 とする（$Y_0 = K_0^{0.4}L_0^{0.6}$）。ここで，資本と労働の投入量をともに倍に増やすと，

図 11.1　労働の投入量と生産量との関係

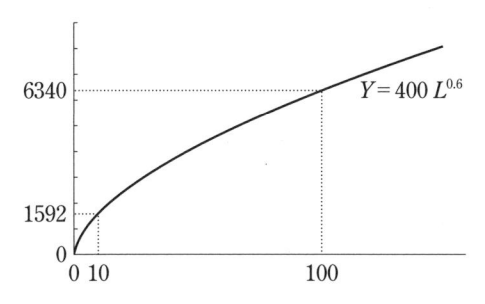

$$(2K_0)^{0.4}(2L_0)^{0.6} = 2^{0.4+0.6}K_0^{0.4}L_0^{0.6} = 2\,Y_0$$

であり，生産量も 2 倍になる。このように，全ての生産要素の投入量を同率だけ変化させたときに，生産量もそれと同じ率変化するとき，その生産関数は「規模に関して収穫一定」と呼ばれる。そこで，$Y = AK^{\alpha}L^{1-\alpha}$（ただし，$0 < \alpha < 1$）は，規模に関して収穫一定の生産関数である。

図 11.1 は，生産関数を $Y = 100K^{0.4}L^{0.6}$ とし，短期では資本が $K = 32$ で一定とした下で，労働の投入量と生産量との関係を示している。$100 \times 32^{0.4} = 400$ で，$L = 10$ のとき $Y = 400 \times 10^{0.6} \approx 1{,}592$，また $L = 11$ のとき $Y = 400 \times 11^{0.6} \approx 1{,}686$ である。よって，L が 10 から 11 に 1 単位増えるときの生産量の増分は 94 である。同様にして，L が 100 から 101 に 1 単位増えるときの生産量の増分は 38 である。このように，労働の投入量を 1 単位増加させるときの生産量の増分は，$L = 10$ のときと比べて $L = 100$ のときは少なくなっており，第 2 章で学習した「限界生産力の逓減」が成り立っていることが確かめられる。

―――〈演習問題〉―――

[問 5]　以下の計算をしなさい。

① $4^{1.5}2$

② $9^3 3^{-3}$

③ $5^{\frac{2}{3}}5000^{\frac{1}{3}}$

〈正解〉

① 16。$4^{1.5}2 = (2^2)^{1.5}2 = 2^3 2 = 16$。

② 27。$9^3 3^{-3} = (3^2)^3 3^{-3} = 3^6 3^{-3} = 27$。

③ 50。 $5^{\frac{2}{3}}5000^{\frac{1}{3}}=5^{\frac{2}{3}}5^{\frac{1}{3}}(10^3)^{\frac{1}{3}}=5\times10=50$

問6 生産関数が $Y=K^{0.4}L^{0.6}$ で与えられている。このとき，労働生産性（労働1単位あたり生産量，Y/L）を，資本装備率（K/L）を使って表しなさい。

〈正解〉

$Y/L=(K/L)^{-0.4}$。$Y/L=K^{0.4}L^{0.6}L^{-1}=K^{0.4}L^{0.6-1}=K^{0.4}L^{-0.4}=(K/L)^{-0.4}$。

問7 生産関数が $Y=K^{0.5}L^{0.5}$ で与えられている。資本は K_0 で一定の下で，労働の投入量が100から144に1.44倍増加すると，生産量は何倍増加するか，計算しなさい。

〈正解〉

1.2倍。$L=100$ のときの生産量 $Y_0=K_0^{0.5}\times100^{0.5}=K_0^{0.5}\times10$，$L=144$ のときの生産量 $Y_1=K_0^{0.5}\times144^{0.5}=K_0^{0.5}\times12$，よって $Y_1/Y_0=1.2$。

問8 生産関数が $Y=K^{0.5}L^{0.5}$ で与えられている。短期では資本は一定で $K^{0.5}=180$ とする。生産物で測った実質賃金率が30であるとして，以下の(a)〜(c)の労働投入量のうち，企業の利潤が最も大きくなるのはどれか，選びなさい。

(a) 4　(b) 9　(c) 16

〈正解〉

(b)。利潤 $R=$ 生産量 − 実質賃金率 × 労働量であり，$R=K^{0.5}L^{0.5}-30L=180L^{0.5}-30L$。$L=4$ のとき $R=180\times4^{0.5}-30\times4=240$，$L=9$ のとき $R=180\times9^{0.5}-30\times9=270$，$L=16$ のとき $R=180\times16^{0.5}-30\times16=240$。よって，最も利潤が大きいのは，$L=9$ のとき。

11.5 等比級数

等比級数ないし幾何級数は，次のように，2番目以降の各項がそれ自身の一つ前の項に一定の値（公比）を掛けたものとなっている数列の和である。

$$1+a+a^2+a^3+\cdots+a^n$$

いま，この等比級数に $(1-a)$ を掛けると，

$$(1+a+a^2+a^3+\cdots+a^n)(1-a)=1+a+a^2+a^3+\cdots+a^n$$
$$-a-a^2-a^3-\cdots-a^n-a^{n+1}$$

$$= 1 - a^{n+1}$$

$a \neq 1$ のとき，

$$1 + a + a^2 + a^3 + \cdots + a^n = \frac{1 - a^{n+1}}{1 - a} \tag{11-6}$$

となる。

次に，$-1 < a < 1$ の場合，n が限りなく大きくなると，a^{n+1} はゼロに収束するので，$\frac{1 - a^{n+1}}{1 - a}$ は $\frac{1}{1 - a}$ となる。すなわち，(11-6)式の n を無限大とした無限等比級数は，公比 a の絶対値が1未満のとき一定の値 $\frac{1}{1 - a}$ に収束する。

$$1 + a + a^2 + a^3 + \cdots + a^n + \cdots = \lim_{n \to \infty} \frac{1 - a^{n+1}}{1 - a} = \frac{1}{1 - a} \tag{11-7}$$

（ただし，$-1 < a < 1$）

ここで，$\lim_{n \to \infty} x_n$ は n を無限大としたときの x_n の極限を表す記号であり，(11-7)式では $x_n = a^n$ である。

無限等比級数は，政府支出乗数，減税乗数，投資収益の割引現在価値（第5章）や貨幣乗数（第7章）を解説したときに登場した。

11.6 割引現在価値

企業が設備投資の実施を検討するとき，家計が株式など金融資産の取得の適否を判断するとき，こうした投資から将来受け取ると見込む利益と，現在の時点で支出する費用とを比較することになる。そして，この比較のためには，将来受け取る資金が現時点ではどれだけの価値を持つか考える必要がある。

いま，利子率を2%とすると，現在の資金 $100/(1+0.02)$ は1年後には $100/(1+0.02) \times (1+0.02) = 100$ となることから，1年後の資金100の価値を現時点で評価すると $100/(1+0.02)$ と考えられる。このように，将来受け取る資金を現在の価値に割り引いたものが割引現在価値である。

同じように考えて，利子率2%のとき，2年後の100の割引現在価値は $100/(1+0.02)^2$ である。なぜなら，現在の $100/(1+0.02)^2$ は1年後には $100/(1+0.02)^2 \times (1+0.02) = 100/(1+0.02)$，1年後の $100/(1+0.02)$ は2年後には $100/(1+$

0.02)×(1+0.02)＝100 となるからである。

```
現在        1年後        2年後
 ├──────────┼──────────┤
               100
100/(1+0.02)◄──
                       100/(1+0.02)◄──── 100
100/(1+0.02)²◄────
```

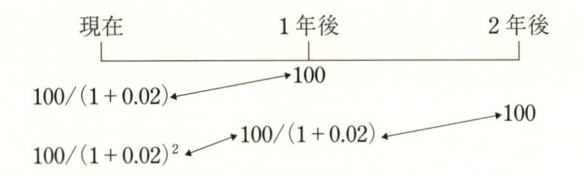

一般に，n 年後の資金 X の割引現在価値 V は，利子率を i として次のように書ける。

$$V = \frac{X}{(1+i)^n} \tag{11-8}$$

次に，割引現在価値の考え方を用いて，債券の価格と利回りの関係についてみておこう。いま，残存期間2年，利息にあたるクーポン2の債券を考える。この債券を満期まで保有すると，1年後と2年後にクーポンとして2の資金を受け取るとともに，2年後の償還時には額面100が払い戻される。

```
現在        1年後        2年後
 ├──────────┼──────────┤
              2          2   （利息）
                        100  （元本）
```

1年後と2年後に受け取る資金の割引現在価値の合計額がこの債券の現時点での価値で，それが債券の価格である。また，将来の資金フローを割り引くときに用いる利子率が債券の利回りとなる。債券価格を P，利回りを i とすると，

$$P = \frac{2}{(1+i)} + \frac{2}{(1+i)^2} + \frac{100}{(1+i)^2}$$

である。利回りが2%（$i=0.02$）のとき，債券価格はちょうど100である。また，利回りが上昇（低下）すると価格は低下（上昇）することも明らかで，債券の利回りと価格は逆相関の関係になっている。

11.7 くもの巣調整過程

くもの巣調整過程の安定性の条件について，式を使って検討する。需要関数と供給関数が，それぞれ次のように与えられているとする（a, b, c, d は定数）。

　　　（需要関数）　$D = a + bP$ 　　　　　　　　　　　　　　(11-9)
　　　（供給関数）　$S = c + dP$ 　　　　　　　　　　　　　　(11-10)

まず，$D = S$ として，需要と供給を一致させる均衡価格 P^* を求めておこう。

$$P^* = \frac{c-a}{b-d} \tag{11-11}$$

さて，くもの巣調整過程では，生産者は前期の市場価格に基づいて，今期も前期の価格が実現すると予想して今期の生産量を決定する。今期の実際の市場価格は前期の価格に基づいて決定された生産量に需要量が一致するように調整される。

いま，初期時点の生産量を Q_0 とする。このとき，Q_0 に対応した市場価格は，需要関数(11-9)式を使って次のように計算される。

$$P_0 = -\frac{a}{b} + \frac{Q_0}{b}$$

次に，P_0 が与えられると，生産者は第1期の生産量を $Q_1 = c + dP_0$ とする。この Q_1 に対応した第1期の市場価格は次のように書ける。

$$P_1 = -\frac{a}{b} + \frac{Q_1}{b}$$

$$= -\frac{a}{b} + \frac{(c+dP_0)}{b} = \frac{c-a}{b} + \frac{d}{b}P_0 \tag{11-12}$$

第2期の市場価格についても，第1期のときと同じようにして，$P_2 = \frac{c-a}{b} + \frac{d}{b}P_1$ となる。これに(11-12)式を代入すると，

$$P_2 = \frac{c-a}{b} + \frac{d}{b}\left(\frac{c-a}{b} + \frac{d}{b}P_0\right)$$

$$= \left(\frac{c-a}{b}\right)\left(1 + \frac{d}{b}\right) + \left(\frac{d}{b}\right)^2 P_0$$

となる。第3期以降についても同じことを繰り返すと，第 t 期の市場価格 P_t は

$$P_t = \left(\frac{c-a}{b}\right)\left\{1 + \frac{d}{b} + \left(\frac{d}{b}\right)^2 + \cdots + \left(\frac{d}{b}\right)^{t-1}\right\} + \left(\frac{d}{b}\right)^t P_0 \qquad (11\text{-}13)$$

である．ここで，$d/b \neq 1$ として $\|$ 内の等比級数を計算し，(11-11)式を代入して整理すると，P_t は次のように書ける．

$$P_t = (P_0 - P^*)\left(\frac{d}{b}\right)^t + P^*$$

t が無限大になるとき，$|d/b|<1$ であれば $(d/b)^t$ はゼロに収束し，P_t は均衡価格 P^* に収束する．(11-9)，(11-10)式から，需要曲線と供給曲線の傾きはそれぞれ $\frac{1}{b}$ と $\frac{1}{d}$ であり，価格が時間の経過とともに均衡価格に収束し，くもの巣調整過程が安定であるための条件 $\left|\dfrac{d}{b}\right| = \left|\dfrac{\frac{1}{b}}{\frac{1}{d}}\right| < 1$ は，需要曲線の傾きの絶対値 $(|1/b|) <$ 供給曲線の傾きの絶対値 $(|1/d|)$ であることがわかる．

―――〈演習問題〉――――――――――――――――――――――――

[問9] 以下の無限等比級数を解きなさい．
① $1 + 0.8 + 0.8^2 + 0.8^3 + \cdots$
② $1 + c(1-t) + \{c(1-t)\}^2 + \{c(1-t)\}^3 + \cdots$ （ただし，$0<c<1, 0<t<1$）
③ $\dfrac{100}{1.05} + \dfrac{100}{(1.05)^2} + \dfrac{100}{(1.05)^3} + \cdots$
④ $\dfrac{1}{1+r} + \dfrac{1}{(1+r)^2} + \dfrac{1}{(1+r)^3} + \cdots$ （ただし，$0<r$）

〈正解〉

① 5。(11-7) 式の a に 0.8 を代入して，$1 + 0.8 + 0.8^2 + 0.8^3 + \cdots = \dfrac{1}{1-0.8} = 5$。

② $\dfrac{1}{1-c(1-t)}$。$0<t<1$ より，$0<1-t<1$。また，$0<c<1$ より，$0<c(1-t)<1$。$c(1-t)$ を (11-7) 式の a として解くと，$1 + c(1-t) + \{c(1-t)\}^2 + \{c(1-t)\}^3 + \cdots = \dfrac{1}{1-c(1-t)}$。

③ 2000。$\dfrac{100}{1.05} + \dfrac{100}{(1.05)^2} + \dfrac{100}{(1.05)^3} + \cdots = \dfrac{100}{1.05}\left\{1 + \dfrac{1}{1.05} + \dfrac{1}{(1.05)^2} + \cdots\right\}$。$0 < \dfrac{1}{1.05} < 1$ であるから，$\{\ \}$ の中は $1 + \dfrac{1}{1.05} + \dfrac{1}{(1.05)^2} + \cdots = \dfrac{1}{1-\dfrac{1}{1.05}} = \dfrac{1.05}{1.05-1}$

$= \dfrac{1.05}{0.05}$

となる。この結果を全体の式に戻して，$\dfrac{100}{1.05} \times \dfrac{1.05}{0.05} = \dfrac{100}{0.05} = 2000$。

④ $\dfrac{1}{r}$。$\dfrac{1}{1+r} + \dfrac{1}{(1+r)^2} + \dfrac{1}{(1+r)^3} + \cdots = \dfrac{1}{1+r}\left\{1 + \dfrac{1}{1+r} + + \dfrac{1}{(1+r)^2} + \cdots\right\}$。$0 < r$ のとき，$0 < \dfrac{1}{1+r} < 1$。したがって，｛ ｝の中は $1 + \dfrac{1}{1+r} + \dfrac{1}{(1+r)^2} + \cdots = \dfrac{1}{1 - \dfrac{1}{1+r}} = \dfrac{1+r}{r}$。この結果を全体の式に戻して $\dfrac{1}{r}$ を得る。

〔問10〕 ある株式を考える。この株式を1単位購入すると，1年後から永遠に毎年5万円の配当が見込めるとする。利子率（割引率）が10％であるとき，この株式1単位の価値（将来の配当受取りの割引現在価値）を求めなさい。

〈正解〉

　　50万円。利子率10％のとき，1年後から無限の将来にわたって受け取る配当5万円の流列の割引現在価値 V は，$V = \dfrac{5}{1+0.1} + \dfrac{5}{(1+0.1)^2} + \dfrac{5}{(1+0.1)^3} + \cdots$ である。これを計算すると，

$$\dfrac{5}{1+0.1} + \dfrac{5}{(1+0.1)^2} + \dfrac{5}{(1+0.1)^3} + \cdots = \dfrac{5}{1.1}\left(1 + \dfrac{1}{1.1} + \left(\dfrac{1}{1.1}\right)^2 + \cdots\right)$$

$$= \dfrac{5}{1.1}\left(\dfrac{1}{1 - \dfrac{1}{1.1}}\right) = 50。$$

〔問11〕 (11-13)式が $P_t = (P_0 - P^*)\left(\dfrac{d}{b}\right)^t + P^*$ となることを確かめなさい。

〈正解〉

$$\left(\dfrac{c-a}{b}\right)\left(1 + \dfrac{d}{b} + \left(\dfrac{d}{b}\right)^2 + \cdots + \left(\dfrac{d}{b}\right)^{t-1}\right) = \left(\dfrac{c-a}{b}\right)\left(\dfrac{1 - \left(\dfrac{d}{b}\right)^t}{1 - \dfrac{d}{b}}\right)$$

$$= \left(\dfrac{c-a}{b}\right)\left(\dfrac{b\left(1 - \left(\dfrac{d}{b}\right)^t\right)}{b - d}\right)$$

$$= \left(\dfrac{c-a}{b-d}\right)\left(1 - \left(\dfrac{b}{d}\right)^t\right)$$

この結果と (11-11) 式を使って,

$$P_t = \left(\frac{c-a}{b}\right)\left\{1 + \frac{d}{b} + \left(\frac{d}{b}\right)^2 + \cdots + \left(\frac{d}{b}\right)^{t-1}\right\} + \left(\frac{d}{b}\right)^t P_0$$

$$= \left(\frac{c-a}{b-d}\right)\left(1 - \left(\frac{b}{d}\right)^t\right) + \left(\frac{d}{b}\right)^t P_0 = \left(1 - \left(\frac{b}{d}\right)^t\right)P^* + \left(\frac{d}{b}\right)^t P_0 = (P_0 - P^*)\left(\frac{d}{b}\right)^t + P^*$$

[問12] 供給関数と需要関数が以下のように与えられている。

　需要関数：$D = 10 - 5P$

　供給関数：$S = 1 + dP$

くもの巣調整過程の下で, $0 < d$ として, 価格が均衡価格に収束するための条件を求めなさい。

〈正解〉

　$0 < d < 5$。調整過程が安定であるための条件は,

需要曲線の傾きの絶対値 $\left(\frac{1}{5}\right)$ ＜ 供給曲線の傾きの絶対値 $\left(\left|\frac{1}{d}\right|\right)$ である。d を正の実数とすると, $0 < d < 5$ が条件となる。

11.8　微分と最大値, 最小値

x についてのある関数 $y = f(x)$ において, x がわずかに変化するとき, $f(x)$ がどのように変化するかを考える。

具体的に, 関数 $y = 2x^2 + 1$ について,

① x が 1 から 2 に 1 増加すると, y は 3 から 9 に 6 増加する。

② x が 1 から 1.1 に 0.1 増加すると, y は 3 から 3.42 に 0.42 増加する。

x の増分を Δx, それに対応する y の増分を Δy とすると (Δ はデルタと読む), ①では $\Delta y / \Delta x = 6$, ②では $\Delta y / \Delta x = 4.2$ となる。

次に, この関数について, $x = a$ からの x の微小な変化 (Δx) に対する y の変化 (Δy) を考える。$\Delta y = \{2(a + \Delta x)^2 + 1\} - (2a^2 + 1) = 4a\Delta x + 2(\Delta x)^2$ であるから,

　　　　$\Delta y / \Delta x = 4a + 2\Delta x$

ここで, Δx を限りなくゼロに近づけると, $\Delta y / \Delta x$ は $4a$ に収束する。

一般に, 関数 $y = f(x)$ の $x = a$ において,

図 11.2　微分係数

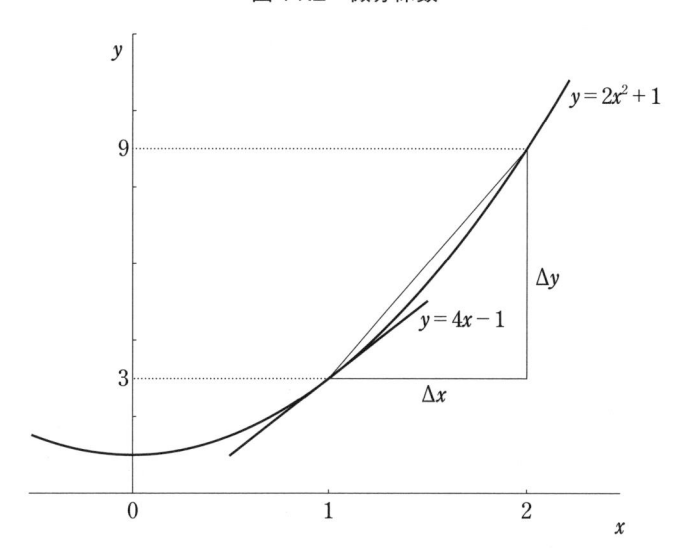

$$\lim_{\Delta x \to 0} \frac{f(a+\Delta x)-f(a)}{\Delta x}$$

が存在するとき，$f(x)$ は $x=a$ において微分可能であるという。また，この極限を $f'(a)$ と書き，$x=a$ における $f(x)$ の微分係数と呼ぶ。図 11.2 に描かれているように，微分係数 $f'(a)$ は点 $(a, f(a))$ において $y=f(x)$ と接する接線の傾きとなっている。

ある区間内の全ての点で関数 $f(x)$ が微分可能であるとき，その区間内の任意の x に対して，その点における微分係数を対応させる関数を考えて，それを導関数と呼ぶ。$f(x)$ の導関数は，$f'(x)$ や dy/dx と表す。また，関数 $y=f(x)$ の導関数を求めることを，y を x について微分する，という。例えば，$y=2x^2+1$ を微分すると，導関数は $f'(x)=4x$, $x=1$ のときの微分係数 $f'(1)=4$ である。

次に，基礎的な微分の公式をあげておく。

関　　数	導関数
x^a　（a は実数）	ax^{a-1}
$f(x)+g(x)$	$f'(x)+g'(x)$
$f(x)g(x)$	$f'(x)g(x)+f(x)g'(x)$

図 11.3　二次関数

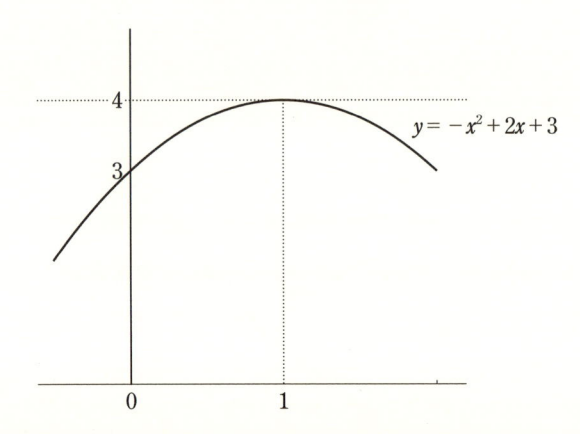

$y = -x^2 + 2x + 3$

　微分係数 $f'(a)$ が点 $(a, f(a))$ で $f(x)$ に接する接線の傾きとなっていることを利用して，関数の最大値や最小値を求めることができる。たとえば，図 11.3 に描かれているように，二次関数 $y = -x^2 + 2x + 3$ は，接線の傾きがゼロとなる点 $(1, 4)$ で最大値をとる。そこで，導関数の値がゼロとなる点を求めてやると，それが関数 $y = -x^2 + 2x + 3$ の最大値を与える点となっている。$y = -x^2 + 2x + 3$ の導関数は $dy/dx = -2x + 2$ で，これがゼロとなるのは $x = 1$ のときである。

　応用例として，独占企業の利潤最大化を考えてみる。企業の生産量（＝供給量）を Q，生産物の価格を P とし，市場の需要曲線を $P = 20 - Q$ とする。また，生産物 1 単位あたりの生産費用は生産量の多少にかかわらず 2 で一定とする。このとき，企業の利潤 R は，$R = PQ - 2Q = (20 - Q)Q - 2Q = -Q^2 + 18Q$ と表わせる。R を Q で微分してゼロとおくと，

$$\frac{dR}{dQ} = -2Q + 18 = 0$$

これより，生産量を 9 とするとき，企業の利潤は最大となる。

―― 〈演習問題〉 ――

問 13　以下の関数を微分しなさい。

① $y = \dfrac{1}{2}x^2 - 6x + 18$

② $y=(x^2+1)(x^3+2)$

③ $y=10x^{0.4}$

〈正解〉

① $\dfrac{dy}{dx}=x-6$。

② $\dfrac{dy}{dx}=5x^4+3x^2+4x$。$y=f(x)g(x)$ のときの公式 $\dfrac{dy}{dx}=f'(x)g(x)+f(x)g'(x)$ を利用して $\dfrac{dy}{dx}=2x(x^3+2)+3x^2(x^2+1)=5x^4+3x^2+4x$。

③ $\dfrac{dy}{dx}=4x^{-0.6}$。$\dfrac{dy}{dx}=10\times 0.4\times x^{0.4-1}=4x^{-0.6}$。

[問 14] 関数 $y=-3x^2+12x-6$ の最大値を求めなさい。

〈正解〉

6。$\dfrac{dy}{dx}=-6x+12=0$ より，$x=2$ のときこの関数は最大値 6 をとる。

[問 15] 労働の投入量を L，生産量を Y として，生産関数が $Y=180L^{0.5}$ で与えられているとする。実質賃金率が 30 であるとき，企業の利潤が最大となる L を求めなさい。

〈正解〉

9。企業の利潤 R は，$R=180L^{0.5}-30L$。R を L で微分して，導関数をゼロとおくと，$\dfrac{dR}{dL}=90L^{-0.5}-30=0$。$L^{-0.5}=3/9, L^{0.5}=9/3=3$，よって $L=9$ のとき利潤は最大となる。

11.9 弾力性

価格の変化に対する需要の変化の程度，感応度を数量的にとらえる指標が需要の価格弾力性である。

変化前の価格と需要量をそれぞれ P, Q，価格の変化分を ΔP，価格の変化に応じた需要量の変化分を ΔQ とする。すなわち，価格が P から $P+\Delta P$ に変化するとき，需要量は Q から $Q+\Delta Q$ に変化する。例えば，価格が 100 円から 101 円に上昇するとき，需要量は 500 単位から 490 単位に減少すると，$\Delta P=1, \Delta Q=-10$

である。価格が上昇（低下）すると需要量が減少（増加）する通常のケースでは，需要の価格弾力性 e は，$e = -$ 需要量の変化率/価格の変化率，記号では，

$$e = -\frac{\frac{\Delta Q}{Q}}{\frac{\Delta P}{P}} = -\frac{\Delta Q}{\Delta P} \cdot \frac{P}{Q}$$

と表わされる。上の数値例では，

$$e = -\frac{\frac{-10}{500}}{\frac{1}{100}} = -\frac{-10}{1} \cdot \frac{100}{500}$$

$$= 2$$

と計算され，弾力性は 2 である。

図 11.4 は需要曲線を一次関数 $P = 50 - 2Q$ で与えている。このとき，点 C における需要の価格弾力性は，$e = -\frac{\Delta Q}{\Delta P} \cdot \frac{P}{Q} = \frac{da}{cd} \cdot \frac{oe}{od} = \frac{da}{od}$ である。

ところで，価格の変化分 ΔP を限りなくゼロに近づけると，$\frac{\Delta Q}{\Delta P}$ は $\frac{dQ}{dP}$ に収束する。したがって，需要関数の接線の傾きで測った需要の価格弾力性は，$e = -\frac{dQ}{dP} \cdot \frac{P}{Q}$ と表される。

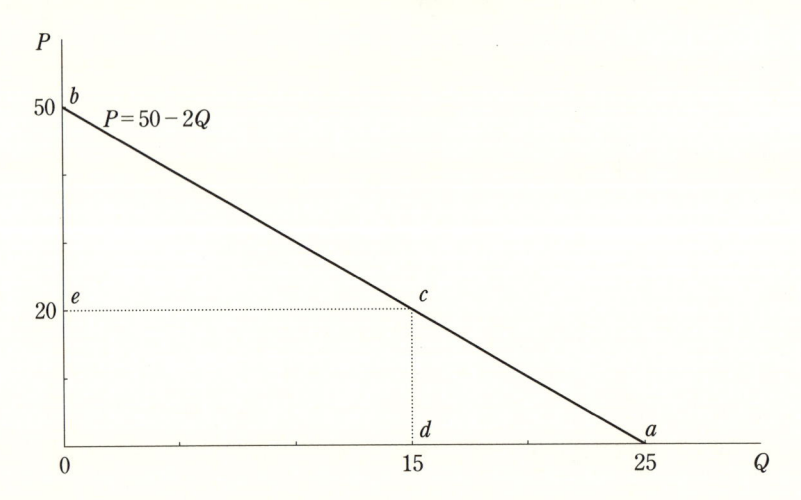

図 11.4 需要曲線

需要関数を $Q = 25 - (1/2)P$ とすると，$\dfrac{dQ}{dP} = -\dfrac{1}{2}$ であり，

$$e = \dfrac{1}{2} \cdot \dfrac{P}{Q} = \dfrac{1}{2} \dfrac{P}{25-(1/2)P} = \dfrac{P}{50-P}$$

例えば，$P = 20$ のとき，$e = 2/3$ である。

——〈演習問題〉———————————————————

[問16] 商品 X の需要の価格弾力性が2であるとする。いま，X の価格が200円から202円に上昇するとき，需要量は何%減少するか，計算しなさい。

〈正解〉

　　2%。需要の価格弾力性が2のとき，価格が200円から202円に1%上昇すると，需要量は2%減少する。

[問17] 商品 X の需要の価格弾力性が0.5であるとする。企業は在庫を処分するために価格を引き下げて販売量（需要量）を10%増加させたいと考えている。値下げ前の価格が1,000円であるとき，企業は価格を幾らに引き下げれば良いか，求めなさい。

〈正解〉

　　800円。需要の価格弾力性が0.5のとき，需要量を10%増加させるためには，価格を20%引き下げる必要がある。

[問18] 需要関数が $Q = 100 - 5P$ で与えられている。$P = 10$ のときの需要の価格弾力性を求めなさい。

〈正解〉

　　1。$\dfrac{dQ}{dP} = -5$。よって，$e = 5 \cdot \dfrac{10}{50} = 1$。

《参考文献リスト》

本書を読み終えた後にさらにマクロ経済学・ミクロ経済学の学習を深めたいという読者は，下記に参考文献リストを提示しておくので，適宜参照して欲しい。

（1） 経済学入門
伊藤元重『入門経済学』日本評論社
N. G. マンキュー『入門経済学』東洋経済新報社
J. E. スティグリッツ『入門経済学』東洋経済新報社
浅子和美・石黒順子『グラフィック経済学（第2版）』新世社

（2） ミクロ経済学
N. G. マンキュー『マンキュー経済学ミクロ編』東洋経済新報社
J. E. スティグリッツ『ミクロ経済学』東洋経済新報社
岩田規久男『ゼミナールミクロ経済学入門』日本経済新聞社
R. S. ピンダイク・D. L. ルビンフェルド，姉川知史監訳『ミクロ経済学』中経出版
P. R. G. レイヤード・A. A. ウオルターズ，荒憲治郎監訳『ミクロ経済学』創文社
井堀利宏『入門ミクロ経済学（第2版）』新世社
西村和雄『ミクロ経済学（第3版）』岩波書店
奥野正寛編『ミクロ経済学』東大出版会
武隈愼一『ミクロ経済学（増補版）』新世社
武隈愼一『演習ミクロ経済学』新世社
梶井厚志・松井彰彦『ミクロ経済学：戦略的アプローチ』日本評論社
神取道宏『ミクロ経済学の力』日本評論社

（3） マクロ経済学
中谷巌『入門マクロ経済学』日本評論社
N. G. マンキュー『マンキュー経済学マクロ編』東洋経済新報社
J. E. スティグリッツ『マクロ経済学』東洋経済新報社
C. I. ジョーンズ『ジョーンズマクロ経済学Ⅰ，Ⅱ』東洋経済新報社
福田愼一・照山博司『マクロ経済学・入門（第4版）』有斐閣
浅子和美・加納悟・倉沢資成『マクロ経済学（第2版）』新世社

井堀利宏『入門マクロ経済学（第3版）』新世社
武隈愼一『マクロ経済学の基礎理論』新世社
齋藤誠・岩本康志・太田聰一・柴田章久『マクロ経済学』有斐閣
加藤涼『現代マクロ経済学講義』東洋経済新報社
齋藤誠『新しいマクロ経済学（新版）』東洋経済新報社
D. ローマー，堀雅博他訳『上級マクロ経済学（原著第3版）』日本評論社

（4）経済学に用いる数学の解説書
武隈愼一・石村直之『経済数学』新世社
西村和雄『経済数学早わかり』日本評論社
髙橋一『経済学とファイナンスのための数学』新世社
尾山大輔・安田洋祐『経済学で出る数学（改訂版）』日本評論社

索　引

〔あ行〕

IS＝LM 分析 …………………… 165
暗黙の雇用契約 ………………… 190

異時点間の交換 ………………… 208
一物一価の法則 ……………………14
移転支出 ……………………………13
インサイダー・アウトサイダー仮説 …… 191
インフレ調整減税 ……………… 159

売りオペレーション（売りオペ） …… 164

演繹法 ………………………………15
エンゲル曲線 ………………………41
エンゲル係数 ………………………41
エンゲルの法則 ……………………41

オークン係数 …………………… 195
オークン法則 …………………… 195

〔か行〕

買いオペレーション（買いオペ） …… 164
外貨準備 ………………… 146, 202
外国為替市場 …………………… 211
介入政策（平衡操作） ………… 146
価格消費曲線 ………………………36
下級財（劣等財） …………… 38, 41
貸出政策 ………………………… 164
可処分所得 ……………………… 112
寡占 …………………………………72
寡占市場 ……………………………72
加速度原理 ……………………… 116
価値尺度（計算単位） ………… 138
価値の保蔵手段 ………………… 139
貨幣錯覚 ………………………… 185
貨幣乗数 ………………………… 148
貨幣数量説 ……………………… 149

可変費用 ……………………………51
カルテル ……………………………72
為替レート ……………………… 211
間接金融 ………………………… 141
完全競争市場 ………………………50
完全雇用産出量（GDP） ……… 185
完全失業者 ……………………… 183
完全失業率 ……………… 183, 186
管理通貨制度 …………………… 140

機会費用 ………………………… 6, 63
基準貸付金利 …………… 145, 164
期待修正フィリップス曲線 …… 194
帰納法 ………………………………15
規模に関して収穫一定 ………… 225
逆選択 …………………… 81, 142
供給超過 ……………………………8
強制通用力 ……………………… 140
均衡 GDP ……………………… 108
均衡価格 ……………………………8
銀行間市場 ……………………… 211
均衡財政乗数 …………………… 113
金本位制度 ……………………… 140
金融収支 ………………………… 201
金融政策の自律性 ……………… 216

くもの巣型変動 ……………………79
くもの巣調整過程 ……………… 229
クラウディングアウト効果 …… 174

計画経済 ……………………………9
経済主体 ……………………………12
経済成長率 ……………………… 121
経常収支 ………………………… 200
ケインズ主義 ………………………10
減価 ……………………………… 212
限界原理 ……………………………15
限界効用 ……………………………25

242 索引

限界効用均等の法則 …………… 33
限界効用の逓減の法則 …………… 25
限界効率 ……………………… 115
限界効率表 …………………… 116
限界収入 ……………………… 58
限界消費性向 ………………… 105
限界生産力 …………………… 52
限界代替率（MRS）…………… 27
限界代替率の逓減 ……………… 28
限界貯蓄性向 ………………… 106
限界費用 ……………………… 55
限界輸入性向 ………………… 111
減価償却費 …………………… 13
減税乗数 ……………………… 111
ケンブリッジ方程式 …………… 149

交換手段（交換の媒介）……… 137
公共財 ………………………… 157
公債 …………………………… 14
交差弾力性 …………………… 41
合成の誤謬 …………………… 110
構造的失業 …………………… 187
公定歩合 ………………… 145, 164
公的固定資本形成 ……………… 96
公的需要 ……………………… 96
効用 …………………………… 24
効用関数 ……………………… 24
効率的賃金仮説 ……………… 191
国際収支表 …………………… 199
国内需要 ……………………… 96
国内純所得 …………………… 92
国内純生産 …………………… 92
国内所得 ……………………… 92
国内総支出 ………………… 91, 95
国内総所得 …………………… 91
国内総生産 …………………… 90
国民概念 ……………………… 93
国民所得 ……………………… 94
国民総生産 …………………… 94
ゴッセンの第1法則 …………… 25
ゴッセンの第2法則 …………… 33
固定価格体系 ………………… 103
固定為替レート制 …………… 211

固定資産 ……………………… 13
固定資本減耗 ………………… 91
固定費用 ……………………… 51
古典派の第1公準 …………… 181
古典派の第2公準 …………… 182
混合経済主義 ………………… 10

〔さ行〕

債券・手形オペレーション …… 163
債権大国化 …………………… 201
最終財 ………………………… 89
裁定 …………………………… 14
裁量的支出 …………………… 110
サプライサイド経済学 ………… 88
差別価格 ……………………… 14
産業連関表 …………………… 89
産出係数 ……………………… 129
参入障壁 ……………………… 74
三面等価の原則 ……………… 91

GDPギャップ ………………… 185
死荷重 ………………………… 76
資源 …………………………… 3
資源独占 ……………………… 68
資源配分 ……………………… 4
資産変換機能 ………………… 141
市場 …………………………… 7
市場価格表示 ………………… 92
市場の供給曲線 ……………… 62
市場の失敗 …………………… 77
指数法則 ……………………… 224
自然失業率 ……………… 187, 192
自然失業率仮説 ……………… 194
自然独占 ……………………… 68
実質値 ………………………… 222
実質賃金 ……………………… 181
自発的失業 …………………… 187
支払完了性（ファイナリティー）…… 139
資本財 …………………… 4, 11
資本装備率 …………………… 124
資本の純流出額 ……………… 202
社会的余剰 …………………… 76
奢侈品 ………………………… 41

収穫逓減···53
収穫逓増···53
自由放任主義···10
需要価格···45
需要超過···8
需要の価格弾力性·························38, 235
需要の所得弾力性·································40
需要法則···42
準備預金···147
準備預金制度·····································147
準備率操作··165
条件付き収束性·································127
消費関数···105
消費財···11
消費財市場···11
消費者余剰···44
情報生産···142
情報の非対称性·························81, 142
所得(貨幣)の限界効用·····················32
所得効果····································34, 36
所得再分配政策···································13
所得消費曲線·······································37
新外為法··212
新古典派経済学·································87
新古典派の成長理論························124
伸縮的加速子·····································117
人的資源···4
信用創造···147
信用創造の理論·································147

ストック調整原理······························116
スルツキー方程式·······························36

正貨準備···140
生産・輸入品に課される税·············92
生産額···89
生産者余剰···60
生産フロンティア··························4, 78
生産要素···51
生産要素市場·······································11
正常財(上級財)·························38, 41
成長会計分析····································132
製品政策···73

政府最終消費·······································96
政府支出乗数·····································111
絶対的収束性·····································127
0次同次性···42
選好···23
選好関係···23
全要素生産性·····································132

増価··212
総供給···103
操業停止点···61
総需要···103
総需要管理政策·································155
総費用···54
租税···13

〔た行〕

第一次所得収支·································200
対外純資産··201
代替効果····································34, 35
代替財···42
兌換紙幣···140
短期···52
端点解(コーナー解)·····················33

中間財··11, 89
中間財・資本財市場··························11
超過利潤···64
長期···63
長期フィリップス曲線·····················195
直接金融···141
貯蓄···98
貯蓄投資差···98
貯蓄のパラドックス························110

ティンバーゲンの定理····················172
デフレギャップ·····················155, 185

導関数···233
投機的動機··150
投資収益···200
投資の二重効果·································128
等比級数···226

独占……………………………………68
独占禁止法……………………………77
独占市場………………………………68
独占的競争……………………………74
独占の厚生損失………………………76
特化……………………………………9
特許……………………………………68
取引動機………………………………149
トレードオフ…………………………6

〔な行〕

内生的経済成長理論…………………132
内点解…………………………………33
ナイフエッジ定理……………………132
日銀当座預金（準備預金）…………165
ニューメレール（価値尺度財）……138
NAIRU「インフレ非加速的失業率」……192

〔は行〕

排除不可能性…………………………13
ハイパワード・マネー………………144
派生需要………………………………180
パレート最適…………………………78
販売促進政策…………………………74
非価格競争……………………………73
比較静学分析……………………16, 165
比較優位の原理………………………204
非競合性………………………………13
非自発的失業……………………172, 187
必需品…………………………………41
必要成長率……………………………130
微分係数………………………………233
費用……………………………………53
ビルト・イン・スタビライザー（自動安定化装置）………………………………159
フィッシャーの交換方程式…………149
フィリップス曲線……………………192
付加価値………………………………90
不換紙幣………………………………140

不完全競争……………………………67
不完全雇用均衡………………………172
複占……………………………………72
プライス・テイカー…………………50
プライス・メイカー…………………68
プライマリーバランス（基礎的財政収支）
　　………………………………………162
ブレトン・ウッズ体制………………212
分業……………………………………9
平均消費性向…………………………106
平均費用………………………………55
ヘクシャー＝オリーン・モデル……208
ベバリッジ曲線………………………188
変動為替レート制……………………211
貿易収支………………………………200
法定貨幣（法貨）……………………140
補完財…………………………………42
保証成長率……………………………130
補助金…………………………………92
ホモセティック（相似拡大的）……37

〔ま行〕

マクロ経済学…………………………87
マクロ合理的期待形成学派…………88
摩擦的失業……………………………187
マネーサプライ統計…………………143
マネタリーベース，ベースマネー…144
マネタリズム…………………………88
マンデル＝フレミング効果…………217
未充足求人率…………………………186
民間最終消費支出……………………95
民間需要………………………………96
民間投資………………………………95
無差別曲線……………………………26
名目値…………………………………222
モラルハザード……………………81, 142

〔や行〕

夜警国家……………………………10
有効求人倍率……………………186
誘発投資…………………………110
UV分析……………………………185
ユーロ……………………………212
輸入関数…………………………110

要素費用表示………………………92
預金準備率………………………147
預金準備率操作…………………147
預金保険制度……………………163
欲求の二重の一致………………138

〔ら行〕

利潤…………………………………13
リスク回避的……………………215
リスク中立的……………………215
流動性……………………………139
流動性選好説……………………151
流動性のわな……………………152

累進課税…………………………159

労働力人口………………………183

〔わ行〕

割引現在価値……………………227

執筆者紹介

山田　節夫（やまだ　せつお）【担当：序章，第4章，第5章，第6章】
1960年生まれ。専修大学経済学部卒業，専修大学経済学博士。
現在，専修大学経済学部教授（学部では日本経済論，経済政策などを担当）。
［業績］『マクロ経済学　基礎と実際』（共著），東洋経済新報社，1993年。
　　　　『改訂版　テキストブック現代経済学』（共著），多賀出版，1998年。
　　　　『日本経済論』（共著），東洋経済新報社，2002年。
　　　　『特許の実証経済分析』東洋経済新報社，2009年。
　　　　『ベーシック経済政策』同文舘出版，2010年。
　　　　『特許政策の経済学─理論と実証─』同文舘出版，2015年。

山中　尚（やまなか　たかし）【担当：第1章，第7章，第8章，第9章】
1960年生まれ。一橋大学経済学部卒業。同大学大学院経済学研究科博士課程単位取得。
現在，専修大学経済学部教授（学部では金融論，企業金融論などを担当）。
［業績］「為替レートの浸透効果」『一橋論叢』1990年。
　　　　「わが国輸出企業の価格設定行動に関する実証分析」『国民経済』国民経済研究協会，1993年。
　　　　「政策金融と財政投融資：資金供給機能に関する研究の現状」『経済分析』第140号，経済企画庁経済研究所，1995年。
　　　　『改訂版　テキストブック現代経済学』（共著），多賀出版，1998年。
　　　　『ベーシック金融論』同文舘出版，2012年。

大倉　正典（おおくら　まさのり）【担当：第10章，第11章】
1959年生まれ。東京大学経済学部卒業。一橋大学大学院経済学研究科修士課程修了。
現在，専修大学経済学部准教授（学部では国際金融論を担当）。
［業績］「中国の省際間資本移動性と非金融企業の投資資金の調達」，専修大学社会科学研究所編『中国社会の現状』2009年。
　　　　「タイの金融政策レジーム─インフレーション・ターゲティングへの移行と課題」，三尾寿幸編『金融政策レジームと通貨危機』アジア経済研究所　研究双書535，2003年。

朝倉　健男（あさくら　たけお）【担当：第2章，第3章】
1980年生まれ。専修大学経済学部卒業。同大学大学院経済学研究科修士課程修了。
現在，専修大学大学院経済学研究科博士後期課程在学中。
［業績］「ゼロ金利制約下での金融政策と景気回復」『専修総合科学研究』2009年。

平成 9 年 5 月 1 日	初　版　発　行	
平成13年 4 月20日	初 版 3 刷発行	
平成14年11月15日	第 二 版 発 行	
平成21年 6 月26日	第二版 4 刷発行	
平成23年 4 月15日	第 三 版 発 行	
平成27年 3 月25日	第三版 2 刷発行	≪検印省略≫
平成28年 3 月15日	第 四 版 発 行	略称：最初の経済(四)

最初の経済学
第四版

著　者	©山　田　節　夫	
	山　中　　　尚	
	大　倉　正　典	
	朝　倉　健　男	
発行者	中　島　治　久	

発　行　所　同文舘出版株式会社

東京都千代田区神田神保町 1-41 〒101-0051
電話　営業(03)3294-1801　　編集(03)3294-1803
振替　00100-8-42935
http://www.dobunkan.co.jp

Printed in Japan 2016　　印刷：三美印刷
　　　　　　　　　　　　製本：三美印刷

ISBN 978-4-495-43304-8

[JCOPY] 〈(社)出版者著作権管理機構　委託出版物〉
本書の無断複写は著作権法上での例外を除き禁じられています。複写される場合は，そのつど事前に，(社)出版者著作権管理機構（電話 03-3513-6969, FAX 03-3513-6979, e-mail: info@jcopy.or.jp）の許諾を得てください。